ヘッポコ征夷大将軍

長谷川ヨシテル

柏書房

まえがき

いきなり私事で恐縮なんですが、昨年（二〇一七年）、『ポンコツ武将列伝』という本を出させていただきました。立派なイメージのある戦国武将たちも、実は現代人の我々と同じくポンコツな部分がたくさんあったので、その部分をピックアップして武将たちや歴史を身近に感じてもらおうというテーマの本でした（お読みいただいた方にはわかっていただけると思いますが、武将を貶《おとし》めるだけの本ではございません。もちろん本書も！）。

この本がおかげさまでご好評をいただきまして「よし！　今度は征夷大将軍《せいいたいしょうぐん》だ‼」ということで出させていただくことになったのが本書でございます。

日本史上で将軍となって幕府のトップとなったお方は、全部で「三十九人」（鎌倉幕府・九人、室町幕府・十五人、江戸幕府・十五人）います。本書ではその全員の人生を〝ヘッポコ〟な人間くさく愛おしいエピソード満載でご紹介しております。

私は執筆しながら、〝将軍様〟を身近に感じることができて非常に楽しかったですし、鎌倉幕府の創設から江戸幕府の滅亡までの約六百八十年にわたる日本史を総復習することができました。

特に、最近ブームとなっている室町時代の、諸国を流浪している足利《あしかが》将軍たちや、鎌倉時代のまだまだ全然知られていない〃摂家《せっけ》将軍〃と〃宮《みや》将軍〃、徳川家康《とくがわいえやす》や吉宗《よしむね》、慶喜《よしのぶ》といったメジャーどころの陰にかくれがちな〃マイナー〃な徳川将軍たちがたまらなく面白かったです！

各将軍の最初のページの右下には、私の独断と偏見で査定した「将軍パラメーター」も記載しております。Sを最上級として、以下A～Gの八段階評価となっております。

その他に、征夷大将軍のルーツを探るとともに、幕府のトップではないイレギュラーな征夷大将軍の五人についてもピックアップしています。

また、将軍ではなく重臣が政権を握ることがありましたが、その真の権力者（「鎌倉時代⇒執権《しっけん》、連署《れんしょ》、内管領《うちかんれい》」「室町時代⇒三管領《さんかんれい》、四職《しき》」「江戸時代⇒老中《ろうじゅう》、大老《たいろう》、側用人《そばようにん》」）の解説ページもございます。

手前味噌《てまえみそ》で恐縮ではございますが、「日本史が大好き！」という方にも、「これから日本史を勉強してみよう！」という方にも、楽しんでいただける一冊になったのでは、と思っております。

それでは本編をお楽しみくださいませ～！

長谷川ヨシテル

「ヘッポコ征夷大将軍」目次

まえがき　1

第一章　鎌倉幕府の征夷大将軍

鎌倉幕府初代将軍
源頼朝……10
武家政権のパイオニアは日本史上屈指の恐妻家!?
北条政子に浮気相手の家を破壊され……

鎌倉幕府第二代将軍
源頼家……19
女好きは父譲り？　御家人の愛妾を拉致！
最期は自分が幽閉されて暗殺……

鎌倉幕府第三代将軍
源実朝……26
「死亡フラグ」ビンビンの三代目!?
和歌オタクのスピリチュアル系将軍

鎌倉幕府第四、五代将軍
藤原頼経　藤原頼嗣……33
執権・北条家の操り人形!?
公家から迎えられた知られざる「摂家将軍」

鎌倉幕府第六～九代将軍
宗尊親王 惟康親王 久明親王 守邦親王……40
歯向かった傀儡を追放してさらなる傀儡……
幕府滅亡まで添い遂げた(?)「宮将軍」

コラム
「征夷大将軍」ってそもそも何？／49
まだまだいる「イレギュラー」征夷大将軍❶／52

第二章 室町幕府の征夷大将軍

室町幕府初代将軍
足利尊氏……54
室町幕府の創始者はかなりの気分屋さん！
繰り返される切腹&引退宣言!?

室町幕府第二代将軍
足利義詮……63
地味でマイナーな二代目
得意技は「京都からの脱走」!?

室町幕府第三代将軍
足利義満……71
家臣や公家たちにムチャブリの連続！
ミスター・パワハラ将軍!?

室町幕府第四代将軍
足利義持……79
将軍後継者の指名を家臣に丸投げ!?
前代未聞、クジ引きで後継者を決定！

室町幕府第五代将軍
足利義量
十九歳で若死にした原因とは？
「お酒」、「怨霊」？　それとも「神罰」!? …… 85

室町幕府第六代将軍
足利義教
切れ者だけに(?)、すぐキレる……
万人恐怖の政治を敷いた〝悪将軍〟 …… 89

室町幕府第七代将軍
足利義勝
在任期間わずか八カ月の短命将軍！
本人のあずかり知らぬところで政争…… …… 96

室町幕府第八代将軍
足利義政
「応仁の乱」の元凶、〝銀閣命〟の人生！
政治は妻任せ、自分は趣味の世界に没頭 …… 101

室町幕府第九代将軍
足利義尚
室町きってのイケメンにして女たらし！
戦場でも構わず深酒&女遊び …… 109

室町幕府第十代将軍
足利義稙
恩を仇で返すワガママ将軍？
人生の半分を流浪した〝流れ公方〟！ …… 117

室町幕府第十一代将軍
足利義澄
伊豆生まれ、京都の寺育ち！
〝魔法使い管領〟に翻弄された〝傀儡将軍〟 …… 127

室町幕府第十二代将軍
足利義晴
時は戦国時代ど真ん中！
いつまで続く？　下剋上&兄弟ゲンカ …… 133

室町幕府第十三代将軍
足利義輝
塚原卜伝直伝、剣の腕は超一流！
……が行き過ぎて辻斬り疑惑の剣豪将軍 144

室町幕府第十四代将軍
足利義栄
一度も京都に入ること叶わず——
〝人生ずーっとアウェー〟将軍 154

室町幕府第十五代将軍
足利義昭
織田信長との蜜月と破局！
室町幕府を滅亡させた〝最後の将軍〟 159

コラム
将軍よりもエラい？ 各幕府の〝リアル権力者〟／169
まだまだいる「イレギュラー」征夷大将軍❷／172

第三章 江戸幕府の征夷大将軍

江戸幕府初代将軍
徳川家康
「恨みは決して忘れない……」
神となった〝権現様〟の人間クサイ闇の顔!! 174

江戸幕府第二代将軍
徳川秀忠
源頼朝に負けないほどの恐妻家！
妻・江が怖くて隠し子を認知できず 181

江戸幕府第三代将軍
徳川家光
将軍の意外な趣味は男色に女装!? 側室たちは、みんなワケあり …… 187

江戸幕府第四代将軍
徳川家綱
付いたあだ名は「左様せい様」! 政治スタイルは〝ほぼほぼ人任せ〟? …… 194

江戸幕府第五代将軍
徳川綱吉
生類憐れみ過ぎ! 動物以上に女好き? 治世前半と後半で評価が分かれる〝犬公方〟 …… 200

江戸幕府第六代将軍
徳川家宣
生涯ついて回った〝間の悪さ〟? 「正徳の治」で名君ぶりを発揮した苦労人 …… 206

江戸幕府第七代将軍
徳川家継
わずか五歳で就任の江戸幕府最年少将軍! それが原因で大奥に大スキャンダル? …… 212

江戸幕府第八代将軍
徳川吉宗
数々の政策を断行したミスター・享保の改革! 〝暴れん坊〟につきまとう暗いウワサの真相…… …… 219

江戸幕府第九代将軍
徳川家重
言語は不明瞭でも政治手腕は一流―― 大奥に引きこもった〝小便公方〟の実像 …… 227

江戸幕府第十代将軍
徳川家治
影は薄いが、〝いいひと〟度は歴代将軍屈指! 政治は田沼意次に任せ、自分は将棋に没頭!? …… 233

江戸幕府第十一代将軍
徳川家斉
将軍在任半世紀、その後も大御所として君臨！
子ども五十五人の絶倫ビッグダディ!? …… 241

江戸幕府第十二代将軍
徳川家慶
父・家斉を見習ったのは「子作り」だけ？
開国を見届けず逝った黒船来航時の将軍 …… 249

江戸幕府第十三代将軍
徳川家定
開国の動乱期に将軍がいた場所は台所？
菓子作りが趣味の〝イモ公方〟！ …… 256

江戸幕府第十四代将軍
徳川家茂
心のよりどころは「愛妻」と「甘い物」？
幕末の激流に翻弄されたお気の毒な将軍 …… 265

江戸幕府第十五代将軍
徳川慶喜
日本史上ラストの征夷大将軍！
ワガママ＆自己保身の〝かまってちゃん〟 …… 275

あとがき 282

征夷大将軍就任年＆在位期間年表／284

主要参考文献／286

第一章
鎌倉幕府の征夷大将軍

平安の貴族社会を、その武力をもって圧倒、支配者として君臨した平 清盛《たいらのきよもり》。しかし、おごる平家は久しからず……！

反逆の狼煙《のろし》を上げた**源　頼朝**《みなもとのよりとも》が初代将軍として鎌倉幕府を開く。だが、頼朝が不慮の死を遂げると、その後継者となった**頼家**《よりいえ》、**実朝**《さねとも》はいずれも暗殺され、源氏の将軍の血統は絶たれることとなる。執権《しっけん》として隠然たる影響力を持っていた北条《ほうじょう》家は、**摂家**《せっけ》**将軍**・**宮**《みや》**将軍**を〝お飾り〟として据《す》え、政治の実権を完全掌握した。

その後、「元寇《げんこう》」などの国家的危機を乗り越えた鎌倉幕府だったが、北条家への不満は高まり、ついに後醍醐《ごだいご》天皇によるクーデターが発生。北条家は滅亡し、鎌倉幕府はその幕を閉じる。

鎌倉幕府初代将軍

源頼朝

〈みなもとのよりとも〉

生没　一一四七（久安三）〜九九（建久十）
在任　一一九二（建久三）〜九九（建久十）

武家政権のパイオニアは日本史上屈指の恐妻家!?
北条政子に浮気相手の家を破壊され……

将軍パラメーター

総合評価	A
統率力	A
政治力	A
人　望	B
知名度	A
戦闘力（正室の）	S

○流刑のプリンス頼朝と北条政子、禁断の出会い

鎌倉幕府の初代・征夷大将軍《せいいたいしょうぐん》となり、東国に日本初の本格的な武士政権を樹立した人物といえば源　頼朝《みなもとのよりとも》です！

平　清盛《たいらのきよもり》が築いた平氏政権を「治承《じしょう》・寿永《じゅえい》の乱」（いわゆる「源平合戦」）で打ち破って新たな政権を樹立。自身と対立をした実弟の源義経《よしつね》を捕縛する名目で一一八五年（文治元）に「守護《しゅご》」や「地頭《じとう》」を設置して、全国的に支配権を確立させました。そして、一一九二年（建久三）に「征夷大将軍」に就任。頼朝さん自身による将軍親政を推し進めて行きました。

その天才的な政治手腕で「向かうところ敵なし」状態の頼朝さんでしたが、唯一にして最大の弱点がありました。それが正室の北条政子《ほうじょうまさこ》でした。〝日本史上屈指の政治家〟である頼朝さんは、実は〝日本史上屈指の恐妻家〟でもあったのです。

まずは、頼朝さんと政子の馴《な》れ初《そ》めからまいりましょう！

頼朝さんと政子の出会いは、伊豆《いず》（静岡県）でした。

政子は、この伊豆の北条（静岡県伊豆の国市）を拠点としていた豪族の北条家のお姫様で、父に北条時政《ときまさ》（初代執権《しっけん》）、弟に北条義時《よしとき》（二代執権）がいます。北条家は桓武《かんむ》平氏（桓武天皇を祖とする平氏）の流れを汲《く》む一族でした。

一方、頼朝さんは河内《かわち》源氏（清和《せいわ》源氏〈清和天皇を祖とする源氏〉の一流）の本家にあたる名家の出身でした。母が熱田《あつた》神宮の大宮司《だいぐうじ》（藤原季範《ふじわらのすえのり》）の娘（由良御前《ゆらごぜん》）だったこともあり、頼朝さんの生誕地は熱田神宮の西にあった大宮司の別邸だったといわれています。現在は誓願寺《せいがんじ》が建っているのですが、その門前には頼朝さんの誕生を記した石碑と案内板が立てられています。

その後、一一五六年（保元元）の「保元《ほうげん》の乱」（崇徳《すとく》上皇と後白河《ごしらかわ》天皇の皇位をめぐる争いと藤原家の摂関家内部の権力争い）で平清盛とともに後白河天皇に従って勝利を収めた父（源義朝《よしとも》）がいる京都に移り、河内源氏の後継者として育てられました。

名門の武家の御曹司《おんぞうし》として順風満帆《じゅんぷうまんぱん》な人生を歩むかに見えた頼朝さんですが、十三歳となった一一五九年（平治元）に起きた「平治《へいじ》の乱」で人生が一変します。

父の義朝が平清盛らに敗れて、落ちのびる際に騙《だま》し討ちに遭《あ》って死去。翌年には、頼朝さんも捕縛されてしまいました。死罪は免れないと思われたものの、頼朝さんを哀れに思った池禅尼《いけのぜんに》（平清盛の継母）の嘆願があったために、死罪ではなく流刑となります。その流刑先となったのが伊豆であり、頼朝さんの監視役として付けられたのが北条時政でした。

流人となった源氏のプリンスと、それを監視する役目を担った敵方のプリンセス……。出来過ぎた設定ですね（笑）。

政子は頼朝さんの十歳年下なので当時はまだ四歳でしたが、成長するに連れて政子は頼朝さんに恋心を抱き、頼朝さんも美人で有名だった政子に惹《ひ》かれていき、ラブレターのやり取りや密会を重ねていったそうです。

なんでも、二人が恋仲になったのは、北条時政が京都大番役《おおばんやく》（京都の警備をする職務）で伊豆を離れていた時だったといいます。これまた出来過ぎた展開ですね（笑）。

○パッションほとばしる伊豆山ランデブー

帰国中に二人が恋仲になったことを知った北条時政は当然大反対！

京都からの帰り道にたまたま同行していた北条家と同じく平氏方の伊豆の豪族である山木兼隆《やまきかねたか》に、政子を嫁《とつ》がせようとします。そして、政子の気持ちは考慮されることなく、山木兼隆との縁談は進み、ついに政子は山木館へと送られてしまったのです。

その初日の雨の夜のこと――。

山木館にあるはずの政子の姿が、忽然《こつぜん》と消えたのです。

政子が山木館を抜け出して、向かった先は伊豆山。修験道《しゅげんどう》の祖とされる役小角《えんのおづぬ》（奈良時代）が修行をしたといわれる由緒正しい山岳信仰の聖地です。深い草むらを掻《か》き分けて、山を一つ越えなければ辿《たど》り着かないこの地で政子さんの到着を待っていた男がいました。それが頼朝さんでした。

二人は伊豆山に駆け落ちをしたのです。なんとドラマチック！

伊豆山は、紀元前からの歴史を持つとされる伊豆山神社（伊豆山権現《ごんげん》とも）があり、そこには僧兵が多数いたことから、北条時政も迂闊《うかつ》に手を出せませんでした。

そして、北条時政はついに折れて、二人の結婚は晴れて認められることとなったのです。

鎌倉幕府の正史とされる『吾妻鏡《あづまかがみ》』によると、後年、政子は次のように当時を振り返ったといいます。

「あなた（頼朝さん）が流人として伊豆にいた頃《ころ》に契《ちぎ》りを結びましたが、父（北条時政）がこの事を怖れて、私は屋敷に閉じ込められていました。**ただ私は、あなたを慕《した》っていましたので暗夜に迷い、深雨を凌《しの》いで、あなたの許《もと》へ行ったのです**」

政子さん、情熱的～!!

二人の詳しい結婚時期は不明ですが、長女の大姫《おおひめ》が一一七八年（治承二）に誕生していることから考えて、一一七七年（治承元）頃といわれています。頼朝さんが三十一歳、政子が二十一歳の時でした。

この後、一一八〇年（治承四）の「以仁王《もちひとおう》の令旨《りょうじ》」（平氏の打倒を狙《ねら》った以仁王の命令書）を受けて頼朝さんは挙兵しました。その攻撃の最初の標的とされたのが山木兼隆でした。

こうして、山木兼隆は館を襲撃されて、頼朝さんの軍勢に討ち取られてしまいました。

『吾妻鏡』によると、頼朝さんが「私恨がある」ということが理由だったそうですが、山木兼隆からすれば非常に迷惑な話です。駆け落ちによって縁談を一方的に破談にされた上に、その相手から売ったはずのない恨《うら》みを買われて、いきなり襲撃されて討たれてしまったんですから、たまったもんじゃありませんね。

緒戦で勝利を収めた頼朝さんでしたが、直後の「石橋山の戦い」で平氏方に敗戦。安房《あわ》(千葉県)に逃れて味方を募り「富士川の戦い」などで平氏方に大勝します。その後は、弟の源義経らの活躍もあり「壇《だん》ノ浦《うら》の戦い」で平氏方を滅亡させるに至ったのです。

ちなみに、頼朝さんと政子のドラマチックな恋愛ですが、これはフィクション性が強いとされる史料の『曽我《そが》物語』や『源平盛衰記《げんぺいじょうすいき》』などに残されているので、どうしても物語性が強くなっています。ただ、すべてがすべてフィクションというわけではないようです。

比較的信用性が高い『吾妻鏡』には出会いの部分は描かれていないものの、先ほどの当時を振り返った政子のセリフが物語るように、頼朝さんと政子が周りの反対を押し切った形で結ばれたようなので、『曽我物語』や『源平盛衰記』が記した恋愛ドラマに近いものがあったのかもしれません。

○浮気許すまじ！ モテ男・頼朝へ政子の恐ろしい仕打ち……

さて、ここからが本書の本題です！

ここまでの話を聞くと「政子ひとすじ♥」なイメージが付く頼朝さんなんですが、実は女性関係にだらしない一面を持っていました。

まず、伊豆で政子と駆け落ちする前に、別の女性と結婚をして子どもまでもうけています。その相手というのが、頼朝さんの監視を命じられていた伊東祐親《いとうすけちか》という、伊東（静岡県伊東市）の豪族の娘でした。そして、伊東祐親が京都大番役で領地を留守にしている間に、頼朝さんはその娘と関係を持ったのです。伊豆に戻ってきた伊東祐親は二人の結婚に大反対しました。

そうですね、政子の時とまったく同じ構図です（笑）。頼朝さん、モテますね。

この後、平氏政権に睨《にら》まれることを怖れた伊東祐親は二人の間に生まれた子どもを殺害。頼朝さんも命を狙われています。

この逸話もまた『曽我物語』に記されているものなので、どこまで真実に近いものかはわかりませんが、頼朝さん自身にそういったことを描かせる言動があったのかもしれません。

日本では明治時代を迎えるまで、武士や公家などは正室以外に側室《そくしつ》を持つことが一般的だったということは皆さんもご存知だと思いますが、もちろん頼朝さんの時代もOKでした。

しかし、情熱的に結ばれた結果なのか、頼朝さんの女癖が悪かったからなのか、嫉妬《しっと》心が強かったからなのかはわかりませんが、政子は頼朝さんが側室を持つことにフツフツと怒りをたぎらせていました。

側室を持つこと自体はダメとは言っていなかったようなのですが、あることをキッカケにその怒りが大爆発してしまいます。

時は一一八二年（寿永元）。この年の八月に政子は長男の万寿《まんじゅ》（後の二代将軍源頼家《よりいえ》）を出産します。

政子の妊娠を聞いた頼朝さんは、安産祈願のために、現在も残る若宮大路《わかみやおおじ》（鶴岡八幡宮《つるがおかはちまんぐう》から相模《さがみ》湾に伸びる参道）を自ら監督して整備するなど、息子の誕生を喜びました。

これだったら何も問題は起こらなそうなのですが、頼朝さんは妊娠中の政子の目を盗んで、側室との逢瀬《おうせ》を重ねていたんです。その相手というのが「亀の前《かめのまえ》」という女性でした。

『吾妻鏡』によると、亀の前は「容貌が優れているのみならず、心も特に柔和《にゅうわ》であった」と記されています。わざわざ「柔和」と書いているあたりが、情熱的な政子との対比を強調しているようで面白いです（笑）。

ちなみに、頼朝さんと亀の前の出会いは伊豆の流人時代です。やはり、頼朝さんはモテます。

一一八〇年（治承四）の挙兵を機に、鎌倉に入った頼朝さんはお気に入りの亀の前も鎌倉に呼ぼうと思ったようですが、当初は政子を憚《はばか》って遠い場所に住まわせていました。しかし、妊娠中をチャンスと思ったのか、小窪《こくぼ》（神奈川県逗子《ずし》市小坪《こつぼ》あたり）に引っ越しをさせて、密《ひそ》かに関係を持ち続けていました。

亀の前は頼朝さんの家臣（伏見広綱《ふしみひろつな》）の屋敷に住んでいましたが、これを知った政子は大激怒！出産から三カ月後の十一月十日に、ついに自分の家臣（牧宗親《まきむねちか》）に次のような命令をします。

「伏見広綱の**屋敷を破壊**して、大いに**恥辱《ちじょく》を与えなさい**」

牧宗親は兵を率いて伏見広綱の屋敷を襲撃して破壊。伏見広綱は亀の前を連れて、かろうじて逃げ出しています。政子、恐ろしや……。

さてさて、これで事件は終わりません。

当然、頼朝さんも黙ってはいません！　この二日後に、かの人を呼び出したのです。

その相手というのが、政子でした！……というわけではなく、命令を実行した牧宗親でした（笑）。

頼朝さんは牧宗親を厳しく問い詰め、牧宗親は地面に顔を擦《す》り付けながら謝罪します。

おそらく「御台所《みだいどころ》（政子）に命じられたため仕方なくやった」というように弁明したのでしょう。

しかし、頼朝さんの鬱憤《うっぷん》は収まらずに、ついには牧宗親の髻《もとどり》を切り落とし、次のように言ったといいます。

「御台所の事を重んじるのは大変神妙ではあるが、その命令に従うとしても、どうして内々に報告してこなかったのだ」

つまり「妻の命令に従うのはわかるけど、こっそり相談しろよ」ということです。

これを言われた牧宗親は、泣いて逃亡してしまったそうです。板挟みにあって大変だったことでしょう。心中お察しします……。

○浮気が原因で「頼朝VS北条氏」の内紛が勃発!?

さぁ、まだこれで事件は終わりません。

これだけの仕打ちを受けた頼朝さんなんですが、これ以降も亀の前との密会を続けます。なんとタフな精神の持ち主なんでしょう（笑）。

亀の前のほうは当然、政子の嫉妬を恐れ続けていたのですが、頼朝さんはあまり気にしなかったようです。

楽観的な頼朝さんをよそに、事態は超悪化しました。

北条時政（政子の父）の継室《けいしつ》（後妻）は、泣いて出奔《しゅっぽん》した牧宗親の娘にあたった（牧宗親は政子の義理の祖父）ため、北条時政が頼朝さんに大反発、なんと北条一族を引き連れて、伊豆に引き上げてしまったのです。

頼朝さんの浮気に端を発した夫婦喧嘩《げんか》は「頼朝さんvs北条家（政子・時政・牧宗親）」という内紛へと繋《つな》がってしまいました。

その翌十二月には、政子の怒りが再び爆発！

かつて亀の前を匿《かくま》っていた伏見広綱に流罪を命じて、遠江《とおとうみ》（静岡県）に配流してしまっています。

この一連の事件は『吾妻鏡』に記されているのですが、この翌年の部分が欠けているため、頼朝さんがどのようにケジメをつけたのかはわかっていません。

ただ、これ以降に亀の前が『吾妻鏡』に登場することはないので、頼朝さんはお別れをしたのかもしれません。個人的には、頼朝さんが別れを切り出したのではなく、亀の前のほうから身を引いたのではないかなと思っています（笑）。

鎌倉幕府第二代将軍

源頼家

〈みなもとのよりいえ〉

生没　一一八二（寿永元）～一二〇四（元久元）
在任　一二〇二（建仁二）～〇三（建仁三）

女好きは父譲り？　御家人の愛妾を拉致！
最期は自分が幽閉されて暗殺……

将軍パラメーター

総合評価	D
統率力	C
政治力	E
人　望	D
知名度	D
横恋慕	A

○父・頼朝の期待と愛情を一身に受けた二代目

幼名を「万寿《まんじゅ》」という源　頼家《みなもとのよりいえ》は、鎌倉幕府の初代将軍の源頼朝《よりとも》と北条政子《ほうじょうまさこ》の長男として鎌倉に誕生しました。

生まれたのは一一八二年（寿永元）八月。先述しましたが、源頼朝が亀《かめ》の前《まえ》という側室《そくしつ》に夢中になっていて、それを知った北条政子が亀の前がいる屋敷を襲撃させる三カ月前の出来事でした。

頼家さんは、待望の男児ということもあり、父から将軍の後継者として期待されて成長していきます。武家の棟梁《とうりょう》たるべく、頼家さんは小さい頃《ころ》から弓矢の鍛錬を行い、相当な腕前に成長したそうです。

『愚管抄《ぐかんしょう》』には「頼家は又（父の源頼朝と同様に）昔今《むかしいま》ふつに（まったく）無き程の手利き（腕前）にて有りけりと、曇りなく聞《きこ》えき（隠れもない評判であった）」と記されています。

さて、十二歳になった一一九三年（建久四）には父の主催で「富士の巻狩《まきがり》」が行われました。

巻狩というのは、儀式や軍事訓練として大規模に行う狩猟のことをいいます。富士の巻狩は、源頼朝が鎌倉幕府の有力御家人《ごけにん》たちを多く集めて、富士山の裾野《すその》付近で数日間にわたって壮大に開催したものです。

この大イベントには、源頼朝が据《す》えたあるメインテーマがありました。それは頼家さんの射芸の腕前を御家人たちに披露するというものでした。頼家さんに対する父の愛情や期待が感じ取れます。

頼家さんはその期待に応《こた》えて、見事に大きな鹿を射ることに成功しました。これに源頼朝は大喜び！　我が子可愛《かわい》さのあまり、鎌倉の北条政子の許《もと》に使者（梶原景高《かじわらかげたか》）を送ってこの事をすぐに報告させました。それに対する北条政子の反応は『吾妻鏡《あづまかがみ》』によると、次のようなものでした。

「武将の跡取りが、野原で鹿や鳥を射るのは、さほど珍しいことでない。軽はずみに使者を送られると、かえって煩《わずら》わしい」

その反応、鬼嫁と言って良いでしょう（笑）。ただ、この七日前のこと、巻狩イベントを知った木瀬川周辺のたくさんの遊女たちが、源頼朝の許《もと》を訪ねていました。これを受けて、源頼朝は遊女の営業を許可しているので、どこからかその噂《うわさ》を聞いた北条政子はすこぶる機嫌を損《そこ》ねていたのかもしれません。とりあえず、夫婦喧嘩《げんか》の間に挟まれた使者が一番かわいそうですね（笑）。

○他人の妻に横恋慕、逆ギレで出兵？……母に叱られて中止！

父と同じく頼家さんにも女性関係の大トラブルが勃発《ぼっぱつ》しています。

それは十八歳になった一一九九年（建久十）に起きました。この年の一月、父の急死（病死とされるが、落馬が原因とも）を受けて家督を継いでいます（将軍就任は一二〇二年のこと）。

家督相続から六カ月後の七月、事件は起きました。有力な御家人である安達景盛《あだちかげもり》には、ある美しい愛妾《あいしょう》がいました。その愛妾は、安達景盛がわざわざこの春に京都から呼んで鎌倉に住ませた女性でした。

この噂の女性に恋をしてしまったのが頼家さんです。「なんとか自分のものにしたい！」と思い、幕府を支えている御家人の愛妾であるにもかかわらず、何度もラブレターを書いて、その度に使者を送り続けました。しかし、女性から良い答えが返ってくるはずもありませんでした。

この状況になって、頼家さんは将軍という立場を利用して、その女性を奪い取る計画を立てます。

当時、三河《みかわ》（愛知県）の宿場町で暴動が度々起きていたため、その取り締まりとして安達景盛を派遣することにしたのです。安達景盛は、この命令をはじめは拒否したそうです。それは京都から来た件《くだん》の女性と片時も離れたくないからではないかと噂されましたが、もしかすると、この後に頼家さんが起こす事件をどこかで予想していたのかもしれません。

結局、安達景盛は父が三河の守護《しゅご》を務めていた関係もあって、七月十六日に仕方なく鎌倉を出発しました。

それから四日後の七月二十日――。この日は夕方からは雷が鳴り響きましたが、夜になると天気は良くなり月明かりがきれいだったようです。

明け方の鐘がなる頃《ころ》、ある男が安達景盛の屋敷を突然訪ね、例の女性を無理やり連れて行ってしまったのです。この男の名は中野能成《なかのよしなり》。なんと、頼家さんの側近でした。

頼家さんはラブレターで例の女性を振り向かせることができなかったので、将軍の権力を背景に安達景盛を鎌倉から追い出して実力行使に出てしまったのです。そして、これまた側近の小笠原長経《おがさわらながつね》の屋敷に女性を囲い込んで愛妾としたそうです。

「御寵愛《ごちょうあい》、殊《こと》に以《もっ》て甚《はなは》だし」

と『吾妻鏡』には記されています。さらに、すぐに会うことができるように、その後は自身が住む御所の北側の建物に移しています。

拉致《らち》事件の翌月の八月十八日、三河から鎌倉に戻って来た安達景盛は、この一件を聞いて当然大激怒。その翌日、安達景盛が頼家さんに深い恨《うら》みを抱いているという噂が、頼家さん本人の耳に入りました。これを受けて、頼家さんは側近の中野能成や小笠原長経らに、なんと安達景盛を討伐《とうばつ》するように命じてしまうのです。完全なる逆ギレです！

そして、鎌倉中の屈強な兵が集まって安達景盛を討ちに向かった時、ある人物が頼家さんに討伐を中止にするように使者を送りました。それが実母の北条政子でした。

政子は、「源頼朝が亡くなった直後に戦いをするのは乱世の元である」「きちんと調べてから処分を下すべき」「調べずに誅殺《ちゅうさつ》するならば私を先に殺しなさい」と、使者を通じて頼家さんを強く叱責《しっせき》しました。

怒られた頼家さんは安達景盛の討伐をすぐさま中止にして、集結した兵は解散となりました。頼家さんは父と同じく北条政子には頭が上がらなかったようです（笑）。

その翌日、政子は「謀反《むほん》の意思はない」と記した起請文《きしょうもん》を提出するように安達景盛に提案します。その起請文を持参した北条の使者が頼家さんの許を訪ねると、政子からのお言付けとして、次のような内容を伝えました。

「昨日、安達景盛を討とうとしたのは軽率の極みで道理に背《そむ》くことです。政治に飽きて、遊女屋で遊んでばかりで、周囲の意見を聞かないからそういうことになるのです。また、あなたの側近は聡明な者たちではなく、媚《こ》び諂《へつら》う者たちばかりではありませんか」

これまた手厳しい叱責でした（笑）。

この一連の拉致事件も『吾妻鏡』に記されているものです。これ以降、この愛妾の話は出てこないようなので、彼女がどのようになったかはわかりませんが、一応の決着を見たようです。

○幽閉の末に訪れた悲劇的な最期……

その後、頼家さんには悲劇が待っていました。

頼家さんが父から引き継ぎ、家督相続後から進めていた将軍親政は北条家をはじめとした御家人たちの強い反発を招きました。当初は「十三人の合議制」という政治システムが敷かれ、訴訟などの判決は頼家さん自身による裁断ではなく、有力御家人十三人が裁断を下すようになりました。

しかし、それに対して頼家さんは側近を五人（中野能成や小笠原長経など）起用して、これらを通じてではないと自分への目通りは許さないという命令を下すなど、将軍としての権威を振るおうとし続けました。

そのため、ついにアンチ頼家の御家人たちが別の将軍を擁立《ようりつ》しようとする動きが活発化し、手始めに頼家さんを支える勢力が北条家の謀略によって討ち果たされていきます。

一二〇〇年（正治二）には父の代からの重臣であった梶原景時《かげとき》が一族もろとも滅亡（「梶原景時の変」）。一二〇三年（建仁三）には頼家さんが重病で臥《ふ》せっている間を狙《ねら》って、頼家さんの舅《しゅうと》である比企能員《ひきよしかず》も同様に一族滅亡に追い込まれました。この時、頼家さんと若狭局《わかさのつぼね》（比企能員の娘）の間に生まれていた一幡《いちまん》も殺されてしまいます（「比企能員の乱」）。

病気が回復した頼家さんは、比企能員の一族が滅亡したことを聞いて一連の黒幕である北条時政を討とうとしますが、時すでに遅し。味方する者は誰もおらず、ついに将軍職を奪われて鎌倉を追放され、伊豆の修禅寺《しゅぜんじ》に幽閉されてしまいました。この追放と幽閉を中心になって行ったのが実母の北条政子だったというのが、なんとも悲しいお話です。

頼家さんの代わりに将軍になったのが、頼家さんの実弟で幼名を「千幡《せんまん》」といった源実朝《さねとも》でした。

修禅寺に閉じ込められた頼家さんは一二〇四年（元久元）七月十八日に、北条家が送り込んだ刺客によって入浴中に暗殺されます。享年は二十三でした。

『愚管抄』には「修善寺にて又、頼家入道（将軍職を追われる際に出家をしていた）をば、刺殺《さしころ》してけり。とみに（急に）えとりつめざりければ、頸《くび》に緒をつけ、ふぐり（睾丸《こうがん》）を取りなどして殺してけり」（急には暗殺できなかったので、抵抗した頼家の頸に紐をかけて、睾丸を切り落とすなどして殺害した）というように記されています。また、修禅寺に閉じ込められたことに対しては「悲しき事なり」と記されています。

しかし一方で、『吾妻鏡』には、頼家さんの幽閉のことは特に記されず、暗殺された翌日に「昨日、左金吾禅閤（頼家）、当国（伊豆国）修禅寺に於いて薨《こう》じ給う」と伝令が伝えたとあるのみになり、前将軍であった頼家さんに対して、あまりにも冷たい書き方がされています。

『愚管抄』は京都の貴族出身の僧侶・慈円《じえん》が聞いた話を中心にまとめたものなのに対して、『吾妻鏡』は鎌倉幕府の正史とされています。しかし、編纂《へんさん》したのは北条氏やその関係者であるとされるため、北条氏の都合の良いように描かれている部分が非常に多く、将軍（特に頼家さん！）に対してはネガティブに書かれています。

つまり、将軍に替わって政権の掌握を狙った北条氏にとって頼家さんは邪魔な存在であったので、家臣の愛妾に手を出したり、遊女屋で遊んでばかりいるようなヘッポコな人物でなければならなかったのです（女性関係以外にも、政治を疎《おろそ》かにして「蹴鞠《けまり》」や「狩猟」にどハマりしているダメな将軍として描いている箇所が多数ある！）。

そのため頼家さんは、実母とその実家である北条氏との政争によって死に追い込まれ、勝者の曲筆によって歴史の闇に葬られた悲劇の将軍と見ることもできるかもしれません。

現在、最期《さいご》の地である修禅寺では、頼家さんの命日（前後の休日）に供養祭として「頼家祭り」が毎年営まれています。

鎌倉幕府第三代将軍

源 実朝

〈みなもとのさねとも〉

生没　一一九二（建久三）～一二一九（建保七）
在任　一二〇三（建仁三）～一二一九（建保七）

「死亡フラグ」ビンビンの三代目!?
和歌オタクのスピリチュアル系将軍

将軍パラメーター

総合評価	C
統率力	D
政治力	E
人　望	C
知名度	C
オタク度	S

○十二歳で就任した〝蚊帳の外〟将軍

幼名を「千幡《せんまん》（千万）」という源《みなもとのさねとも》実朝は、源頼朝《よりとも》と北条政子《ほうじょうまさこ》の次男として（源頼朝は別の女性とも子を生《な》しているので、そちらを含めると第六子の四男にあたる）誕生します。十歳年上には先ほどご紹介した鎌倉幕府第二代将軍の源頼家《よりいえ》がいました。

誕生日は一一九二年（建久三）の八月九日。父が征夷大将軍《せいいたいしょうぐん》に就任（七月十二日）した翌月のことでした。

『吾妻鏡《あづまかがみ》』（生後約四カ月の同年十二月五日）には「将軍家（源頼朝）自ら新誕の若公（実朝さん）を懐《ふところ》に抱き奉《たてまつ》り出御す。此《こ》の嬰児《えいじ》（児）鍾愛《しょうあい》、殊《こと》に甚《はなはだ》し。各々、意《こころ》を一《ひとつ》にして、将来を守護せしむべし」と記されています。つまり頼朝は、集めた御家人《ごけにん》を前にして、愛情をことさら注いでいた実朝さんを懐に抱いて現れて「気持ちを一つにして、幼子の将来を護《まも》ってくれ」と伝えたそうです。

また『愚管抄《ぐかんしょう》』にも「千万御前《ごぜん》（実朝）とて、頼朝も愛子にてありし」と記されており、源頼朝は実朝さんの誕生を心から喜び、強い愛情を注いでいたようです。

父の死を受けて、当初は兄の源頼家が将軍に就任したものの、北条家（北条政子や、その父・時政《ときまさ》）らと対立したために、将軍職を剝奪《はくだつ》されて出家。伊豆の修禅寺《しゅぜんじ》へ幽閉されることとなりました。時を同じくして、一二〇三年（建仁三）の九月七日に十二歳になっていた実朝さんは、北条家らに擁立《ようりつ》されて鎌倉幕府の第三代将軍に就任をしています。

この翌年に兄の源頼家は、北条家の手の者によって悲惨な最期《さいご》を遂げるわけですが、これが後に実朝さんの命を脅《おびや》かす火種になるとは、実朝さんは思いもよらなかったことでしょう。

さて、将軍になった実朝さんですが、実権は執権《しっけん》の北条時政が握りました。しかし、北条家内部でも内紛が起き「北条時政・牧《まき》の方《かた》（時政の継室《けいしつ》）・北条政範《まさのり》（時政と牧の方の子）」の派閥《はばつ》と「北条政子・北条義時《よしとき》（時政の子、政子の弟）」の派閥に分かれていきます。

この「牧氏の乱」と呼ばれる政争は、結局は「北条政子・北条義時」派閥が勝利を収めて、北条時政と牧の方は失脚（北条政範は病死）する結果となりました。こうして、北条義時が二代執権に就任して、姉の北条政子とともに政権を掌握しました。

将軍であるはずの若き実朝さんは、蚊帳《かや》の外に置かれ続けたままでした。

○小倉百人一首にも選ばれるほど和歌に没頭

そんな不遇の将軍の実朝さんは、ある芸術に出会います。それが和歌でした。

『吾妻鏡』には、一二〇五年（元久二）九月二日に、新たに編纂《へんさん》された『新古今《こきん》和歌集』を京都から送ってもらったと記されています。理由は、「父の和歌が選ばれているから」でした。父の源頼朝を敬愛していた様子が窺《うかが》えます。実はこの時、『新古今和歌集』はまだ披露されていない状況でした。それでも「すぐに読みたい！」として、京都から書き写したものを取り寄せたそうです。実朝さん、なんだか可愛《かわい》いです（笑）。

『新古今和歌集』が届く五カ月ほど前に『吾妻鏡』には和歌を詠《よ》んだことがはじめて記されているので、和歌が得意だった父の影響を受けてか、和歌オタクへの入り口に立ったばかりの頃《ころ》だったと想像されます。こうして実朝さんは『新古今和歌集』をバイブルとして、和歌の修行を本格的に始めていきました。実朝さん、十四歳の秋のことでした。

鎌倉に下向《げこう》した内藤知親《ないとうともちか》（『新古今和歌集』を届けてくれた使者）が当代きっての和歌の名人である藤原定家《ふじわらのていか》の弟子だったこともあり、藤原定家に自身の和歌の添削を頼むなど、第一流の歌人から指導を受けて歌道を極めていき、後に『小倉百人一首』に「鎌倉右大臣《かまくらのうだいじん》」の名で次の和歌が選出されています。

「世のなかは、つねにもがもな、渚《なぎさ》こぐ、海士《あま》の小舟《おぶね》の、綱手《つなで》かなしも」

僭越《せんえつ》ながら、私なりに解釈をしてみますと「世の中というのは、常に変わらないでいて欲しいものだ。渚を漕《こ》いでいく漁師の小舟の綱を引く様子は、趣《おもむき》深く心惹《ひ》かれる風景だ」といった感じではないでしょうか。

ちなみに、日本史の授業にも出てくる『金槐《きんかい》和歌集』という実朝さんの歌集に、六百六十三首に及ぶ和歌が収められています。この歌集がまとめられたのは、おそらく二十二歳になっていた一二一三年（建暦三）の十一月二十三日ではないかといわれています。『吾妻鏡』によると、実はこの日に、和歌の師匠である藤原定家から相伝の『万葉集』が京都から送られてきているのです。

その時の実朝さんは「重宝として、これに勝るものはない」とたいそう大切にしたそうです。そして、これで持ち前の創作意欲に火が着いたのか、この日にまとめられたといわれています。やはり、実朝さんは可愛いです。反応がオタクのそれです（笑）。

また、和歌以外にも蹴鞠《けまり》にハマっていたため、『吾妻鏡』によると、毒舌（荒言悪口の者）で知られた御家人の長沼宗政《ながぬまむねまさ》からは「当代（実朝）は歌、鞠を以《もっ》て業《わざ》として、武芸は廃《すた》れるに似たり」と批判を受けることもありました。

しかし、将軍としての政治も疎《おろそ》かにはせず、十八歳となった一二〇九年（承元三）から父や兄と同様に将軍の裁断による政治体制をキチンと敷いています。

○夢のお告げで貿易計画や合戦の作戦を決定⁉

実朝さんには、もう一つ変わった一面がありました。それは霊感が強いスピリチュアリストだったということです。それを物語る話がいくつか残されています。

一二一六年（建保四）の六月のこと。東大寺の大仏を修復した宋人《そう》（中国人）の陳和卿《ちんわけい》が実朝さんに面会を求めました。陳和卿は実朝さんを目の前にすると三回拝んで、激しく泣き出してしまいます。実朝さんが訝《いぶか》しんでいると、陳和卿は「貴客（実朝）は、かつての宋朝の育王山《いくおうざん》の長老の生まれ変わりです。その時、私は門弟におりました」と述べました。

いきなり言われたら、何がなんだかわからない話なんですが、スピリチュアリストの実朝さんにはなんと、心当たりがありました。

この面会から五年前の一二一一年（建暦元）の六月のこと。実朝さんが眠っていると、夢にひとりの高僧が出てきて、なんと陳和卿と同様のことを言ったというのです！　夢のことだから特に周囲には話していなかったそうですが、これを機に信じるようになったそうです。

五年前の夢、よく覚えてましたよね（笑）。

これを契機に、実朝さんは宋との貿易という壮大な計画を立てて大船を建造しましたが、船は海に出る前に砂浜で壊れてしまい、実現はしませんでした。

まだ、スピリチュアルな話はあります。

ある時には、夢のお告げによって神社に和歌を奉納したり、合戦の予言をしたりしたこともありました。その合戦とは一二一三年（建暦三）の「和田《わだ》合戦」のことです。これは御家人の和田義盛《よしもり》が、執権の北条義時《よしとき》の謀略にかかって挙兵して滅ぼされた戦いを指します。

『吾妻鏡』によると、この合戦の三年前の十一月二十四日、実朝さんの許《もと》へある報《しら》せが届いたといいます。それは三日前の二十一日に駿河《するが》（静岡県）の建穂寺《たきょうじ》の鎮守の馬鳴《めみょう》大明神から「酉《とり》の年に合戦があろう」という託宣《たくせん》が出た、というものでした。

これを聞いた周囲の家臣は、実朝さんに改めて占いをすることを勧めますが、なぜか実朝さんは「もはや占いには及ぶべからず」と言います。なぜかというと、なんとこちらも心当たりがありました。驚くことに、託宣が出たちょうど同じ日の「二十一日の暁（明け方）に、合戦の夢を見てお告げを得た」というのです！

実朝さんのスピリチュアルパワー、信じるか信じないかはお主次第です（笑）。

○自分の死期も予言した〝辞世の句〟

スピリチュアリスト実朝さんは、自分の最期《さいご》ですらも予言してみせたといいます。

その最期は一二一九年（建保七）の一月二十七日の雪の夜でした。官位の昇格が決まった実朝さんは、鶴岡八幡宮《つるがおかはちまんぐう》での儀式を終えて大石段を下ると、突然「親の敵《かたき》は、かく討つぞ！」と叫びながら襲い掛かる若者に、刀で斬られて亡くなりました。享年は二十八でした。

その襲撃犯となった若者の名は「公暁《くぎょう》」。源頼家の遺児でした。公暁は叔父である実朝さんが、自分の父を暗殺した黒幕であると信じ込み、この凶行に及んだといいます。

その黒幕には、政権の掌握を狙《ねら》う北条氏の影が見え隠れするのですが、詳しくは拙著『あの方を斬ったの…それがしです　日本史の実行犯』でお楽しみください！

さて、『吾妻鏡』によると、この日、事件の予兆と見られる異変が続いていたといいます。

重臣の大江広元《おおえのひろもと》は儀式に向かおうとする実朝さんを見ると、涙を抑えることができず、束帯《そくたい》の下に腹巻（甲冑《かっちゅう》の一種）を着けるように勧めました。これは他の家臣（源仲章《なかあきら》）が「そのような例はない」と退けたため、実朝さんは身に着けませんでした。

また、御所の南門を出ると鳩がしきりに鳴きさえずり、牛車《ぎっしゃ》を降りた時には実朝さんの剣が突き折れてしまったそうです。

これは何かの予兆であると悟ったのでしょうか、実朝さんは屋敷を出る前に、髪を整えるために近侍していた家臣（宮内公氏《みやうちきんうじ》）に、自ら鬢《びん》の毛を一本抜いて形見として与えました。そして、御所の庭の梅を眺めて次のような和歌を詠んだといいます。

「出ていなば、主なき宿と成ぬとも、軒端の梅よ、春を忘るな」

これが実朝さんの生涯最後の和歌、つまりは辞世の句となりました。

「自分が屋敷から出て去ってしまえば、ここは主人がいない家となってしまう。たとえそうであっても、軒端の梅よ、春を忘れることなく咲いてください」という、まるで己の死期を悟ったかのような悲哀に満ちた歌になっています。

実朝さんには子がいなかったため、実朝さんの死によって源氏将軍は滅亡し、京都の摂家《せっけ》から迎えられた藤原頼経《ふじわらのよりつね》が、いわゆる「摂家将軍」として征夷大将軍に就任することになったのです。

鎌倉幕府第四、五代将軍

藤原頼経
〈ふじわらのよりつね〉

藤原頼嗣
〈ふじわらのよりつぐ〉

生没　一二一八（建保六）～五六（建長八）
在任　一二二六（嘉禄二）～四四（寛元二）

生没　一二三九（延応元）～五六（建長八）
在任　一二四四（寛元二）～五二（建長四）

将軍パラメーター

総合評価	F
統率力	F
政治力	F
人　望	D
知名度	E
対鳥類	G

総合評価	F
統率力	G
政治力	G
人　望	E
知名度	F
幸薄度	A

執権・北条家の操り人形⁉
公家から迎えられた知られざる「摂家将軍」

○『藤原頼経』——絶えた源氏の遠縁に当たる貴族将軍

鎌倉幕府の将軍というと、ここまでご紹介してきた、「源　頼朝《みなもとのよりとも》」「源頼家《よりいえ》」「源実朝《さねとも》」の三人はよく知られていますが、その後に源氏の嫡流《ちゃくりゅう》ではない将軍が六人もいたことはあまり知られていません。はじめの二人は摂家《せっけ》（摂政《せっしょう》・関白《かんぱく》に就くことができる最高の家格を持つ公家。「摂関家《せっかんけ》」とも）から迎えられ、残りの四人は皇族から迎えられています。

その中で、源実朝の跡を継いで第四代将軍に就任したのが藤原頼経《ふじわらのよりつね》です。出身が「九条《くじょう》家」だったことから「九条頼経」とも呼ばれています。当時の鎌倉幕府の実権は、源頼家、実朝のところでも触れた通り、執権《しっけん》の北条《ほうじょう》家によって握られ始めていました。

一二一九年（承久元）に源実朝が暗殺されると、北条政子《まさこ》は後鳥羽《ごとば》上皇の皇子を「宮《みや》将軍」として迎えようとしますが、幕府との関係が悪化し始めた後鳥羽上皇がこれを拒否。そのため、九条道家《みちいえ》の三男である頼経さんが次期将軍となることになります。

もちろん、なんとなく頼経さんが候補になったというわけではなく、その血筋が関係していました。実は頼経さんは、父方と母方のどちらから見ても、源頼朝の妹の曾孫《ひまご》にあたります。

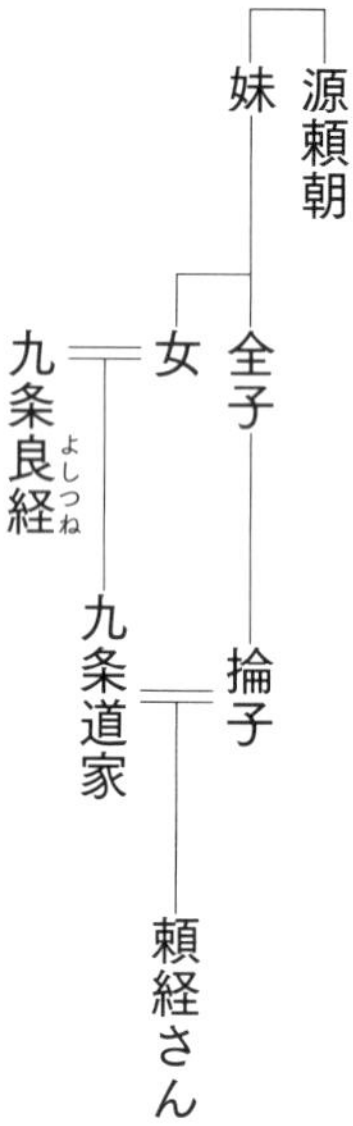

というような血縁関係です。近いようで遠い気がしますが（笑）、血縁関係がないよりは良いだろうということで白羽の矢が立ちました。

頼経さんの幼名は「三寅《みとら》」。これは「寅《とら》年・寅の日・寅の刻」に生まれたことに由来するといいます。頼経さんは一二一八年（建保六）生まれなので、鎌倉を訪れたのはわずか二歳のことでした。鎌倉への下向《げこう》から二年後の一二二一年（承久三）に後鳥羽上皇が幕府を滅ぼすために挙兵した「承久《じょうきゅう》の乱」が起きていますが、上皇軍は幕府軍に鎮圧され、幕府の支配が西国にも及ぶ結果となりました。この反乱は、まだ四歳だった頼経さんにとって、直接は関係のないことでした。

ちなみに『吾妻鏡《あづまかがみ》』によると、頼経さんはやや運の悪い幼年期だったようで、次のような記述が残されています。

一二二三年（貞応二）四月十一日

「若君の御衣、鼠《ねずみ》これを喰い切る。今日巳《み》の刻、石山禅尼《ぜんに》、見付け奉《たてまつ》ると」（頼経さんの着物が鼠に喰い千切られた。今日の午前十時頃《ごろ》に石山禅尼が見つけました）

一二二三年（貞応二）四月二十八日

「若君、西の御壺に出御す。例の手鞠《てまり》会有り。この間烏《からす》の糞を懸らしめ給ふ。驚き御沙汰有り。占い申すに、御病事の由と」（頼経さんが西の庭に出て、手鞠会に参加しました。この間に烏のフンをかけられました。驚いて占ったら、病気の予兆ということでした）

一二二三年（貞応二）十月五日

「若君、御壺に出御し給う。去る四月、烏矢の後、この事を止められをはんぬ。而《しか》るに、殊に興宴の御志有るの由、申せらる。二品（北条政子）許諾を蒙《こうむ》らしめ給うと」（頼経さんは庭に出ました。四月に烏のフンを受けてから止められていました。しかし、頼経さんが特に遊びたいと言うので、北条政子の許可を得たということでした）

一二二四年（貞応三）三月十四日

「酉《とり》の刻、若君御亭の南廊、御蔀《しとみ》の上に烏、巣を作る。今日これを見出す。先例不快の由、その沙汰有り。内々卜筮《ぼくぜい》せらる。御病事の由、（安倍《あべの》）国道《くにみち》・親職《ちかもと》等これを占い申す」（頼経さんの屋敷の南廊下の蔀の上に烏の巣が出来た。前例が良くなかったとあったので、内緒で占いました。陰陽師《おんみょうじ》の安倍国道と安倍親職などによると、病気の心配があるとのことでした）

動物にまつわるアンラッキーが多く、特に鳥関係が多いですね。鳥のフンを受けてから半年ほど、庭での遊びが禁止されていたのは可哀想です。ちなみに、鳥のフンのことは「鳥矢」とも言うんですね（笑）。

『吾妻鏡』は執権の北条家に都合の良いように書かれている傾向が強いので、後に北条家と対立することになる頼経さんのことをあえて悪く書いた可能性も十二分にあります。

○北条家へのクーデターあえなく頓挫、鎌倉追放！

その後、後見役《こうけんやく》となっていた北条政子が没した一二二五年（嘉禄元）に、八歳で元服《げんぷく》を迎えて「頼経」と名乗ります。この時の烏帽子親《えぼしおや》は執権の北条泰時《やすとき》（政子の甥《おい》。北条義時《よしとき》の長男）が務めました。そして、その翌年の一二二六年（嘉禄二）に第四代将軍に就任することとなったのです。

頼経さんがまだ幼かったため政務は執権の泰時を中心に行い、一二三〇年（寛喜二）の十三歳の時には、二十八歳の姉《あね》さん女房（竹御所《たけのごしょ》。源頼家の娘）を正室に迎えました。

政権は引き続き執権の北条泰時に支配され、頼経さんは傀儡《かいらい》の将軍となりますが、一二三四年（天福二）に竹御所が亡くなり、一二四二年（仁治三）には北条泰時が亡くなると、頼経さんを取り巻く環境が大きく変化していきます。

北条泰時の跡は、その孫である北条経時《つねとき》が継いで執権となります。頼経さんはこの時二十五歳、経時は十九歳だったことから、将軍が執権よりも年上になりました。さらに、執権の北条家の専《せん》横《おう》をよく思っていない名越《なごえ》家（北条家の庶流《しょりゅう》）や三浦《みうら》家（有力御家人《ごけにん》）が頼経さんを支持し始め、アンチ北条家勢力の旗頭となり始めていたのです。

そのため、北条経時との関係が悪化していき、頼経さんは一二四四年（寛元二）に息子に将軍職を譲らなくてはならなくなりました。この息子が五代将軍となった藤原頼嗣《よりつぐ》です。

不仲となった北条経時が一二四六年（寛元四）に二十三歳という若さで没して、その跡を二十歳の弟の北条時頼《ときより》が継ぎました。この代替わりのタイミングを見計らって、アンチ北条家が時頼の排除を企てます。その黒幕には頼経さんがいました。

しかし、この「宮騒動《みやそうどう》」と呼ばれるクーデターは失敗に終わり、アンチ北条家の勢力は次々に失脚していきます。さらに、頼経さんが、北条経時の死を願って呪詛《じゅそ》していたということも発覚してしまい、頼経さんにも鎌倉追放の処分が下され、生まれ故郷の京都に返されました。

その翌年の一二四七年（宝治元）には、頼経さんに加担していた三浦泰村《やすむら》などが頼経さんの鎌倉復帰や北条家の打倒を狙《ねら》って挙兵した「宝治合戦《ほうじ》」が勃発《ぼっぱつ》しましたが、これも北条家に鎮圧され失敗に終わっています。

それから九年後の一二五六年（康元元）八月に頼経さんは京都で失意の内に病死しました。享年は三十九でした。『経俊卿記《つねとしきょうき》』には「上洛《じょうらく》の後、人望を失い、遂に以《もっ》て早世せらる。哀しむべし」と記されています。

○『藤原頼嗣』――結婚すらも北条家に決められた摂家将軍の二代目

藤原頼経の息子で、その跡を継いで将軍となったのが藤原頼嗣です。

先述の通り、父が北条家と対立したため、一二四四年（寛元二）に六歳で元服をすると、第五代将軍に就任しました。元服時の烏帽子親は、時の執権である北条経時でした。

その翌年の一二四五年（寛元三）には、北条経時の妹で九歳年上の檜皮姫《ひわだひめ》を妻に迎えます。この婚姻は頼嗣さんの知らないところで、北条家によって秘密裏に急いで進められ後日に発表されたそうです。これは一二三四年に養母・竹御所が亡くなって以降、婚姻関係が途切れていた九条家（頼嗣の実家）と源氏との関係を北条家が速《すみ》やかに修復しようとしたためだったといいます。将軍の政略結婚を、将軍が知らないところで進めるのですから、北条家の権力の強大さを窺《うかが》い知ることができます。

この結婚の翌年、先述の「宮騒動」によって父が鎌倉から追放されると、頼嗣さんは自身をバックアップしてくれる勢力を失って徐々に孤立。八歳の頼嗣さんも父と同様の傀儡となり、政権は執権の北条時頼《ときより》（経時の弟）に牛耳《ぎゅうじ》られることとなりました。

さらに翌一二四七年（宝治元）の「宝治合戦」では、頼嗣さん（と父）の支持勢力だった三浦家や千葉《ちば》家も滅亡に追い込まれ、完全に孤立してしまいます。頼嗣さんはその後も、傀儡の将軍として鎌倉に留まったものの、一二五一年（建長三）に宝治合戦で敗れたアンチ北条家の残党（了行《りょうぎょう》法師、矢作《やはぎさ》左衛門尉《えもんのじょう》、長久連《ちょうひさつら》など）が捕縛されて、北条家打倒の謀反《むほん》の計画がすべて露見してしまいます。

そのため幕府は、後嵯峨《ごさが》上皇の皇子（宗尊親王《むねたか》）を新たな将軍にすることに決定しました。この将軍交代劇を知っていたのは、執権の北条時頼と連署《れんしょ》（執権の補佐役）の北条重時《しげとき》（北条義時の三男。北条政子の甥《おい》）のみで、結婚時と同様に頼嗣さんには秘密で決定されたことだったそうです。北条家、やはり、強し……。

こうして、一二五二年（建長四）に京都から宗尊親王が新将軍として鎌倉に迎え入れられ、それと入れ替わるように、頼嗣さんは八年務めた将軍職を解かれて生まれ故郷の鎌倉を追放されることとなりました。この時、まだ十四歳。老練な北条家に対して、なす術《すべ》もありませんでした。

その後、京都で暮らした頼嗣さんは一二五六年（康元元）九月に、前月亡くなった父の後を追うように十八歳で薄幸の生涯を終えました。

鎌倉幕府第六～九代将軍

宗尊親王
〈むねたかしんのう〉

生没　一二四二（仁治三）～七四（文永十一）
在任　一二五二（建長四）～六六（文永三）

惟康親王
〈これやすしんのう〉

生没　一二六四（文永元）～一三二六（嘉暦元）
在任　一二六六（文永三）～八九（正応二）

久明親王
〈ひさあきらしんのう〉

生没　一二七六（建治二）～一三二八（嘉暦三）
在任　一二八九（正応二）～一三〇八（徳治三）

守邦親王
〈もりくにしんのう〉

生没　一三〇一（正安三）～三三（元弘三）
在任　一三〇八（徳治三）～三三（元弘三）

歯向かった傀儡を追放してさらなる傀儡……
幕府滅亡まで添い遂げた（?）「宮将軍」

将軍パラメーター

総合評価		総合評価		総合評価		総合評価	
F		E		F		E	
統率力	G	統率力	G	統率力	G	統率力	E
政治力	G	政治力	G	政治力	G	政治力	F
人　望	F	人　望	C	人　望	F	人　望	E
知名度	F	知名度	F	知名度	F	知名度	E
空気度	S	ほのぼの	A	お気の毒	B	血　筋	A

○『宗尊親王』――皇族初の就任、将軍なのに「謀反」容疑とはこれいかに?

前項でご紹介した「摂家《せっけ》将軍」の二人（藤原頼経《ふじわらのよりつね》、頼嗣《よりつぐ》）は、アンチ北条《ほうじょう》家の旗頭的な存在になり、実家の九条《くじょう》家も幕政に介入してきていたため、執権《しっけん》の北条家は、九条家と摂家将軍の排除を考えていました。そこで新たな将軍として、迎えられたのが宗尊親王《むねたかしんのう》です！　宗尊親王は、後《ご》嵯峨《さが》上皇の皇子であり、皇族出身としては初の征夷大将軍《せいいたいしょうぐん》（六代将軍）となりました。皇族出身の将軍のことを「宮《みや》将軍」、もしくは「皇族将軍」「親王将軍」と呼びます。宗尊親王以降、鎌倉幕府の滅亡まで、将軍はすべて皇族から迎え入れられています。

宗尊親王が将軍に就任したのは、一二五二年（建長四）、十一歳の時のこと。鎌倉に下向《げこう》して早々に将軍の宣下《せんげ》を受けました。しかし、将軍とはいっても幼年だったために、実権は北条家に握られ、宗尊親王は摂家将軍と同じく傀儡《かいらい》の将軍と化していってしまいます。

そんな中で、宗尊親王が没頭したのが和歌でした。宗尊親王は歌会を頻繁《ひんぱん》に開催し、鎌倉の武家にも和歌を普及させます。手掛けた歌集は『柳葉《りゅうよう》和歌集』『瓊玉《けいぎょく》和歌集』『初心愚草《しょしんぐそう》』などたくさんあり、また『続古今《しょくこきん》和歌集』には六十七首が収められていて、これは同集では最多の選出数となっています。

ちなみに、将軍就任時の執権は北条時頼《ときより》だったのですが、その北条時頼が亡くなると、宗尊親王は自身を将軍に擁立《ようりつ》してくれた恩人の死を悼《いた》んで和歌を十首詠《よ》んでいます。宗尊親王は傀儡ではあったものの、北条時頼との関係性は比較的良好だったのかもしれません。

和歌に執心だった宗尊親王も、成長につれて幕政の人事に介入を始めるなど、将軍としての自覚を持った行動を始めます。こうなってくると、鎌倉時代によくある将軍粛清《しゅくせい》のパターンに入っていってしまいます。

きっかけは、北条時頼の跡を継いで執権となった北条（赤橋《あかはし》）長時《ながとき》の死でした。一二六四年（文永元）に北条長時が亡くなると、執権には北条政村《まさむら》、連署《れんしょ》には北条時宗《ときむね》（時頼の子）が新たに就任します。なんだか「北条」だらけでややこしいですね（笑）。

この北条政村と北条時宗が、一二六六年（文永三）六月二十日に北条（金沢）実時《さねとき》と安達泰盛《あだちやすもり》という有力御家人《ごけにん》とともに「深秘《しんぴ》の沙汰《さた》」（秘密の会議）を開きます。この密議の議題は「宗尊親王の奥さんの不倫スキャンダル」についてでした。宗尊親王の正室は近衛宰子《このえさいし》というお方だったのですが、この妻が宗尊親王の護身の祈禱《きとう》を担当していた良基《りょうき》という僧侶と密通したという噂《うわさ》が流れたのです。このあたりの流れが、私はイマイチ合点がいかないのですが、この密通によって謀反《むほん》を疑われた宗尊親王は将軍職を解かれることとなります。宗尊親王がトップの将軍なのですから、謀反も何もないと思うのですが……（笑）。つまりは、宗尊親王を追放するための口実を北条家は探していたのでしょう。

この北条家の謀略によって、密議の直前に良基は鎌倉を逃亡。三日後には奥さんと子ども（後の七代将軍・惟康《これやす》親王）は宗尊親王のいる将軍御所を出されて、宗尊親王の周りには五人の側近が残るのみでした。孤立した宗尊親王は七月四日に鎌倉を追放され、京都に送還されます。

京都に返された時に詠まれたという宗尊親王の和歌が残されています。

「いにしへを、昨日の夢とおどろけば、うつつの外に、けふも暮れぬる」（昔のことは、昨日の夢のようである。夢から覚めてそう思うと、今日もまた暮れていく）

なんとも儚《はかな》く寂しい一首です。その後、京都送還から八年後の一二七四年（文永十一）に故郷の京都で三十三歳で亡くなりました。お墓の場所はわかっていません。

ちなみに、鎌倉幕府の正史とされる『吾妻鏡《あづまかがみ》』は宗尊親王が京都に戻されて、六波羅探題《ろくはらたんだい》（京都の治安を守る幕府の出先機関。当時は北条一族の北条時茂《ときしげ》が就いていた）の屋敷に送還されたところで幕が閉じられています。

○『惟康親王』――歴代最年少の三歳で就任！　元寇襲来時の将軍も実績はゼロ

父の宗尊親王が北条家の陰謀によって京都に送還された一二六六年（文永三）に惟康親王は第七代将軍に就任をしました。この時、惟康親王はわずか三歳！　これは、鎌倉・室町・江戸の三つの幕府を含めた歴代将軍の中で最年少の記録です。

歴史の本などでは「惟康〝親王〟」として登場して「宮将軍」と呼ばれることが多いのですが、実は将軍時代には「親王」の時期よりも「源氏」を名乗っていた時期のほうが長かったようです。「親王」というのは親王宣下（「親王」を名乗って良いという天皇の許可）を受け、皇位継承の資格がある天皇の子（もしくは親王の子）のことをいいます。

生まれた当初は親王宣下を受けていなかったため「惟康王」（「～王」は親王宣下を受けていない男系の皇族のこと）を名乗りましたが、将軍に就任してから七年後の一二七〇年（文永七）に臣籍《しんせき》降下《こうか》（皇族身分を離れて臣下の籍に降ること）して「源氏」に改め、「源《みなもとのこれやす》惟康」と名乗っています。

それから十七年後の一二八七年（弘安十）に親王宣下を受けて、皇籍に復活、「惟康親王」と改め、一三二六年（嘉暦元）に亡くなるまで名乗りました。

つまり、一～七歳が「惟康王」、七～二十四歳が「源惟康」、二十四～六十三歳が「惟康親王」

という〝王→源氏→親王〟の三つの身分を経験した非常に珍しい人物です。さらに、〝将軍〟を務めた人物となると惟康親王が日本史上で唯一のお方になります。

ちなみに、鎌倉で生まれ育ち将軍となった惟康親王なのですが、見知らぬ地である京都で最期《さいご》を迎えています。将軍在任中の実権は執権の北条時宗に握られていたため、惟康親王の将軍としての実績はほとんど伝わっておらず、一二七四年（文永十一）と一二八一年（弘安四）に起きた「元寇《げんこう》」（蒙古《もうこ》襲来）も北条時宗が中心となって対処しました。

一二八四年（弘安七）の北条時宗の死後には、内管領《うちかんれい》（得宗《とくそう》家の御家人）で力を持っていた平《たいらの》頼綱《よりつな》と有力御家人の安達泰盛が対立を深めて、翌年の一二八五年には（弘安八）「霜月《しもつき》騒動」が勃発《ぼっぱつ》。安達泰盛の一族が滅亡に追い込まれます。その後、政権を掌握したのは平頼綱。平頼綱は自分の一族の朝廷内での位を引き上げるために、惟康親王を「源氏」ではなく「親王」とすることを試みます。そのため、惟康親王は平頼綱の企みによって、前述の通りに二十四歳で「親王」となりました。

ところが、すでに成人していた惟康親王は傀儡とするには面倒な存在となっていたため、平頼綱は、惟康親王よりも利用しやすい幼年の将軍を擁立します。この新将軍が次にご紹介する、後《ご》深草《ふかくさ》上皇の〝皇子〟で、時の天皇の伏見《ふしみ》天皇の弟だった「久明《ひさあきら》親王」です。

一方、用なしとなって鎌倉を追放されることとなった惟康親王は、雨が降る中を粗末な輿《こし》に乗せられて、罪人と同じように前後逆さまにして運ばれたそうです。そして、その輿からは感情が溢《あふ》れ出した惟康親王の、咽《むせ》び泣き鼻を擤《か》む音がしきりに外に聞こえたといいます。惟康親王の将軍追放劇、なんとも哀れです……。

○『久明親王』――ひたすら和歌、和歌、和歌……実体なき将軍、異例のハッピーエンド？

惟康親王の悲しき鎌倉追放劇があった一二八九年（正応二）に、新たな将軍として擁立されたのが久明親王です。就任時の年齢は十三歳（もしくは十六歳）だったといいます。

前将軍の惟康親王よりも血筋が良く、伏見天皇の弟で、後深草上皇の皇子にあたるお方でした。ちなみに、後深草上皇と宗尊親王（六代将軍）は兄弟にあたるので、惟康親王と久明親王は従兄弟《いとこ》にあたります。まとめると次のような関係性です。

後嵯峨天皇
- 宗尊親王（六代将軍）――惟康親王（七代将軍）
- 後深草天皇
  - 伏見天皇
  - 久明親王（八代将軍）――守邦《もりくに》親王（九代将軍）

さて、久明親王は将軍に就任したものの、鎌倉幕府おなじみ（？）の傀儡将軍となり、実権は執権の北条貞時《さだとき》（時宗の嫡男《ちゃくなん》）が握りました。将軍就任の四年後の一二九三年（正応六）には、前将軍の政権下で権勢を揮った平頼綱が、主君の北条貞時によって滅亡に追い込まれる「平禅門《へいぜんもん》（平頼綱）の乱」が起きていますが、これは久明親王のあずかり知らぬところの幕府内の政争でした。

トータルで約十九年もの間、将軍を務めた久明親王ですが、将軍としての功績はほとんどありません。政治的なことに介入しなかった（できなかった）久明親王がやったことといえば、ひたすら歌を詠むことでした。久明親王は、宗尊親王と同じく、鎌倉時代を代表する和歌の名人として知られており、『新後撰和歌集《しんごせん》』や『玉葉和歌集《ぎょくよう》』など多くの勅撰集《ちょくせん》（天皇や上皇の命で編纂《へんさん》された書物）に二十二首もの和歌が選出されています。

また、久明親王は鎌倉に来てから六年後の一二九五年（永仁三）に正室を迎えています。このお相手となった女性が、前将軍の惟康親王の娘さんでした。二人は政略結婚ながら仲睦《むつ》まじい結婚生活を送ったようで、男児を二人もうけています。一人は誕生の四日後に亡くなってしまいましたが、もう一人が後に鎌倉幕府の最後の将軍となる「守邦親王」です。

後継者が誕生して無事に成長をしていくと、これまた鎌倉幕府おなじみの将軍の挿《す》げ替えが行われることになります。それが一三〇八年（延慶元）のことでした。三十三歳となっていた久明親王は、北条家によって将軍職を解任されて、代わりに息子が将軍となります。そして、久明親王は先代や先々代の宮将軍と同様に京都に送還されることになりました。

こうして、将軍の鎌倉追放劇がまたまた発生して、バッドエンドを迎えました……というわけではなく、久明親王の場合は平穏かつ平和的に行われたようです。久明親王が自分は傀儡であることを受け容《い》れていたためなのか、現職将軍の京都送還と幼き新将軍の擁立を恒例のイベントとして解釈したためなのか、幕府との関係性は良好で、京都に送還された後ですら良かったみたいです。一三二八年（嘉暦三）に京都で久明親王が五十三歳で亡くなった時には、京都から早馬の報せがあり、幕府は五十日間の沙汰を停止、つまりは喪《も》に服しています。また、翌年の正月には鎌倉御所で百箇日の法要が行われました。

後年に京都で亡き妻を偲《しの》ぶ和歌を詠むなど、穏やかで優しいお方だった久明親王。和歌を詠んだだけの実体なき将軍だったイメージが付きますが、半ば諦《あきら》めもありつつも、目の前に起きた現実を客観視して受容し、周囲とバランスを取る器量の大きな人物だったようにも思えます。

○『守邦親王』――倒幕軍からアウト・オブ・眼中？　謎多き鎌倉幕府のラスト将軍！

いよいよ鎌倉幕府の最後の将軍となりました！　父の久明親王の跡を受けて、一三〇八年（延慶元）に第九代将軍となったのが守邦親王です。

将軍就任時は、まだ八歳。これまでの幕政と同様に、実権は御家人たちが握ることになるのですが、これまでと異なる点がありました。『保暦間記《ほうりゃくかんき》』によると、執権の北条家の当主だった北条高時《たかとき》（貞時の子、時宗の孫）は「頗《すこぶ》る亡気《ぼうけ》の体《てい》（非常に愚か）」で「正体なき（正気ではない）」人物だったため、「世事」（政務）は内管領《うちかんれい》である長崎円喜《ながさきえんき》や安達時顕《ときあき》が取り仕切っていたということです。将軍の陪臣《ばいしん》（家臣の家臣）が幕政を担うのは、室町幕府にもよく見られるパターンです。このように御多分に洩《も》れず傀儡将軍であったことから、父と同じく、守邦親王の実績はほとんど伝えられていません。

将軍在任中の一三二四年（正中元）の二十四歳の時に、後醍醐《ごだいご》天皇とその側近の公家《くげ》たち（日《ひ》野《の》資朝《すけとも》、日野俊基《としもと》など）による倒幕計画が発覚するという「正中《しょうちゅう》の変」が勃発。これは未遂に終わったものの、幕府の雲行きは怪しくなっていき、この七年後の一三三一年（元弘元）、再び後醍醐天皇による倒幕計画が発覚します（「元弘の変」）。後醍醐天皇は幕府に捕えられて、翌年に隠《お》岐《き》（島根県隠岐郡）に流されました。しかし、これをきっかけに後醍醐天皇を支援するアンチ幕府の勢力（代表的な人物には河内《かわち》の悪党《あくとう》の楠木正成《くすのきまさしげ》や、後醍醐天皇の隠岐の脱出に貢献した伯耆《ほうき》（鳥取県）の豪族の名和長年《なわながとし》など）が挙兵をします。

そして、一三三三年（元弘三）に幕府の御家人だった新田義貞《にったよしさだ》や足利義詮《あしかがよしあきら》（尊氏《たかうじ》の子、室町幕府第二代将軍）の軍勢によって、守邦親王のいる鎌倉が攻められることとなりました。命の危機が迫った守邦親王でしたが、この戦で新田義貞の軍勢が討伐《とうばつ》のターゲットとした人物は、将軍である守邦親王ではありませんでした。ターゲットとなったのは北条高時。実権なき守邦親王は、討伐の対象とされることはなかったのです。傀儡将軍であったことが吉《きち》と出たわけなのですが、敵からまったく相手にされていない将軍というのも、なんだか皮肉なものです。

討伐されることとなった北条高時をはじめとする北条一族二百八十三人は、五月二十二日に菩《ぼ》提寺《だいじ》の東勝寺《とうしょうじ》（神奈川県鎌倉市）において自害し、ここに鎌倉幕府は滅亡を迎えました。

幕府滅亡に際して守邦親王が何をしていたかはほとんどわかっていません。ただわかっていることは、鎌倉幕府滅亡と同時に将軍職を辞して出家をしたということです。幕府滅亡から三カ月後に死去したと伝えられていますが、詳しいことはわかっていません。倒幕軍からも歴史からも無視されてしまう謎《なぞ》多き最後の将軍ではあるものの、**二十四年九カ月の将軍在任は鎌倉幕府では最長の記録**となっています。

コラム

「征夷大将軍」ってそもそも何？

征夷大将軍《せいいたいしょうぐん》というのは元々、東北地方の蝦夷《えみし》（ヤマト朝廷に服属しなかった東国の部族）を討伐するために朝廷が派遣した軍の最高司令官のことをいいます。いわば〝天皇の軍事関係の代理人〟ともいえる官職です。

初代の征夷大将軍は誰かというと、あの有名な**「坂上田村麻呂《さかのうえのたむらまろ》」**ではなく**「大伴弟麻呂《おおとものおとまろ》」**というお方です。学校の授業にはまったく出てきませんでしたね（笑）。その大伴弟麻呂が初代・征夷大将軍となったのは、平安遷都《せんと》が行われて「平安時代」がスタートした七九四年（延暦十三）一月一日のこと。任命したのは、何度も蝦夷征討を行った桓武《かんむ》天皇です。

最初の蝦夷征討に失敗した桓武天皇は、二度目の蝦夷征討の最高司令官として大伴弟麻呂を指名したのですが、この時に朝廷軍の副将軍として活躍したのが坂上田村麻呂でした。勝利を収めた坂上田村麻呂は、三度目の蝦夷征討を前にした七九七年（延暦十六）に、上司だった大伴弟麻呂の後を受ける形で、征夷大将軍に就任をします。学校の授業に出てきたのは、この辺りです。

そして、八〇二年（延暦二十一）に坂上田村麻呂は、胆沢《いさわ》（岩手県奥州市）を拠点としていた蝦夷の族長である阿弖流為《あてるい》や母礼《もれ》を降伏させることに成功して「征夷大将軍」の名を有名にしたのです。また、八〇四年（延暦二十三）にも再び征夷大将軍に任命されています（この時は軍事費の増大が懸念されて征討は中止）。ちなみに、話が前後しますが、大伴弟麻呂は七十九歳で亡くなったとされているので、歴代の征夷大将軍の経験者の中ではもっとも長生きをした人物になります。

さて、八一三年（弘仁四）には、坂上田村麻呂とともに蝦夷征討で活躍した**「文室綿麻《ふんやのわたま》呂《ろ》」**が二度目（最初は八一一年）の「征夷将軍」（征夷大将軍とは別名だが同様の権限がありました）に任命され、蝦夷地方の平定を成し遂げました。文室綿麻呂は歴代の征夷大将軍にカウントされる場合とされない場合があります。

それから三百七十九年後の一一九二年（建久三）に源　頼朝《みなもとのよりとも》が就任するまで「征夷大将軍」は廃絶しています。

ちなみに、初代の大伴弟麻呂より前の奈良時代にも、征夷大将軍と似たような名前の役職（鎮守府《ちんじゅふ》将軍、征夷将軍、征東《せいとう》将軍、征東大使など）がありました。また、文室綿麻呂から源頼朝までの間にも「征東大将軍」に九四〇年（天慶三）に任命された**藤原忠文《ふじわらのただふみ》**（「平　将門《たいらのまさかど》の乱」の鎮圧軍の責任者となった）や、一一八四年（寿永三）に任命された**源義仲《よしなか》**（源頼朝の従兄弟《いとこ》。「木曽《きそ》義仲」とも。頼朝よりも先に上洛《じょうらく》を果たして平家を京都から追い払うが、「宇治川《うじがわ》の戦い」で頼朝の弟の源範頼《のりより》と源義経《よしつね》の軍勢に敗れて討ち死にした）もいました。

また『山槐記《さんかいき》』によると、「征夷大将軍」を復活させた源頼朝は、当初は単純に「大将軍」という官職を希望したそうです。ところが、朝廷からは「征夷大将軍」「征東大将軍」「惣《そう》官《かん》」「上将軍《じょうしょうぐん》」の四つを提案されました。その中で「征東大将軍」は先述の源義仲、「惣官」は平宗盛《むねもり》（平清盛《きよもり》の子。「壇《だん》ノ浦《うら》の戦い」で源義経に敗れて処刑される。惣官という官職に就いていた）の凶例があり、中国の官職名である「上将軍」は日本に先例がないということで却下となり、坂上田村麻呂の吉例がある「征夷大将軍」を選ぶことになったといいます。そこからは本来の「蝦夷征討の軍事指揮官」ではなく「武士の棟梁《とうりょう》・事実上の国政の最高権力者」としての意味を強く持つ官職となりました。

そして、源頼朝から徳川慶喜《とくがわよしのぶ》まで（空位の期間もありますが）、トータルで六百七十五年もの間、武家政権のトップである征夷大将軍が三十九人も誕生したのです！

コラム

まだまだいる「イレギュラー」征夷大将軍❶

護良親王《もりよししんのう》　時代：建武の新政（鎌倉幕府滅亡直後）

後醍醐《ごだいご》天皇の皇子。鎌倉幕府の討幕運動で活躍。鎌倉幕府滅亡後の後醍醐天皇による「建武《けんむ》の新政」政権で一三三三年（元弘三）に「征夷大将軍《せいいたいしょうぐん》」に任命される。しかし、足利尊氏《あしかがたかうじ》と対立して謀反《むほん》の疑いをかけられ、征夷大将軍をすぐに解任。その後は鎌倉に幽閉されて、足利直義《ただよし》（尊氏の弟）の監視下に置かれる。鎌倉幕府の執権《しっけん》の北条《ほうじょう》家の残党による「中先代《なかせんだい》の乱」の際に、敵方の旗頭として擁立《ようりつ》されることを恐れた足利直義によって暗殺された。

成良親王《なりよししんのう》　時代：建武の新政（鎌倉幕府滅亡直後）

後醍醐天皇の皇子。護良親王の弟。鎌倉幕府滅亡後に関東統治のために鎌倉へ下向。一三三五年（建武二）に「中先代の乱」が起きると、足利直義に連れられて鎌倉を脱出して帰京し「征夷大将軍」に就任。すぐに解任されたものの、翌年には足利尊氏が擁立した光明《こうみょう》天皇の皇太子となる。これは征夷大将軍の経験者が皇太子となった唯一の例である。そのまま天皇となる可能性があったが、足利尊氏と父の後醍醐天皇が対立して、父が吉野（奈良県吉野町）に逃れて南朝を開き「南北朝の動乱」が始まったため皇太子は廃された。その後は、足利尊氏率いる北朝の軍勢に捕らえられて毒殺されたといわれるが、その最期《さいご》は定かではない。

第二章
室町幕府の征夷大将軍

後醍醐《ごだいご》天皇による「建武《けんむ》の新政」が始まったものの、クーデターの主翼を担った**足利尊氏《あしかがたかうじ》**の野望の前に新政権は崩壊。朝廷は南北に分裂し、尊氏は北朝の天皇を戴《いただ》く室町幕府を開くこととなった。

「観応《かんのう》の擾乱《じょうらん》」で幕府崩壊の危機を乗り越えた尊氏・**義詮《よしあきら》**に続く**義満《よしみつ》**は、室町幕府の名の由来となる京都の室町へ御所を置いて権勢を振るった。

その後、**義持《よしもち》**・**義量《よしかず》**の治世を経て就任した**義教《よしのり》**が暗殺されると、大乱の火種が燻《くすぶ》り始める。就任後わずか八カ月で亡くなった**義勝《よしかつ》**の跡を継いだ**義政《よしまさ》**に至って、ついに「応仁《おうにん》の乱」が勃発《ぼっぱつ》、幕府の権威は完全に失墜し、世は戦乱の時代へと突入した。

義尚《よしひさ》・**義稙《よしたね》**・**義澄《よしずみ》**・**義晴《よしはる》**・**義輝《よしてる》**・**義栄《よしひで》**——諸国を流浪する将軍、剣豪将軍、上洛《じょうらく》を一度も果たせなかった将軍……混迷の時代を象徴するような人生を送った将軍たちだったが、その権威はまだ残されており、織田信長《おだのぶなが》が**義昭《よしあき》**を奉じて上洛をする。

ところが信長と対立した義昭は、信長打倒を画策するも失敗。逆に京から追放され、室町幕府は事実上滅亡した。その後も義昭は将軍の地位にはあったが、一五八八年に辞任する。

室町幕府初代将軍

足利尊氏

〈あしかがたかうじ〉

生没　一三〇五（嘉元三）～五八（延文三）
在任　一三三八（建武五）～五八（延文三）
元号は北朝のもの

室町幕府の創始者はかなりの気分屋さん！繰り返される切腹＆引退宣言!?

将軍パラメーター

総合評価	A
統率力	S
政治力	A
人　望	B
知名度	A
ムラっ気	S

○南北朝の動乱、観応の擾乱……室町幕府初代将軍の激動人生

足利尊氏《あしかがたかうじ》というと、以前は日本史の教科書に躍動感のある逞《たくま》しい騎馬武者の姿の肖像画で登場していました。しかし、あの肖像画は別人（尊氏さんの重臣の高師直《こうのもろなお》やその息子など諸説あり）といわれるようになり、現在では「騎馬武者像」として掲載されていることで知られています。研究が積み重ねられて、新たにアップデートされていくのも、歴史の面白い点ですね。

さて、尊氏さんは鎌倉時代末期の一三〇五年（嘉元三）に生まれました。

鎌倉幕府を倒して新たな政権を作ったということで、鎌倉幕府とは敵対していたイメージがありますが、当初は鎌倉幕府の重臣でした。はじめは「高氏」と名乗っていたのですが、これは最後の得宗《とくそう》となった北条高時《ほうじょうたかとき》から偏諱《へんき》（名の一字）を賜《たまわ》ったことに由来しています。また、正室も北条家（最後の執権《しっけん》・北条守時《もりとき》の妹）から迎えています。

尊氏さんが歴史の表舞台に登場するのは、二十七歳となった一三三一年（元弘元）でした。こ

の年、父の死を受けて尊氏さんが足利家を率いることになりました（兄がいたがすでに病死）。
そして、同じ頃《ころ》に京都で「元弘《げんこう》の乱」が起きます。これは後醍醐《ごだいご》天皇による鎌倉幕府の倒幕計画を指します。天皇の挙兵を聞いた鎌倉幕府は、ただちに鎮圧軍を組織。この時、鎮圧軍の大将となったのが尊氏さんでした。幕府の鎮圧軍は後醍醐天皇方の楠木正成《くすのきまさしげ》に苦戦（「赤坂城の戦い」）したものの、尊氏さんの活躍もあって勝利を収めます。その結果、後醍醐天皇は隠岐島《おきのしま》へ流され、鎌倉幕府は新たに光厳《こうごん》天皇を即位させました。

これで倒幕計画は終息したように見えましたが、生き延びて潜伏していた楠木正成がその翌年に千早《ちはや》城で挙兵！　鎌倉幕府は鎮圧軍を送りますが、尊氏さんが加わっていなかったためか、千早城を攻めあぐねてしまいます。その間に、後醍醐天皇が隠岐島を脱出して伯耆《ほうき》（鳥取県）の船上山《せんじょうさん》（琴浦町）で挙兵（「船上山の戦い」）して、倒幕の綸旨《りんじ》（天皇の命令書）を全国に発し、倒幕の機運が高まりました。

困った鎌倉幕府は船上山に向けて、尊氏さんの軍勢を差し向けることに決定します。
ところが、鎌倉から鎮圧に向かった尊氏さんは、自身の所領だった丹波《たんば》（京都府）の篠村八幡宮《しのむらはちまんぐう》（亀岡市）で鎌倉幕府を裏切って、後醍醐天皇に味方することを決意しました。そして、京都の六波羅探題《ろくはらたんだい》（鎌倉幕府の京都の出先機関）を攻め落としました。

この時、関東では上野《こうずけ》（群馬県）の御家人《ごけにん》である新田義貞《にったよしさだ》が倒幕軍に加わって、鎌倉に攻め込み、鎌倉幕府を滅亡に追い込んでいます。

こうして一三三三年（元弘三）に鎌倉幕府は滅亡。その大功労者である尊氏さんは、三カ国の守護《しゅご》職や三十カ所に及ぶ所領を得たのに加え、後醍醐天皇の実名である「尊治《たかはる》」から一字賜り「尊氏」と名乗るようになりました。

この年から「建武《けんむ》の新政」と呼ばれる後醍醐天皇が中心となった政治がスタートするのですが、これがすぐに崩壊します！　その原因となったのも、これまた尊氏さんでした。

鎌倉幕府の滅亡から二年後の一三三五年（建武二）、北条家の残党が再興をかけて信濃《しなの》（長野県）で挙兵（「中先代《なかせんだい》の乱」）をします。その反乱軍の勢いは凄《すさ》まじく、足利直義《ただよし》（尊氏の弟）は敗れ、鎌倉を占拠されるに至りました。この時、京都にいた尊氏さんは、弟を救うために後醍醐天皇の許可が下りる前に独断で出陣！　弟と合流して反乱軍を撃破することに成功しました。

その後、尊氏さんは本拠地を鎌倉に置いて独自に恩賞を与えるなど、建武政権から離反する動きを見せます。

後醍醐天皇の親政によって行われていた建武の新政は、二条河原の落首《らくしゅ》に「此比《このごろ》、都にはやる物、夜討、強盗、謀綸旨《にせりんじ》」と批判されるなど、早くも混乱がピークに達していました。そのため尊氏さんは自身を中心とした武家政治を始めようとしたのです。

この翌年の一三三六年（建武三／延元元⇓以下、上は北朝、下は南朝の元号）には、後醍醐天皇に替わって光明《こうみょう》天皇を擁立《ようりつ》して建武式目《しきもく》（十七カ条の政治方針）を制定し、室町幕府を開きました。さらに二年後の一三三八年（暦応元・延元三）、室町幕府の初代征夷大将軍《せいいたいしょうぐん》に就任しました。

しかし、尊氏さんと対立した後醍醐天皇は大和《やまと》（奈良県）の吉野に逃れて皇位の正当性を主張したため、後醍醐天皇の南朝と尊氏さんが擁した光明天皇の北朝に分かれる南北朝の内乱に突入してしまいます。さらに、それに加えて観応《かんのう》年間（一三五〇～五二年）には、弟の足利直義と重臣の高師直の争いに始まり、後に尊氏さんと弟の壮大な兄弟ケンカに繋《つな》がった「観応の擾乱《じょうらん》」が起こり、動乱は全国へと広まっていきました。

そういった中、尊氏さんは一三五八年（延文三・正平十三）に五十四歳で亡くなりますが、この後、十五代二百年以上続く室町幕府の礎《いしずえ》を築いたのはご存知のとおりです！

○出家＆引退しようとする心優しき引きこもり!?

室町幕府の初代将軍となった天下人の尊氏さんですが、実はすぐに出家して引退しようとする癖がありました。

尊氏さんがはじめて後醍醐天皇からの離反を表明した一三三五年（建武二）に、後醍醐天皇から尊氏さんの討伐《とうばつ》のために新田義貞が派遣された時のこと――。

討伐軍が鎌倉に迫る中、弟の足利直義はどのように迎え撃つかを尊氏さんに相談するために、尊氏さんがいる屋敷を訪ねました。しかし、そこには尊氏さんの姿はありません！

慌てた足利直義が、どこへ行ったか屋敷の者に尋《たず》ねると、尊氏さんはなんと、建長寺《けんちょうじ》で出家して引退をしようとしているところだったのです。その時は建長寺に付き従った者たちが必死になだめていたため、元結《もとゆい》を切っただけで、まだ完全に法体《ほったい》になっている訳ではない、ギリギリセーフの状況でした。

そこで足利直義と家臣の上杉重能《うえすぎしげよし》は、なんとかして尊氏さんを奮《ふる》い立たせるために一策を講じます。

『太平記』によると、二人は「足利家においては、出家しても降参しても探し出して誅《ちゅう》する」という内容の後醍醐天皇からの偽の綸旨を書いて、出家&引退を引き留めたといいます。

すると、尊氏さんは「誠さては一門の浮沈、此時《このとき》にて候《そうらい》ける」（足利一門の浮沈を決めるのは、まさに今だ！）と翻意して出陣を決意。スイッチが入るとトコトン強い尊氏さんは「箱根・竹ノ下の戦い」で新田義貞の軍勢に勝利を収めたのです。

しかし、出家&引退しようとしたのはこの時だけではありません。翌年の一三三六年八月十五日に光明天皇を擁立した翌々日のこと――。

次のような自筆の願文《がんもん》を京都の清水寺《きよみずでら》に奉納しているのです。

「この世は夢のごとく候、尊氏にだう（道）心たばせ給《たまい》候て、後生たすけさせをはしまし候べく候、猶々《なおなお》とくとんせい（遁世）したく候、だう心たばせ給候べく候、今生のくわほう（果報）にかへて、後生たすけさせ給候べく候、今生のくわほう（果報）をば直義にたばせ給候て、直義あんをん（安穏）にまもらせ給候べく候」

これを訳してみますと、次のような内容になるかと思います。

「この世は夢のようです。私に道心（悟りを求める心）を与えてください。来世を助けてください。**早く出家して引退したい**です。私に道心を与えてください。現世の幸せに代えて、来世を助けてください。現世の幸せは直義（弟）に与えてください。直義を安穏にお守りください」

現実逃避したい尊氏さんの心情が痛いほど伝わってきます。同じ文言を繰り返しているあたりは、特に心配になってしまいます。

また、残された他の書状と比べてみても、明らかに文字が乱れているので、この時は相当参ってしまっていたんだと思われます。

理由は後醍醐天皇との対立でした。尊氏さんは、後醍醐天皇と対立して、別の天皇を擁立して南北朝の動乱を招いています。そのため、後醍醐天皇のことを嫌っているように見えます。

しかし、実際は対立することは望んでおらず、弟や周囲の御家人たちの期待する武家政権を樹立するために、自身の意思とは裏腹に対立することとなってしまったのです。そのため、建長寺の引き籠《こ》もり事件の時と同様に、後醍醐天皇と対立すると出家&引退を考えてしまったようです。

一三三九年（暦応二・延元四）に後醍醐天皇は吉野で亡くなりますが、これを聞いた尊氏さんは涙を流して悲しんだといいます。そして、喪に服した後、菩提《ぼだい》を弔《とむら》うために京都に天龍寺《てんりゅうじ》を建立《こんりゅう》しています。

○ピンチの度に腹を斬ろうとする切腹癖

尊氏さんは、後醍醐天皇の建武政権から離反した後に上洛《じょうらく》を果たしますが、その後すぐに室町幕府を創建したわけではありませんでした。後醍醐天皇方の新田義貞や楠木正成らの軍勢に攻められて敗れ、京都から追われて九州に落ち延びています。

この敗戦時に尊氏さんは、実は切腹をしようとしていたといいます。

『太平記』には次のように記されています。

「将軍、今は遁《のが》れしと思し召けるにや、梅津桂川の辺にては、鎧《よろい》の草摺《くさずり》を畳上て、**腰刀を抜かんとし給ふ事、三ヶ度までに成にけり**、され共、将軍の御運や強かりけん、日すでに昏《くれ》けるを見て、追手、桂川より引き帰しければ」

要約しますと、「尊氏さんは逃げると思ったら、**腰刀を抜いて三度も切腹をしようとした**。しかし、日が暮れたために敵が撤退した。将軍は運が強い」ということです。三度切腹しようとしたということですから、その度に家臣たちが「敵は引き返しました！」と止めたんでしょうかね（笑）。

さらに、九州で尊氏さんを保護してくれた少弐貞経《しょうにさだつね》が、合戦で討ち死にしたという知らせを聞いた際にも――、

「**将軍、已《すで》に自害をせはや**と、をほしたる気色に見へけるを、左馬頭《さまのかみ》直義堅く諫《いさ》めて申されけるは〈中略〉御自害の事は暫《しばら》く思し召し留らせ給候へ、直義先つ罷《まか》り向て、一軍《ひといくさ》仕て見候はんと申し捨て、左馬頭、香椎宮《かしいのみや》をそ打出《うちいで》給ひける」

こちらも要約しますと「**尊氏さんが切腹するように見えた**ので、直義が必死に止めた。そして、直義は一戦してくると言って出陣した」ということです。私が足利直義だったら、また尊氏さんが切腹してしまうのではないかと思って、出陣は他の人に任せるかもしれません（笑）。

また、一三五一年（観応二・正平六）の「打出《うちで》浜《はま》合戦」で弟に敗れた際には――、

「将軍、さては**世中今夜を限りこさむなれ、面々に其《その》用意有へし**とて、鎧をは脱て押し除《の》け、小

具足計《ばかり》に成り給ふ」

要約しますと「尊氏さんは**今夜が最期《さいご》であるから、その用意をしておけ**と言って、鎧を脱いで小具足（陣中での軽装）の姿になった」ということです。「その用意をしておけ」ってのが意味《いみ》深《しん》ですね（笑）。

一三五二年（観応三・正平七）に「小手指原《こてさしはら》の合戦」で新田義興《よしおき》・義宗《よしむね》の兄弟（新田義貞の遺児）に敗れた時には――、

「将軍、石浜川を打ち渡り給ける時は、**已に腹を切ん**とて、鎧の上帯切りて抛《ほう》り捨て、高紐弛《はな》さんとし給けるを、近習《きんじゅう》の侍共、二千余騎返し合て〈中略〉是そ又、将軍の御運の強き所なる」

つまりは「石浜川を渡った時には**すでに腹を斬ろう**と、鎧の帯を放り捨てて紐も解こうとしていた。しかし、その時に近習が二千余り帰ってきたので斬らなかった。これもまた将軍の運の強さである」ということです。尊氏さんは、ちょっと目を離したらホントすぐ切腹しようとしてしまうんですから、近習も大軍でどっか行っちゃダメですよね（笑）。

○側近の評に見る、気前の良い将軍像

歴史書の『梅松論《ばいしょうろん》』には夢窓疎石《むそうそせき》（尊氏の側近の僧侶）が語った尊氏さんの魅力が三つ記されています。

「第一に御心強にして、合戦の合間、身命を捨て給ふべきに臨む御事、度々に及ぶといへども、咲《えみ》（笑み）を含めて怖畏《ふい》の色なし。第二に慈悲天性にして、人を悪《にく》み給ふ事をしり給はず。多く怨敵を寛宥有事《かんゆうあること》、一子のごとし。第三に、御心広大にして物惜《ものおしみ》の気なし」

つまりは「①心が強く合戦で勇敢。笑っていて恐れることはない。②慈悲の心を持って人を憎まない。敵にも自分の子どもに対するように寛容だった。③心が広くて物惜しみすることがない」ということです。

また当時、八朔《はっさく》（旧暦の八月一日）にプレゼントを贈り合う文化がありました。尊氏さんの許《もと》には午前中から家臣の贈り物がたくさん届いたのですが、夕方頃《ごろ》になると何も残っていなかったそうです。それは訪れた家臣たちに、さっきもらったばかりの贈り物を次々に渡してしまったからだといいます。とても気前の良い性格だったようです（ちなみに真面目《まじめ》な性格の弟の足利直義は、賄賂《わいろ》に繋がるからと言って贈り物を受け取ることはなかったそう）。

尊氏さんは確かにスイッチが入れば合戦で強いのですが、出家&引退・切腹の癖があるところを見るとなんだか放っておけません。

強烈なリーダーシップを発揮したというよりも、気前の良い性格が物語るように「あの人のためなら、ちょっとがんばってみるか！」と周りが支えて天下人となった人物なのかもしれません。

室町幕府第二代将軍

足利義詮

〈あしかがよしあきら〉

生没　一三三〇（元徳二）～六七（貞治六）
在任　一三五八（延文三）～六七（貞治六）
元号は北朝のもの

地味でマイナーな二代目
得意技は「京都からの脱走」!?

将軍パラメーター

総合評価	B
統率力	B
政治力	A
人　望	B
知名度	F
脱出力	S

○二十歳で「そうだ、京都に行こう」！

幼名を「千寿王《せんじゅおう》」という足利義詮《あしかがよしあきら》は、一三三〇年（元徳二）に鎌倉で生まれました。

父は室町幕府初代将軍の足利尊氏《たかうじ》ですが、誕生した時の父はまだ「足利高氏」と名乗っていた鎌倉幕府の御家人《ごけにん》で、北条家《ほうじょう》に仕える身分です。義詮さんの母は北条氏から嫁いできた赤橋登子《あかはしとうし》であり、足利氏は御家人の中でも北条一門に次ぐ家格を持っていました。

そんな足利氏は一三三三年（元弘三）に大きな転換点を迎えました。父が鎌倉幕府に謀反《むほん》を起こして後醍醐《ごだいご》天皇に味方して、京都の六波羅探題《ろくはらたんだい》を攻め落としたのです。当時数え年で四歳だった義詮さんは、家臣に連れられて鎌倉をなんとか脱出！　鎌倉に迫っていた新田義貞《にったよしさだ》の軍勢に、父の名代《みょうだい》として合流しました。新田義貞が鎌倉を陥落させた後も、引き続き鎌倉に留まり、新田義貞よりも家格が上だったことから、倒幕のシンボル・東国武士の象徴として担がれました。

そんな義詮さんが京都の政治の舞台に登場するのは、それから十六年後の一三四九年（貞和五・

正平四）の二十歳のことでした。

室町幕府は当初、父が軍事面を担当し、叔父《おじ》の足利直義《ただよし》（尊氏の弟）が政治面を担当していました。しかし、高師直《こうのもろなお》（父の重臣）が足利直義を失脚に追い込むと、その替わりとして義詮さんが政治面を担当することになったのです。この高師直のクーデターが、父と叔父の大きな対立に繋《つな》がり、全国的な動乱に拡大してしまう「観応《かんのう》の擾乱《じょうらん》」の始まりでした。

その話は一旦置いておきまして、『難太平記《なんたいへいき》』に「うつくしく、天下をゆづり与《あたえ》申させ給へ」と父の願いが記されているように、義詮さんは叔父から天下の政務を引き継ぐために、二十歳ではじめて京都を訪れました。

この時の様子が『太平記』に描かれています。

「馬、具足、奇麗《きれい》なりしかば、誠に耳目《じもく》を驚かす。その美を尽くし、善を尽くすも理《ことわり》（もっとも）や、将軍の長男にて直義（叔父）の政務に替り、天下の権を執《と》らん為に上洛《じょうらく》ある事なれば、一涯《ひときわ》珍らかなり」

次の天下人に相応《ふさわ》しい、京都の人々が驚くような美しい装いだったようです。

まさに鳴り物入りで上洛した義詮さんですが、この時から亡くなるまでの十八年間が、合戦に明け暮れる日々になろうとは想像もしていなかったことでしょう……。

そして、その合戦において、華々しく上洛したこの京都からの〝逃走〟が、自身の御家芸《おいえげい》になるとは、これまた思いもよらなかったことでしょう！

○観応の擾乱で第一次「京都逃走作戦」発動！

義詮さんが京都に来た翌年に、九州でトラブルが勃発します。

叔父の養子となっていた足利直冬《ただふゆ》が、少弐《しょうに》氏や大友《おおとも》氏などの協力を得て大勢力となり、義詮さんと足利尊氏を脅《おびや》かす存在となったのです。

この足利直冬という人物、実は義詮さんの兄にあたります。父は義詮さんと同じく足利尊氏。しかし、母が異なり側室《そくしつ》から誕生したため、なんと足利尊氏からは認知されませんでした。たまたま足利直義に実子がいなかったため、その養子となっていた経緯があります。

本来であれば自分が継ぐ可能性があった足利本家ですが、それは認められず、さらに養父の足利直義が失脚に追い込まれたため、実父の足利尊氏と弟の義詮さんへの不満は募《つの》り、九州で独自の大勢力を築き上げていたのです。

これを危険視した足利尊氏は九州に向けて出陣。しかし、この隙《すき》を見て、失脚に追い込まれていた足利直義が京都を抜け出して、大和《やまと》（奈良県）の南朝と手を組んで挙兵したのです！

この辺りまで来るとゴチャゴチャしてきてわかりにくいので一旦整理しますと――、

【北朝】足利尊氏―義詮さん　高師直　崇光《すこう》天皇

vs

【南朝】足利直義―足利直冬　後村上《ごむらかみ》天皇

以上のような対立構図になります。

直義は、本来であれば足利家とは対立関係にあった南朝とともに、自身を失脚に追い込んだ高師直を討つために挙兵をしたということになります。

京都に迫る南朝の大軍……そして父は不在……。ここで義詮さんが取った策が「**京都からの逃走**」でした！　これが初の御家芸の発動となりました。

京都を離脱した義詮さんは西国に向かい父と高師直と合流して、南朝の軍勢と戦いました。しかし、この「打出浜《うちではま》の戦い」で大惨敗を喫し、その後、高師直は討ち死にしました。

宿敵の高師直を退治することに成功した叔父は、義詮さんの補佐役として政権に復帰します。叔父の狙《ねら》いはあくまで高師直の排除だったため、義詮さんと尊氏と一度は敵対したものの、政権の中枢に再び就きました。

ところが！　やはり一度崩壊した関係性は、二度と修復されることはありませんでした。

義詮さんと父は「出陣」と称して京都を離脱。義詮さんは播磨《はりま》（兵庫県）から、父は近江《おうみ》（滋賀県）から京都の叔父を挟撃して滅ぼす計画を立てたのです。

これを察した叔父は京都を離れて、今度は北陸や信濃《しなの》（長野県）を経由して鎌倉に入りました。そして、アンチ足利尊氏＆義詮さんの勢力を集結し始めたのです。

このままでは、鎌倉から兵を挙げられて、政権が転覆しかねません。そのため、京都から鎌倉へ討伐《とうばつ》に向かわざるを得ませんでした。

しかし！　ここで問題があります。京都から討伐軍を出せば、その隙を見た南朝が大和から攻め込んで京都を押さえ、討伐軍は京都と鎌倉の挟み撃ちにあってしまう可能性があったのです。

この難局を義詮さんは、超奇策を用いて打開しました。

なんと、義詮さんは父を説得して、南朝に降伏をしたのです！

言葉にすれば簡単ですが、仇敵《きゅうてき》である相手に対して降伏を申し出ることがどれだけ屈辱だったことでしょうか。義詮さんはリアリストな一面があり、御家芸の「京都からの逃走」も物語るように、目の前に迫ったピンチに対して手段を選ばないタイプの人物だったようです。個人的な見解ですが、後述する江戸幕府最後の将軍である徳川慶喜《とくがわよしのぶ》と似ているような気がします。

さて、南朝に降伏したことで、北朝と南朝で分かれていた年号が南朝の「正平」に（北朝は「観応」）統一されました。そのため、この義詮さんを中心とした北朝の降伏劇は「正平一統《しょうへいいっとう》」と呼ばれています。

そして、足利直義の討伐の綸旨《りんじ》を得た（南朝は直義を見捨てた形になりますね）足利尊氏は、鎌倉にいる弟を討つために京都を出陣しました。そして、駿河《するが》（静岡県）の「薩埵《さった》山合戦」（薩埵峠の戦い）で勝利を収めて、鎌倉に直義を幽閉しました。ちなみに足利直義は、翌年の二月二十六日に足利尊氏の命令で毒殺されています。奇《く》しくも、直義の宿敵だった高師直の一周忌のことでした。

○再び「京都逃走作戦」……が、天皇を置き去り

南朝への降伏という奇策によって、義詮さんは窮地を乗り切ったかに見えました。しかし、足

利直義の死の翌月に南朝が、義詮さんと足利尊氏の存在が邪魔になったのでしょう、「正平一統」の和議を一方的に破棄して、大軍で義詮さんがいる京都に攻め込んできたのです。

この時も義詮さんが取った策は、御家芸の「**京都からの逃走**」でした！

近江に一旦避難した義詮さんは、兵を集めてすぐに京都を奪還しました。

が！　ここで問題が……。義詮さんは自分ばかり京都から逃走することを考えていて、旧北朝の大義名分である光厳《こうごん》天皇と光明《こうみょう》上皇、崇光上皇と皇太子の直仁《なおひと》親王を京都に放置してしまっていたのです。そのため、南朝に四人を連行され、旧北朝には大義名分となる皇族が不在となってしまいました。

そこで義詮さんは、仏門に入る予定だった十五歳の崇光上皇の弟（弥仁《いやひと》）を皇位に就けようとしたのですが、これが問題だらけでした。

皇位の印とされる「三種の神器《じんぎ》」は南朝が持っているのでなく、治天《ちてん》の君《きみ》（事実上の君主として院政を敷く上皇）も不在だったのです。

そのため義詮さんは、再び奇策でこの大ピンチを切り抜けます。三種の神器の神鏡が入っていた空箱を神器に見立てて践祚《せんそ》（皇位を継ぐこと）の儀式を行い、治天の君の役を皇室出身ではない弥仁の祖母（広義門院《こうぎもんいん》）に任せました。さらに、約八百五十年前に臣下の者たちによって擁立《ようりつ》されたという継体《けいたい》天皇の先例を持ち出して、後光厳《ごこうごん》天皇を誕生させたのです。

○将軍就任前後もまだまだ続く「京都逃走」

さてさて、まだまだ戦乱は収まりません。

一三五三年（文和二・正平八）には足利直冬が南朝と手を組んで京都に攻めてきました。もちろん義詮さんは「**京都から逃走**」！　美濃《みの》（岐阜県）の小島《おじま》（揖斐川町《いびがわ》）に落ち延びました。この時はきちんと後光厳天皇をお連れしています（笑）。そして、鎌倉にいた足利尊氏の軍勢と合流して、すぐに京都を奪還しました。

また、翌年にも足利直冬が率いる南朝軍が京都に攻め込んでいます。この時、義詮さんは播磨《はりま》に出陣中だったのですが、京都にいた父が義詮さんを見習って「京都から逃走」！　近江《おうみ》（滋賀県）の武佐寺《むさじ》（近江八幡市）に、もちろん後光厳天皇をお連れして落ち延びています。

その翌年の一三五五年（文和四・正平十）に、播磨にいた義詮さんは、近江の父と挟撃をして足利直冬らの南朝軍を京都から追い出しました。

次第に南朝の勢力が衰えていき、義詮さんが率いる北朝の政権が安定化していき始めた一三五八年（延文三・正平十三）に父の足利尊氏が亡くなります。死後五十日後に、父に従一位《じゅういちい》左大臣《さだいじん》の高位が贈られたことを知った義詮さんは『太平記』によると、涙を抑えながら次のような歌を詠《よ》んだといいます。

「かへるべき、道しなければ、位山、のぼるにつけて、ぬるゝ袖《そで》かな」

僭越《せんえつ》ながら私なりに解釈させていただきますと、「父の位が上ろうとも、父は帰ってくることはないのだから涙が溢《あふ》れてくる」ということではないかと思います。信頼していた父を失った悲しみと、これから政権を担っていかなくてはいけない不安を感じ取れます。

ちなみに、この父の死から四カ月後、義詮さんに嫡男《ちゃくなん》の「春王《しゅんおう》」が誕生しました。これが後の「足利義満《よしみつ》」です。さらにその四カ月後に、二十九歳の義詮さんは室町幕府の第二代征夷大将軍《せいいたいしょうぐん》に就任することとなりました。

これ以降も南朝との動乱は続き、一三六一年（康安元・正平十六）にも南朝軍に京都を奪還されています。もちろん義詮さんは**「京都から逃走」**して、後光厳天皇を連れて近江に落ち延びて、いつも通りすぐに取り返しています（笑）。

その後は、山陽地方の大内《おおうち》氏や山陰地方の山名《やまな》氏が義詮さんに帰服し、南朝との講和も進んでいくなど、ようやく政権は安定化していきました。その後、一三六七年（貞治六・正平二十二）に三十八歳の若さで病死しました。

『太平記』によると、晩年に「今の世の中、我が心にも任たる事にも無ければ」（今の世の中は、私の心のままになる事はない）と漏《も》らし、「人の申すに付き安き人」（人の意見に左右されやすい人）と評されるなど、あまり良い評価を受けていない義詮さん。

しかし、開幕から二十年足らずで幕府に迫った滅亡の危機を「京都からの逃走」という武家の棟梁《とうりょう》である将軍らしからぬ奇策で潜《くぐ》り抜け、なりふり構わぬ手段で北朝を再建して政権を維持させた功績は、賛否はあるかもしれませんが、「お見事！」と言えるのではないでしょうか。

室町幕府第三代将軍

足利義満

〈あしかがよしみつ〉

家臣や公家たちにムチャブリの連続！
ミスター・パワハラ将軍!?

生没　一三五八（延文三）～一四〇八（応永十五）
在任　一三六八（応安元）～九四（応永元）
元号は北朝のもの

将軍パラメーター

総合評価	A
統率力	A
政治力	S
人　望	C
知名度	S
パワハラ	A

○幕府再建のリーダーシップはハラスメントと表裏一体？

修学旅行で定番の「金閣」（鹿苑寺《ろくおんじ》の舎利殿《しゃりでん》）を建立《こんりゅう》し「北山《きたやま》文化」を花開かせたことで知られる足利義満《あしかがよしみつ》は、祖父の足利尊氏《たかうじ》が亡くなって父の足利義詮《よしあきら》が征夷大将軍《せいいたいしょうぐん》に就任した一三五八年（延文三・正平十三）に生まれました。

足利義詮の項でも触れたように、当時は、朝廷が北朝と南朝に分かれて激しく争っていた（「南北朝の動乱」）ため、室町幕府の政権は安定していませんでした。むしろ、南朝の猛攻や、幕府の家臣たちの内紛などが重なり、滅亡寸前に追い込まれていた苦難の時期でした。

義満さんが四歳となった一三六一年（康安元・正平十六）には、南朝軍の四度目の攻撃を受けています。この時、父は御家芸《おいえげい》の「京都からの逃走」を行うのですが、義満さんも家臣に抱かれて京都を脱出して播磨《はりま》（兵庫県）に落ち延びています。

その後、南朝に味方していた有力大名の山名《やまな》家や大内《おおうち》家が室町幕府に降伏したこともあって、政権が安定に向かい始めた頃《ころ》、父が三十八歳で病死しました。これを受けて一三六七年（貞治六・正平二十二）の大晦日《おおみそか》に義満さんは征夷大将軍に就任します。十歳という若さでした。

義満さんがまだ若年だったため、当初は管領《かんれい》の細川頼之《ほそかわよりゆき》が幕府の政治を取り仕切っていましたが、一三七九年（康暦元・天授四）、幕府内部の大名同士の権力争い（「康暦《こうりゃく》の政変」）で細川頼之が失脚。これを機に、二十二歳となった義満さんの親政がスタートすることとなりました。

ちなみに、この前年に新築の邸宅に引っ越していますが、この新宅の名前を「室町殿《どの》（室町第《てい》）」といいます。これが「室町時代」や「室町幕府」の名前の由来となっています。また、室町殿はたくさんの花が植えられたことから「花の御所」とも呼ばれました。

将軍として政治を取り仕切るようになった義満さんは、南北朝の動乱を長引かせる要因ともなった有力大名たちの弱体化を目論《もくろ》みました。その手法はだいたい似たようなもので、

〈大名の家督争いなどの内紛に介入→その大名が不満を抱く判決を下して挑発→「義満さんは我が家を滅ぼす気では……？」→「やられる前にやる！」と考えた大名が仕方なく挙兵→鎮圧した後に領地を大削減〉

といった一種のパワハラのようなものでした。代表的なものには次のような討伐《とうばつ》があります。

一三九〇年（明徳元・元中七）「土岐《とき》氏の乱」

美濃《みの》（岐阜県）の有力大名だった土岐氏の兄弟の内紛に介入して、不満を抱いて挙兵した土岐康行《やすゆき》を討伐。

一三九一年（明徳二・元中八）「明徳の乱」
〝六分一殿《ろくぶんのいちどの》〟（六十六カ国中の十一カ国の守護を務めていたため）と称された山名氏清《うじきよ》を討伐。領地を三カ国に削減した。

一三九九年（応永六）「応永の乱」
周防《すおう》や長門《ながと》（山口県）を中心に六カ国の守護を務めた大内義弘《よしひろ》を討伐。大内家が独自に朝鮮や明《みん》と貿易していたことが義満さんとの対立の大きな原因だった。これにより大内家も衰退。

また、一三九二年（明徳三・元中九）には、祖父の足利尊氏の政略によって五十七年にわたって分裂していた北朝と南朝の仲裁を行います。その結果、南朝の後亀山《ごかめやま》天皇が京都に戻って三種の神器を北朝の後小松《ごこまつ》天皇に渡すことで、北朝と南朝を統一することに成功しました（「南北朝の合一《ごういつ》」）。

以上のように、義満さんは強烈なリーダーシップで室町幕府の政権を安定させていきました。

しかし、その一方で、討伐に代表されるパワハラやムチャブリな言動で周囲の人間を困惑させてしまう一面も持っていたのです……！

○四歳の時から発揮されていた「ムチャブリ」

義満さんには、家臣へのムチャブリとして有名な幼少期の逸話が残されています。

それは四歳の時に京都から播磨へ落ち延びた時のことでした。『翰林葫蘆集《かんりんころしゅう》』によると、赤松《あかまつ》氏の白旗城《しらはた》（兵庫県上郡町《かみごおり》）に逃れていた義満さんは、京都へ戻る際に摂津《せっつ》の琵琶塚《びわづか》（兵庫県神戸市）という景勝地を通りかかりました。その景色を気に入った義満さんは次のように言ったといいます。

「汝等《なんじら》（お前たち）、この地を舁《か》いて（担いで）京都に持ってゆけ」

これを聞いた家臣たちは、義満さんのスケールの大きさに感嘆したそうです。この場合、相手が四歳ということなので、本気で言っていると思うのですが、普段の生活で立場が上の人が言う本気か冗談かわからない発言って、どうやって反応して良いかわからないですよね（笑）。

このエピソードは、義満さんの百年忌にまとめられた文章の中にあるので、実際にあったかどうかはわかりませんが、義満さんの性格を端的に表したものとして度々取り上げられています。

○欠席、遅刻への叱責を恐れて〝早出出仕〟する公家たち

義満さんは祖父や父と異なり、足利氏の権威を確固たるものにするため、積極的に公家《くげ》社会に参加しました。きっかけとなったのは、一三七八年（永和四）に二十一歳という異例の若さで、祖父や父を超える権大納言《ごんだいなごん》・右大将《うだいしょう》に就任したことでした。公卿《くぎょう》（三位以上の公家）の一員となった義満さんは、様々な朝廷の儀式に出席するのですが、そこで公家たちにプレッシャーを与えています。

たとえば、一三八一年（永徳元）の義満さんの直衣始《のうしはじめ》です。直衣というのは、天皇の勅許《ちょっきょ》がないと着ることができないエリート貴族の平服で、この衣服をはじめて着用する時の儀式が直衣始

です。

この時、義満さんは牛車《ぎっしゃ》の車簾《くるまする》役を三条実冬《さんじょうさねふゆ》という公家にお願いしました。『後愚昧記《ごぐまいき》』によると、「ご承知いただければありがたい」という丁寧な依頼をしたようですが、義満さんに怯《おび》える三条実冬は、「もし辞退すれば、進退が危うくなる。依頼に応じるのは仕方ない」と考えたそうです。

また、この儀式で公家の二条為遠《にじょうためとお》は、義満さんの命令で儀式の場から追放されています。これは「遅刻した二条為遠に対して、義満さんが腹を立てて機嫌を損《そこ》ねた」ためだったそうです。二条為遠は「狼狽《ろうばい》して顔色を失って退出した」といいます。

現代人の〝常識〟からすると、「大事な行事なんだから出席して当然！」「遅刻したんだから怒られて当たり前！」と思われるかもしれませんが、公家社会では平安時代から欠席や遅刻は〝慣習〟だったそうです。そのため、言ってしまえば、義満さんのほうが〝非常識〟でした。その非常識を押し付けられた形になった当時の公家たちは「パワハラ」として受け取っていたことでしょう。

義満さんは朝に強いタイプだったようで、父の追善供養などの仏事を早朝から行うことも多かったようです。また、時間にも厳しく、仏事に少しでも遅刻しようものなら、法要を務める僧侶でさえも叱責《しっせき》されて追い返されたといいます。

『荒暦《こうりゃく》』には、当時の公家たちの素直な反応が残されています。

「公卿や殿上人《てんじょうびと》は、まるで**薄氷を踏むかのように義満を恐れ**て、夜明け前から出仕した」

私事ですが、義満さんと反対に私は朝に非常に弱く、大学時代は一限目の講義になんとかして出席するために、徹夜して講義に参加していました。プレッシャーは雲泥《うんでい》の差でしょうが、このお公家さんたちの気持ちもわからなくはないです（笑）。ちなみに、この出席方法は講義中に眠くなるというわかりきった弱点があるので、まったくオススメはいたしません。

○上皇をも心の病に追い込んだ義満のプレッシャー

武家社会で名実ともにトップとなった義満さんは、行事を厳しく取り仕切るなど公家社会でも権力を振るい始めました。

関白《かんぱく》を務めたこともある近衛道嗣《このえみちつぐ》は『後深心院関白記《ごしんじんいんかんぱくき》』に次のようなことを書き残しています。

「近日、左相之礼、諸家の崇敬、君臣の如し」（最近の義満に対する廷臣たちの礼儀は、まるで主君と家臣のようだ）

この近衛道嗣という方は、義満さんには気に入られたそうで、蹴鞠《けまり》の相手を度々務めました。その蹴鞠が行われた時間も、まさかの早朝（笑）。義満さんは〝朝活〟が本当に得意な人物だったようです。付き合わされるほうはたまったもんではありません。当時の人たちも、同じことを思っていたようで、近衛道嗣が五十六歳で亡くなった時には「近衛道嗣は、**義満と親密になったことで財産を得たが、心労が激しく病んでしまった**」と噂《うわさ》されたそうです。

また、義満さんのプレッシャーによって精神を病んでしまったといわれる代表的な人物がもう一人います。後円融《ごえんゆう》上皇です。

後円融上皇は、祖父の足利尊氏が擁立した後光厳《ごこうごん》天皇の子どもで、当時皇位に就いていた後小《ごこ》松《まつ》天皇の父でした。本来であれば、皇位を譲って上皇となると、院政をスタートすることができたのですが、後円融上皇の場合は違いました。先述の通り、義満さんが朝廷に深く介入したため、上皇の実権はほとんどなくなってしまったのです。

義満さんのせいで思い通りにいかない後円融上皇は精神を病み、正室（通陽門院厳子《つうようもんいんいつし》）が憎き義満さんと不倫をしているのではないかと勘違いして、御所で刀の柄を使って彼女を激しく何度も殴打してしまいます。正室は命に別状はなかったものの、重傷を負ってしまいました。この時、正室は出産を終えて御所に戻ってきたばかりだったので、浮気をしているわけがないのですが、後円融上皇は不倫を信じて疑わなかったようです。

また、この数日後には後円融上皇の愛妾《あいしょう》（按察局《あぜちのつぼね》）も、義満さんとの浮気を疑われて出家に追い込まれています。

身に覚えがまったくない義満さんはさすがに困り、弁明の使者を送るのですが、後円融上皇は「義満が自分を流罪にしようとしている！」と思い込み、持仏堂《じぶつどう》に籠《こも》って、なんと切腹を図ったのです。結局は未遂に終わって一命を取り留めていますが、朝廷を揺るがす大事件となり、上皇の権威は大きく失墜してしまうこととなりました。

○悪名高き皇位簒奪者？　それとも……

朝廷の政治に介入し、上皇や公家たちにプレッシャーを与えて実権を握ったため、義満さんの後世からの評判は非常に悪いです。

江戸時代中期の儒学者として知られる新井白石《あらいはくせき》は「驕恣《きょうし》（わがまま）の性にて信義なき人」と分析し、江戸時代後期の儒学者である頼山陽《らいさんよう》は「その早世（若死に）にして志（王家を奪う野心）を終えざりしは、我邦《わがくに》（日本）の幸と謂《い》わざるべけんや（言えるだろう）」と痛烈にディスっています。

また、義満さんには皇位を奪おうとしていたという「皇位簒奪《さんだつ》論」が現代でもついて回っています。

確かに義満さんの言動は、武家にも公家にも強いプレッシャーを与えるものだったと思われますが、父の足利義詮の奇策によってようやく安定し始めた室町幕府を確固たる政権にするためには必要な手段であったと思われます。

特に一種のパワハラとも取れる朝廷に対する介入は、半ば強引に成立した北朝を再建し、正当な朝廷であるとアピールする目的がありました。遅刻厳禁&出席半強制で行った儀式も、その政策の一環であったといえます。

そういった視点で見ると、いかに周囲の人間に煙《けむ》たがられようが、室町幕府の繁栄のために他人に厳しく自分に厳しく政治を断行した稀代《きだい》の将軍であったように思えます。

室町幕府第四代将軍

足利義持

〈あしかがよしもち〉

将軍後継者の指名を家臣に丸投げ!?
前代未聞、クジ引きで後継者を決定！

生没　一三八六（至徳三）～一四二八（応永三十五）
在任　一三九四（応永元）～一四二三（応永三十）
元号は北朝のもの

将軍パラメーター

総合評価	C
統率力	C
政治力	B
人　望	C
知名度	E
カタブツ	A

○弟を可愛がる父・義満にグチをこぼす実権なき将軍

父の足利義満《あしかがよしみつ》（三代将軍）と弟の足利義教《よしのり》（六代将軍）の間に挟まれてやや地味な印象を受ける足利義持《よしもち》は、一三八六年（至徳三・元中三）に生まれました。

この頃《ころ》の室町幕府の政治は安定しつつありました。義持さんが五歳の一三九一年（明徳二・元中八）に有力大名の山名《やまな》氏による反乱（「明徳の乱」）が起きたものの、その翌年には南朝の後亀《ごかめ》山《やま》天皇が京都に戻って、三種の神器《じんぎ》を北朝の後小松《ごこまつ》天皇に渡したことで「南北朝の合一《ごういつ》」が行われ、南北朝の動乱が終息に向かっています。

そういった時勢の一三九四年（応永元）に、義持さんはわずか九歳で室町幕府の第四代征夷大将軍《せいいたいしょうぐん》に就任しました。将軍就任後も父・足利義満の計らいで官職が破格の昇進を遂げていたとはいえ、実権は父が握り続けていたため、名ばかりの将軍といえましたが、次期将軍として立場が保証されていたようにも見えます。

しかし、義持さんには悩みがありました。それは父が弟（足利義嗣《よしつぐ》）を異常に愛し始めたことです。古今東西、兄弟間の家督争いは後を絶ちませんが、義持さんと弟の間にもその火種がくすぶり始めました。

弟の足利義嗣は、義持さんよりも八歳年下であり、父のお気に入りの美人の側室《そくしつ》（春日局《かすがのつぼね》）が母だったため、容姿に優れていたそうです。

一四〇六年（応永十三）に二十一歳の義持さんは弟を可愛《かわい》がる父に、つい恨《うら》み言やグチをこぼしてしまいました。すると父は大激怒！　慌てた義持さんは、公卿《くぎょう》（日野重光《ひのしげみつ》）の家に逃げ込んで仲介を頼みました。しかし、事態は悪い方向に進み、父はさらに義嗣を寵愛《ちょうあい》するようになってしまいます。

たとえば、朝廷に参内《さんだい》する際には義持さんではなく弟を牛車《ぎっしゃ》に同車させて向かったり、北山第（金閣寺周辺にあった足利義満の邸宅。北山文化の名の由来）に後小松天皇を招いた際には弟を同席させたのに対して、義持さんは京都警備を命じられたりしました。また、弟は元服《げんぷく》の儀式を親王と同じように朝廷で行っています。『椿葉記《ちんようき》』には「御兄（義持）をもおしのけぬへく（押し退けぬべく）、世にはとかく申あひし（合いし）程に」とあるように、世間でも「兄の義持を押し退けて、後継者は弟の足利義嗣となる」と噂《うわさ》していました。

しかし、一四〇八年（応永十五）に父の足利義満が、後継者について明言することなく、五十一歳で急死してしまいます。そのため、義持さんは実権こそなかったものの、幕府の重臣（斯波《しば》義将《よしまさ》）の主張もあって、名実ともに後継者となりました。義持さんが二十三歳の時のことでした。

○アンチ父！　政策・屋敷をブッ壊す‼

義持さんは、自分を愛してくれなかった父への当て付けか、父を否定するような政策を行っています。

父には、死後に「上皇（太上法皇《だじょう》）」の尊号を与えられるという話が出ました。この尊号は譲位後の先帝に贈られる名誉ある称号であり、父が生前に望んでいたものでした。しかし、義持さんはこれを断固拒否！　理由は「昔より臣下の者が、このような尊号を受けた例はない」からでした。

さらに、父が建てた室町第《てい》（花の御所）に住むのがイヤになったのか、三条坊門第（祖父の二代将軍の足利義詮《よしあきら》が住んでいた場所）に新宅を建てて引っ越しをしています。

そして、義母（日野《ひの》康子《やすこ》。父の後室）が亡くなった後に、父の政庁だった北山第を、金閣寺を除いて徹底的に破壊しました。

その他にも、父に逆らって処分された者（相国寺《しょうこくじ》の住職など）を赦免《しゃめん》したり、明《みん》との冊封《さくほう》体制（明の家来として貿易を行う体制）で行われていた勘合《かんごう》貿易（日明貿易）を中止したりしています。

以上のように、父とは真逆の政策を行っている義持さん。これは父・義満を嫌っていたからと捉《とら》えられることが多いのですが、カリスマ性があって強圧的な父に対して、義持さんは朝廷や公《く》家《げ》、武家などの各方面との調整を重視したためであるともいえます。特に朝廷や公家に対しては、父が行事や官職などに干渉しすぎていたため、多くの不満があふれていました。それを察知した義持さんが、これ以上のトラブルを避けるために父の政策から逆に舵《かじ》を切ったともいえるかもしれません。

安定した政権運営を行っていた義持さんですが、弟の義嗣との確執は深刻になっていきました。一四一六年（応永二十三）に関東で室町幕府に対する反乱が起きました。「上杉禅秀《うえすぎぜんしゅう》の乱」です。日本史の教科書だとほとんど登場しない義持さんですが、この義持さんの将軍時代に起きた反乱は授業でピックアップされる事件です。

上杉禅秀というのは、関東の統治を任されていた鎌倉公方《くぼう》（足利持氏《もちうじ》）を支える関東管領《かんとうかんれい》を務めていた人物でした。その上杉禅秀が、主君の鎌倉公方に対してクーデターを決行しました。関東中を巻き込む大乱となりましたが、義持さんが関東に兵を送って鎮圧しました。

さらに義持さんを驚愕《きょうがく》させる出来事がおきます。上杉禅秀と裏で手を組んでいた弟の足利義嗣が京都から出奔《しゅっぽん》して、なんと不満を抱いていた義持さんに謀反《むほん》を試みたのです！

義持さんは、すぐに兵を送って弟を捕縛。弟や関係者に尋問《じんもん》をすると、多くの大名や公家が弟に味方しようとしている衝撃の事実が発覚しました。そのため、家臣に命じて、首謀者である弟の足利義嗣を暗殺し、関東の内乱から始まった足利家の兄弟内紛に終止符を打っています。

◯在任期間の最長記録！　しかし後継者不在の異常事態

義持さんは将軍就任から二十九年後の一四二三年（応永三十）に、息子の足利義量《よしかず》に将軍職を譲りました。**将軍在任二十八年は、歴代の室町幕府の将軍で最長の記録**となっています。

将軍を譲って出家をし、父と同じく幕府の実権を握り続けていた義持さんですが、その二年後に悲劇が訪れました。義量が十九歳で急死してしまったのです。

足利義量には息子はおらず、義持さんにも別の子どもがいなかったため、将軍職は数年間不在ということになりました。

それから三年後、義持さん自身も体調を崩し、床《とこ》に臥《ふ》せるようになってしまいます。幕府の重臣たちは、義持さんの体調も心配ですが、それ以上に心配事がありました。それは「将軍の後継者は誰か」ということでした。

義持さんがそれを明言せずに亡くなってしまえば、足利家で内紛がおき、せっかく安定してきた室町幕府が再び滅亡の危機に瀕《ひん》してしまうためです。

家臣たちは義持さんのブレーンを務めていた三宝院満済《さんぼういんまんさい》に、後継者は誰にするのかを聞いてもらうよう頼みました。『満済准后日記《まんさいじゅごうにっき》』によると、次のように答えたといいます。

「たとえ実子がいたとしても、後継指名はしなかったと思う。ましていないのだから、なおさらである。ただともかくも面々が相計らい、然るべきように定めおけ」

室町幕府の将軍は、有力大名である家臣たちによって支えてもらっているポジションであるので、この意見も一理あるのですが、やはり丸投げ感は否《いな》めません(笑)。

これを聞いた家臣たちが「八幡宮《はちまんぐう》の神前で御鬮《みくじ》を引いて決める」ということを申し出ると、さらに次のようなことを言い残したといいます。

「ならば、御鬮で決せよ。ただし、自分が存命中は許さぬ。その理由は義量が亡くなった後に『新たに男子が生まれぬなら祖父・義詮の宝刀を奉納する』『もしも生まれるのなら奉納しない』という御鬮を二つ作り、八幡宮の神前で引いたところ『奉納せずとも良い』との結果が出た。さらに、その夜に男子出生の夢を見たので、今までこれを深く信じて、猶子《ゆうし》のことも定めなかったのだ。**よって今度の御鬮は、自分の死後に取るようにせよ**」

つまり、もう一度クジに頼ってしまうと、以前のクジの神慮に反すると考えた義持さんは、自分が死んでからクジを引いて将軍を決めるように遺言したのでした。義持さんの信心深く律儀《りちぎ》な人柄が窺《うかが》い知れます。

さて、これを受けて、家臣たちは義持さんの兄弟四人から将軍を決めることを提案して承諾され、兄弟四人の名前を記したクジを作りました。

そして、その翌日の一四二八年（応永三十五）一月十八日、義持さんは四十三歳で亡くなります。

その死を受けて、家臣たちはクジを開封。そこに記されていた名は「青蓮院門跡《しょうれんいんもんぜき》義円《ぎえん》」。後の足利義教《よしのり》でした。このように、義持さんの一種の丸投げによって〝籤引《くじび》き将軍〟と称される室町幕府の六代将軍が誕生することとなったのです。

室町幕府第五代将軍

足利義量

〈あしかがよしかず〉

十九歳で若死にした原因とは？
「お酒」、「怨霊」？　それとも「神罰」!?

生没　一四〇七（応永十四）～二五（応永三十二）
在任　一四二三（応永三十）～二五（応永三十二）

将軍パラメーター

総合評価	F
統率力	F
政治力	F
人　望	E
知名度	F
アルコール	G

○菩提寺に木像がない若き将軍

金閣寺を建てた三代将軍の足利義満《あしかがよしみつ》は側室《そくしつ》を複数人持ち、二十人以上の子どもがいたのに対して、その子どもである四代将軍の足利義持《よしもち》は側室を持たず、元服《げんぷく》を無事迎えた子どもは一人しかいませんでした。それが足利義量《よしかず》でした。

しかし、義量さんは十九歳で亡くなり、将軍在任わずか二年だったことから、その人物像や経歴などはほとんど伝えられていません。初代将軍の足利尊氏《たかうじ》が埋葬され、歴代将軍の葬儀が行われた足利将軍家の菩提寺《ぼだいじ》である京都の等持院《とうじいん》には、江戸時代に造られた歴代将軍の木像が安置されていますが、そこには義量さんの木像はありません。

将軍在任八カ月、わずか十歳で亡くなった七代将軍の足利義勝《よしかつ》の木像でさえあるというのに、歴代将軍の中でも特に影が薄かったためか、義量さんのものはないのです。

義量さん以外にも等持院にはもう一人、木像がない将軍がいますが、それは京都に入ることなく亡くなった十四代将軍の足利義栄《よしひで》です。また、等持院には足利将軍と並んで、徳川家康《とくがわいえやす》の木像も安置されています。これは元々、家康が四十二歳の厄年《やくどし》の時に石清水八幡宮《いわしみずはちまんぐう》に家康自身が奉納した木像だといわれていて、いつの間にか等持院で安置するようになったものだそうです。

ちなみに、栃木県足利市にある足利氏の氏寺・鑁阿寺《ばんなじ》（かつて足利氏館があり土塁や堀が残る。現在は「日本100名城」に数えられている。隣には日本最古の学校といわれる「足利学校」もある）には、江戸時代に造られた歴代の足利将軍の木像が十五体コンプリートされています。

○十五歳ですでにアル中？

さて、この章の主役の義量さんは、一四〇七年（応永十四）に生まれました。父の足利義持が二十二歳の時に誕生した待望の男児でした。

義量さんの父（足利義持）と祖父（足利義満）の関係が悪かったといわれているのに対して、義量さんと父・義持の関係は良好で、深い愛情を受けて育ったようです。

義持は信心深い性格で、禅《ぜん》宗をはじめとした仏教への信仰心が非常に篤《あつ》い人物でした。北野社（北野天満宮）や伊勢神宮、清水寺《きよみずでら》など多くの寺社へ参拝をしているのですが、その多くに義量さんを同行させていたといいます。

父の側《そば》で帝王学を学んだであろう義量さんは、一四二三年（応永三十）に十七歳で室町幕府の五代将軍に就任しました。当時まだ三十八歳の父は健在であり、僧形のまま（仏教好きが高じて将軍職を譲った直後に出家をしていました）実権を握り続けました。これは義量さんの父（足利義持）と祖父（足利義満）の関係と一緒です。

名ばかりの将軍だったため、義量さんが行った政策はまったくなく、花押《かおう》（サイン）ですら伝えられていません。ただ、義量さんを知る手掛かりとして語られる唯一ともいえる逸話が『花営《かえい》三代記』（当時の幕府関係者の政務資料や日記などがまとめられている）に残されています。

それは〝お酒〟に関するエピソードです。

それは義量さんが将軍に就任する二年前の一四二一年（応永二十八）のこと。父は同朋衆《どうぼうしゅう》（将軍や大名の秘書の役割を担った僧侶）の毎阿弥《まいあみ》を通じて義量さんに次のような注意をしました。

「**大御酒、甚《はなは》だもって然《しか》るべからず**」（大量のお酒を飲むことは絶対にダメだ）

そして、義量さんの側近たちに、「部屋での飲酒の禁止」「許可のない酒の持ち込み禁止」を義量さんに徹底させるよう命じた上に、起請文《きしょうもん》を提出させています。

この時、義量さんは数え年で十五歳（現在の満年齢では十三歳）でした。つまり中学一年生にして、お酒の虜《とりこ》になってしまっていたというのです。早い！

父からの愛情を受けて育ったものの、次期将軍としての実権はなく鬱屈《うっくつ》してストレスが溜まっていたのでしょうか。そして、お酒に助けを求めた結果、今でいうアルコール依存症のような症状が出ていたのかもしれません。ただ、父はこの二年前（一四一九年：応永二十六）から三度にわたって禁酒令（主に禅宗の寺院に向けたもの）を出しているので、義量さんに対する禁酒命令にはその一環として出された側面もあるようです。

○若死にはお酒のせい？　怨霊のせい？

当たり前のお話ですが、お酒を飲み過ぎると体調を崩しやすくなります。私も陽気に飲酒した翌朝、喉《のど》がカラッカラになって起きて、二日酔いをこじらせて（？）そのまま風邪《かぜ》を引いてしまうことがあります（笑）。

義量さんは生まれながらに病弱だったようで、お酒が原因なのか、将軍就任後に身体《からだ》に異変が生じ続けました。

まず将軍就任の翌年（一四二四年：応永三十一）の正月には疱瘡《ほうそう》にかかり、一度治癒《ちゆ》したものの五月に再発。その翌月には痢病（激しい下痢を伴う病気）にかかっています。その翌年の二月に再発して危篤《きとく》状態となり、十九歳という若さで亡くなりました。父は我が子を守ろうと、東寺《とうじ》に塔婆《とうば》を寄進《きしん》したり、様々な祈禱《きとう》や治療を行ったりしましたが、どれも良い結果は得られませんでした。そのため父は、義量さんの病気は怨霊《おんりょう》の仕業《しわざ》によるものと考えたといいます。

怨霊になった人物といわれたのが、義量さんの叔父にあたる足利義嗣《よしつぐ》でした。義嗣は、兄（足利義持）と対立した末に暗殺された人物です（「足利義持」の項参照）。

また、父の足利義持は神社を統制するために石清水八幡宮《いわしみずはちまんぐう》に激しい弾圧を加え、神人を数十人殺害していた過去があったため、その神罰であるという噂《うわさ》も流れたそうです。

さて、義量さんには子どもはおらず、兄弟もいなかったため、将軍職は異例の空位となりました。そのため、前項で書いた通り、父が将軍職を代行し、父の死後にクジ引きによって六代将軍の足利義教《よしのり》が誕生することとなったのです。

室町幕府第六代将軍

足利義教

〈あしかがよしのり〉

切れ者だけに(?)、すぐキレる……
万人恐怖の政治を敷いた〝悪将軍〟

生没　一三九四（応永元）～一四四一（嘉吉元）
在任　一四二九（正長二）～四一（嘉吉元）

将軍パラメーター

総合評価	B
統率力	A
政治力	B
人　望	G
知名度	B
クジ運	S

○クジ引きで将軍決定！　今ならSNSでエゴサーチするタイプ!?

〝籤引《くじび》き将軍〟のあだ名で知られる足利義教《あしかがよしのり》は、一三九四年（明徳五）に三代将軍足利義満《よしみつ》の子として生まれました。生まれた年に、八歳年上の兄（足利義持《よしもち》）が四代将軍に就任しています。

足利義持以外にも、父から愛されていた足利義嗣《よしつぐ》（後に「上杉禅秀《うえすぎぜんしゅう》の乱」に応じて謀反《むほん》を起こして兄に暗殺される。「足利義持」の項参照）がいたこともあり、無用な御家《おいえ》騒動を招かないためにも義教さんは寺に入ることになります。

一四〇三年（応永十）、十歳の時に青蓮院《しょうれんいん》（天台《てんだい》宗の寺院）に入り、その五年後に出家をして「義円《ぎえん》」という法名を名乗りました。さらに、一四一九年（応永二十六）の二十六歳の時には天台《てんだい》座主《ざす》（総本山の比叡山延暦寺《ひえいざんえんりゃくじ》の住職。天台宗のトップ）に就任しています。かなり頭のキレる人物だったようで「天台開闢《かいびゃく》以来の逸材」と称され、将来を嘱望《しょくぼう》されたといいます。

このまま仏の道を進むはずだった義教さんの運命が一変するのが、一四二五年（応永三十二）

の五代将軍足利義量《よしかず》（義教の甥《おい》にあたる）の急死でした。兄の足利義持は他に子どもがなく、さらに「自分の死後にクジ引きで決めろ」ということを言い出したため、六代将軍に誰が就くのかが家臣たちの間で大問題となりました（「足利義持」の項参照）。

結局は家臣たちの提案で、石清水八幡宮《いわしみずはちまんぐう》の神前でのクジ引きによって将軍を決定することになり、足利義持の弟四人の中から選ばれることになりました。そして、兄の死後に行われたクジによって、次期将軍に決定したのが「青蓮院門跡《もんぜき》義円」こと、義教さんでした（「門跡」とは、皇族など身分の高い者が出家して居住する寺院、もしくはその住職のことをいいます）。『満済准后日記《まんさいじゅごうにっき》』によると、義教さんは当初「種々に御辞退」（度々辞退した）といいますが、度重なる幕府の家臣たちの嘆願に折れて、将軍就任を受諾したそうです。

こうして、還俗《げんぞく》（僧籍を離れて俗人になること）して足利将軍家の家督を継ぐことになった義教さんですが、〝ある問題〟があったため、将軍職にオフィシャルに就任することは、すぐにはできませんでした。それは、義教さんの髪が伸びていなかったためということです。

出家している立場なので当然なのですが、武家の棟梁《とうりょう》たる将軍になるためには髻《もとどり》を結《ゆ》ってきちんと元服《げんぷく》を迎える必要がありました。元服前に将軍になる前例がないことはなかったのですが、その前例となる源 実朝《みなもとのさねとも》（鎌倉幕府第三代将軍）は暗殺されているので縁起が悪いということになり、髪が伸び切る一年後まで延期となりました。そして予定通り、翌一四二九年（正長二）の三月に元服、ついに室町幕府の第六代将軍に就任します。義教さんが三十六歳の時のことでした。

ちなみに、還俗した際の名は「義宣《よしのぶ》」だったのですが、これが「世忍ぶ」と読めると世間からイジられたため、それを気にして「義教」に改名したといいます。また、同じ年に行われた改元では、後小松上皇《ごこまつ》が「宝暦《ほうりゃく》」を推したのに対して、義教さんは「宝暦は〝謀略《ぼうりゃく》〟に通じる」と反対したため、結局は「永享《えいきょう》」が採用されています。

このように、義教さんは世の中の噂《うわさ》や世間体《てい》をとても気にする人物だったようです。

この後、有力大名の一色義貫《いっしきよしつら》が、騎馬のイベントの時の席順に抗議して、義教さんの右大将《うだいしょう》就任の儀式をボイコットした時のこと。周囲が一色義貫の処分を控えるようにお願いすると、義教さんは怒り狂いました。その時に**「関東、鎮西《ちんぜい》（九州）へ聞こえもしかるべからず（評判が悪くなる）」**と発言したといいます。それでも説得する家臣に対して、もし一色義貫に処分を下さなかった場合は**「御威勢も失わざる事か（失わないか？）」**と家臣に詰問《きつもん》し、さらに**「さだめて口遊《くちずさみ》あらんか（絶対に変な噂は立たないな？）」**と重ねて問い質《ただ》したといいます。

SNSが発達した現代にいたとすると、義教さんはおそらくエゴサーチをし過ぎて、一喜一憂《いっきいちゆう》してなにかと疲れてしまうタイプかもしれません（笑）。あれって「見なきゃいい」とは思っていても、ついつい見ちゃうんですよね。義教さん、立場はまったく違えど、お気持ちお察しします。

○鎌倉公方を討伐！　大名を暗殺!!　比叡山炎上!!!

将軍となった義教さんは将軍中心の政治（将軍親政）を推し進めようとしました。そのため、自身に対立する勢力を次々と屈服させていきました。

まずは、親戚にあたる足利持氏《もちうじ》（関東の統治を任されていた四代鎌倉公方《くぼう》。初代の足利基氏《もとうじ》は、足利尊氏《たかうじ》の子）です。持氏は将軍職を継げる血筋であり僧籍にも入っていなかったにもかかわらず、将軍になれなかったことを不満に思い、関東で独自の勢力を築きます。当然、義教さんはこれを許さず、持氏討伐《とうばつ》の軍勢を派遣して大勝を収めました。一四三八年（永享十）の「永享の乱」です。

この時、惨敗した足利持氏は、剃髪《ていはつ》して出家し一族の助命を嘆願しましたが、苛烈《かれつ》な性格の義教さんはこれを却下、一族もろとも死に追い込みました（持氏は自害）。この鎮圧によって関東を直接の支配下とした義教さんですが、それから二年後に逃亡していた持氏の遺児（春王丸《しゅんおうまる》、安王《やすおう》丸《まる》）が結城《ゆうき》氏の許《もと》に逃げ込み挙兵（「結城合戦」）した時も、難なく鎮圧に成功しています。

さらに、大名たちの家督相続に介入して、自分の意を汲《く》んだ人物を当主に据《す》えようと画策をしました。これに従わない姿勢を見せた一色義貫と土岐《とき》持頼《もちより》は、ともに殺害されています。

また義教さんは、大名だけでなく、古巣の比叡山延暦寺にも厳しい処置を下しています。かつて平安時代末期に院政を行った白河《しらかわ》法皇が「賀茂河《かもがわ》（鴨川）の水、双六《すごろく》の賽《さい》（サイコロ）、山法師（比叡山延暦寺の僧兵）、是ぞわが心にかなはぬもの（思うようにならない）」と嘆いたといわれるほど、古くから延暦寺は権力に媚《こ》びない強烈な力を持っていました。

義教さんの時も、延暦寺はかつての座主相手にもまったく怯《ひる》むことなく、幕府を糾弾《きゅうだん》する強訴《ごうそ》を続けました。これに激怒した義教さんは、比叡山を大軍で包囲。焦った延暦寺側の降伏の申し入れも拒否します。幕府の家臣の再三の仲介によって、ようやく和睦《わぼく》となりますが、義教さんは呼び出した延暦寺の使者四人の首を刎《は》ねさせてしまいます。延暦寺側は、これに抗議をする形で根本中堂《こんぽんちゅうどう》に籠《こも》って火を放ち、二十四人の僧侶が焼身自殺をしました（根本中堂は半年後に再建）。

織田信長《おだのぶなが》による一五七一年（元亀二）の「比叡山焼き討ち」は有名ですが、武家との衝突で比叡山が激しく炎上したのは、この義教との対立時がはじめてのことでした。こうして、義教さんは延暦寺を屈服させることに成功したのです。

○周囲ドン引き、苛烈な懲罰……そして呆気ない最期

義教さんには〝籤引き将軍〟以外にも、あるあだ名がありました。それが「悪御所《あくごしょ》（将軍）」です。先ほどのような、対立した勢力に対して苛烈な討伐や暗殺を行う他、公家《くげ》や家臣たちにも厳しい処罰をすることが多かったことに由来しています。

義教さんが下した代表的な処分を当時の親王の日記である『看聞日記《かんもんにっき》』から抜粋してみます。

一四二九年（永享元）『将軍の行列のぞき見に激怒！』

義教さんが春日社（春日大社）に参拝することになったが、ある公卿《くぎょう》（東坊城益長《ひがしぼうじょうますなが》）がそれにお供するメンバーに選ばれなかったため、せっかくなら義教さんの行列を見ようと、こっそり見物していたら激怒され、出仕停止・謹慎処分となった。

一四三〇年（永享二）『ニコッと笑ったな？　領地没収&謹慎！』

直衣始《のうしはじめ》の儀式の際に、義教さんに「一咲」（ニコッと）した公卿に対して、無礼だと思ったのか「腹立」して所領没収、謹慎処分となった。ちなみに、この処罰された公卿も東坊城益長（笑）。

一四三三年（永享五）『闘鶏邪魔だ！　禁止&鶏追放！』

当時、京都では闘鶏《とうけい》が流行していた。開催される度にたくさんの見物人が集まっていたが、ある時、それが原因で義教さんの行列が通過できなかったため「御腹立」！　闘鶏を禁止した上に、なんと京都中の鶏を追放する命令を下した。ちなみに、腹立当時に見物人が集まっていたのが、たまたま公卿の一条兼良《いちじょうかねよし》の屋敷の前だったため、一条兼良も譴責《けんせき》処分を受けている。

一四三三年（永享五）『梅の枝が折れたから切腹！』

室町邸で新築工事があった時、幕府の家臣だった黒田《くろだ》家から献上された一本の梅の枝が途中で折れてしまった。すると「室町殿（義教）、以《もっ》ての外《ほか》、腹立」となり、庭師三人を蟄居《ちっきょ》処分に、黒田家の若党（全五人）の三人を追放処分に、残りの二人をなんと切腹させている。

一四三五年（永享七）『料理がマズイから斬首！』

伊勢神宮に向かう際に「御膳、悪《あし》く調《したた》め」た（料理がマズかった）ために料理人を追放！　それでは怒りが収まらなかったのか、後日呼び寄せて首を刎ねている。また、この二年後にも同様に、料理がマズかったために料理人は流罪《るざい》となり、若党の二人が殺され、一人は切腹をしている。

一四三五年（永享七）『延暦寺の噂をしたから商人でも斬首！』

世間を驚かせた比叡山延暦寺の一件について、噂をすることは厳しく禁止されていた。しかし、お茶の商人が街中でそれを喋《しゃべ》っていたために捕縛。すぐに首を刎ねてしまった。

その他にも、義教さんの恐怖政治に諫言《かんげん》しようとした日蓮《にちれん》宗の日親《にっしん》に対しては、獄中で灼熱《しゃくねつ》の鍋をかぶらせる拷問《ごうもん》をしたといいます。鍋は焦げてへばりつき、日親は生涯鍋をかぶり続けることになった（日親のあだ名の「鍋かむり日親（上人）」の由来）と伝わります。また、この後に喋れないように舌を切ったという話も残っていますので、その苛烈さがわかります。

　当時の人たちも、さすがにドン引きしたようで『看聞日記』には**「万人恐怖、言ふ莫《なか》れ、言ふ莫れ」「薄氷を踏む時節、恐るべし恐るべし」**といった、義教さんに対する批判的な言葉が残されています。こうした中、大名たちは「次は自分が……」という疑心暗鬼に陥りました。『公名《きんな》公記《こうき》』によると、世間では「謳歌《おうか》していはく、世上物忩《ぶっそう》。赤松《あかまつ》入道（満祐《みつすけ》）の身上と云々《うんぬん》、如何《いかが》」と、義教さんの次の狙《ねら》いは播磨《はりま》（兵庫県）の有力大名の赤松氏であると噂されたといいます。

　前当主の赤松満祐は、当主の息子（赤松教康《のりやす》）や家臣たちと謀《はか》り、義教さんを屋敷に招くことにしました。先ほどご紹介した「結城合戦」の戦勝祝いに加えて「当年の鴨《かも》の子、沢山に出来《いでき》、水を泳ぎける躰《てい》、御目に懸くべし」（たくさん生まれた鴨の子が泳ぐ姿が面白いので、見ていただきたいのです）という名目で、義教さんを誘き出したそうです。

　一四四一年（嘉吉元）六月二十四日、赤松氏の屋敷で開かれた宴の席で、辞世の句はもちろん、最期《さいご》の言葉を発する間もなく、義教さんは斬殺されました。こうして、恐怖政治は幕を閉じたのです（「嘉吉の乱」）。

　ちなみに、義教さんを討ち取ったのは、赤松氏の重臣の安積行秀《あづみゆきひで》という人物なのですが、安積行秀の生涯と義教さんの最期の瞬間について迫った書籍があります。『あの方を斬ったの…それがしです　日本史の実行犯』という書籍なのですが……はい、拙著の宣伝でございます（笑）。

　源実朝のところでも紹介させていただきましたが、どうか、よしなに。

室町幕府第七代将軍

足利義勝

〈あしかがよしかつ〉

在任期間わずか八カ月の短命将軍！
本人のあずかり知らぬところで政争……

生没　一四三四（永享六）～一四四三（嘉吉三）
在任　一四四二（嘉吉二）～一四四三（嘉吉三）

将軍パラメーター

総合評価	F
統率力	G
政治力	G
人　望	E
知名度	F
画　力	B

○誕生早々大トラブル！

八歳で父（足利義教《あしかがよしのり》）が暗殺され、九歳で将軍となり、十歳で急死した悲運の少年将軍となったのが、この項の主人公の足利義勝《よしかつ》です。

義勝さんは一四三四年（永享六）に足利義教《よしのり》の長男として誕生します。幼名は「千也茶丸《ちやちゃまる》」といいました。「ちやちゃ」って、ちょっと言いづらいですね（笑）。

さて、父が将軍となってから六年目にして初の男児の誕生ということもあり、三宝院満済《さんぼういんまんさい》（父のブレーンで〝黒衣の宰相《さいしょう》〟といわれていた僧侶）は、義勝さんの誕生を聞いて「若君、御降誕云々《うんぬん》、珍重《ちんじょう》珍重、祝着《しゅうちゃく》歓喜、まず感涙を催《もよお》し了《おわ》んぬ」（若君が産まれたそうだ！　これ以上の喜びはない！　涙が止まらない！）と日記（『満済准后日記《まんさいじゅごうにっき》』）に残すなど、周囲にとても祝福されたようです。

また『御産所日記《ごさんじょにっき》』によると、義勝さんの誕生を聞いた父も直接、産所（将軍のいる御所ではなく側近の屋敷で産むのが習わしだった。義勝さんの時は羽多野元尚《はたのもとひさ》の屋敷）に赴き、自身の手で臍《へそ》の緒《お》を切りました。さらに、翌々日にも再び訪れて、義勝さんに柄杓《ひしゃく》で三回お湯をかけてあげています。

義勝さんにはこの後、十人近い弟たち（足利義政《よしまさ》、義視《よしみ》など）が誕生しますが、その時には父は産所には行っていないことから、父にとっても義勝さんの誕生は非常に嬉《うれ》しかったようです。

『満済准后日記』によると、産まれたばかりの義勝さんは夜泣きがひどかったようで、心配した周囲が夜泣きを封じる祈禱《きとう》を毎晩行ったといいます。

〝将軍後継者の誕生〟というハッピーな出来事ではあったのですが、その陰でさっそく大トラブルが発生してしまいます。

原因は父・義教でした。

足利将軍家は、足利義満《よしみつ》が日野《ひの》家から正室を迎えて以来、日野家から妻をとることが慣習になっていました。義教も慣習通り日野家から正室（日野宗子《むねこ》）を迎えていました。しかし日野家が台頭して政治に口を挟んでくることを嫌った彼は、宗子を遠ざけて夫婦仲は悪くなり、最終的に離縁します。そして正室には、以前は側室《そくしつ》だったお気に入りの三条尹子《さんじょうただこ》を新たに置いていました。

ところが、ここからがややこしいのです。

義勝さんの母は誰かといいますと、三条尹子ではなく、日野重子《しげこ》という女性なんです。これは離縁した日野宗子の妹にあたります。どうやら日野重子のほうは気に入ってしまっていたようで、子どもを生《な》してしまったのです。ちなみに、足利義政も日野重子との間に産まれた子どもです。

足利義教、言っていることとやっていることが矛盾しています（笑）。

さて、この日野姉妹の兄に日野義資《よしすけ》という人物がいます。日野義資は、幕府政治に関与していた公卿《くぎょう》だったのですが、義勝さんが誕生した当時は、日野家の台頭を嫌う足利義教の怒りを買って領地没収&謹慎処分となっていました。

それでも、義勝さんの誕生によって挽回《ばんかい》の可能性が出てきました。次期将軍の母の兄にあたるキーマンとなったためです。この状況を受けて、「これで日野義資の処分は解け、日野家は権力を盛り返す！」と考えた周囲の者たちは、義勝さん誕生の直後に日野家の屋敷に祝辞を述べに行きます。まぁ、それはそうですよね。

しかし！　これが大トラブルに繋《つな》がりました。

足利義教は、日野家の監視を命じていて、その屋敷に訪れた者たちを一斉に処罰したのです。理由は「処分を下した者の屋敷に行くなど言語道断《ごんごどうだん》！」ということでした。これによって、領地没収&謹慎処分となった者が、なんと六十人以上も出たため、公家たちは戦慄《せんりつ》したようです。このトラップは、なかなか見抜けませんね。なかなか陰湿です（笑）。

ちなみに日野義資は、この年の六月に自宅で就寝中に何者かによって暗殺されますが、それは足利義教の謀略であると噂《うわさ》されたそうです。

義勝さんの誕生に際して、本人とは直接関係ないところで、父を中心としたドロドロの政争が行われていたのです。結局、義勝さんは正室（三条尹子）の猶子《ゆうし》となり、重臣の伊勢貞国《いせさだくに》の屋敷で育てられました。

○九歳にして堂々たる風格の少年将軍、誕生！

一四四一年（嘉吉元）の義勝さんが八歳の時に、運命を一変する出来事が起きます。この年の六月に、父が赤松《あかまつ》家の屋敷に招かれて暗殺されたのです（「嘉吉《かきつ》の乱」）。父の死を受けて、義勝さんは伊勢貞国の屋敷から室町第《てい》に移って家督を相続。幼年であることから、細川持之《ほそかわもちゆき》や山名持豊《やまなもちとよ》（後の山名宗全《そうぜん》）などの有力大名の合議制によって政治が行われることになりました。

九月になると、赤松家による乱は鎮圧され、赤松満祐《みつすけ》の首が京都に送られてきました。この時、義勝さんは四条河原で首実検《くびじっけん》（敵将の首を確認する作業）を行っています。父を暗殺した憎き大名の生首を、八歳の義勝さんはどのような気持ちで見たのでしょうか。

さて、その翌年の一四四二年（嘉吉二）十一月七日に、義勝さんは元服《げんぷく》を迎えて、同日に室町幕府の七代将軍に就任することとなりました。

義勝さんが将軍時代に行った大きな事績というと、将軍就任の翌年の六月十九日に行われた朝鮮王の使節団との会見が挙げられます。

朝鮮使節団は五十騎に及び、楽隊もついてきていたそうです。この時、義勝さんがどのような服装や態度で臨んだかというのはまったくわからないのですが、『建内記《けんないき》』（公卿の万里小路時房《までのこうじときふさ》の日記）に「聡敏《そうびん》利性、後栄憑《こうえいたの》みあり」（聡明な性格なので、将来が楽しみだ）と記されていることを踏まえると、十歳ながら堂々とした少年将軍の姿がそこにあったのではないかと想像しています。

○特技は水墨画。死因は病死？　それとも落馬？

朝鮮使節団との会見の五日後には、相国寺《しょうこくじ》の普広院《ふこういん》（足利義教の位牌所《いはいじょ》）で行われた父の三回忌に出席して冥福を祈りましたが、その翌月の七月二十一日に義勝さんは、なんと急死してしまいます。原因は「赤痢」であったといいます。将軍在任はわずか八カ月、まだ十歳でした。

義勝さんを偲《しの》ぶものは現在ほとんどありませんが、京都の等持院《とうじいん》にはあどけなさが残る義勝さんの木像が歴代将軍（足利義量《よしかず》、義栄《よしひで》を除く）の中に並んでおり、同じく京都の建仁寺《けんにんじ》の霊源院《れいげんいん》には義勝さんが亡くなった年に描いたという見事な水墨画の「達磨図《だるまず》」が現存しています。これは家臣（千秋持季《せんしゅうもちすえ》）にプレゼントしたものなのですが、付け焼き刃では描けないクオリティの作品なので、アーティスト気質の持ち主で、幼少期から絵画を嗜《たしな》んでいたのかもしれません。

ちなみに、義勝さんの死因には別の説も伝わっています。

義勝さんは、馬が大好きだったそうです。そんな義勝さんに、出雲《いずも》（島根県）から良い馬が献上されました。非常に喜んだ義勝さんは、常にこの馬に乗っていたそうです。しかし、ある日のこと、そのお気に入りの馬から誤って落下してしまい、打ち所が悪かったのか、それが原因で亡くなってしまったといいます（ただ『建内記』には赤痢が進行する経過が記されているので、病死であることはほぼほぼ間違いないようです）。

こうして、室町幕府の七代の少年将軍は十歳にして早世したため、義勝さんの弟である足利義政が八代将軍に就任し、時は戦乱の世となっていくのです。

室町幕府第八代将軍

足利義政

〈あしかがよしまさ〉

生没　一四三六（永享八）～九〇（延徳二）
在任　一四四九（文安六）～七三（文明五）

「応仁の乱」の元凶、〝銀閣命〟の人生！
政治は妻任せ、自分は趣味の世界に没頭

将軍パラメーター

総合評価	D
統率力	E
政治力	D
人　望	E
知名度	A
デザイン力	S

○継ぐ予定はなかった将軍職！　目標は祖父と父だったけど……

世界遺産の「銀閣寺」（慈照寺《じしょうじ》）を建てたことでおなじみの足利義政《あしかがよしまさ》は、六代将軍の足利義教《よしのり》を父に、七代将軍の足利義勝《よしかつ》を兄（二歳年上）に持ちます。もう一人兄（足利政知《まさとも》。後に堀越公方《ほりこしくぼう》となる）がいますが、こちらは腹違いの兄であり、義政さんは足利義勝と同じ側室《そくしつ》（日野重子《ひのしげこ》）から誕生しました。

義政さんは母方の親戚である公家の烏丸資任《からすますけとう》の屋敷で育てられ、成長した後には僧侶となる（将軍家の御家《おいえ》騒動を事前に防ぐため）はずでした。

しかし、足利将軍家には度重なる悲劇が起こります。一四四一年（嘉吉元）に父が暗殺され（「嘉吉《かきつ》の乱」）、その跡を継いだ兄は将軍就任から八カ月後にわずか十歳で病死してしまったのです。

そのため、家臣たちの合議の末、次期将軍として白羽の矢が立ったのが義政さんでした。

一四四九年（文安六）に十五歳で元服《げんぷく》を迎えて、同年、八代将軍に就任を果たしました。

ちなみに、義政さんは当初は「義成《よししげ》」と名乗っていました。この「成」という字は、室町幕府の最盛期を築いた祖父の足利義満《よしみつ》に由来するものだといわれています。祖父が生まれた年は「戊戌《ぼじゅつ》」であり、どちらの字にも〝武力〟を意味する「戈《ほこ》」が入っています。同じく「戈」が入っている「成」を名乗ることで、祖父の〝武威〟にあやかって天下を治められるという願いが込められたそうです。

ちなみに、元服から四年後の一四五三年（享徳二）にお馴染《なじ》みの「義政」に改名をしますが、これは義政さんが「武威よりも〝仁政〟によって天下を治めたい」と考えたためといわれます（ただ実際は、この時期に皇太子〈後の後土御門《ごつちみかど》天皇〉の実名が「成仁《ふさひと》」に決定したため、字がかぶるのを憚《はばか》って改名をしたようです）。

さて、義政さんは将軍として二人の先達を意識していたようです。一人は初名からもわかるように祖父の足利義満。もう一人は父の足利義教でした。特に将軍親政（将軍自身による政治）を推し進めようとした父を意識していた義政さんは、幕府に関する儀式は父の先例に則《のっと》った形式を取っています。

また、尾張《おわり》（愛知県）の守護代《しゅごだい》である織田《おだ》家や、大和《やまと》（奈良県）の守護である畠山《はたけやま》家の家督争いに介入して、自分に都合の良い人物に家督を継がせています。そして、関東で内乱（「享徳《きょうとく》の乱」。鎌倉公方《くぼう》・足利家と関東管領《かんれい》・上杉《うえすぎ》家の戦い）が起きると討伐《とうばつ》軍を派遣しています。これも将軍家の権力アップを目指した父と同様の政略でした。父への憧《あこが》れは本当に強かったようで、義政さんは父の肖像画を集めるように諸寺に命じて、結果的に数十幅も手元に集めたほどです。

このように、敬愛する父が敷いた将軍親政を目指した義政さんですが、その理想ははかなくも崩れ去ってしまいます。義政さんの政権は「三魔《さんま》」と世間に呼ばれた三人の身内に牛耳《ぎゅうじ》られてしまったのです。

○三魔＆日野富子に幕府を乗っ取られる

三魔というのは、育ての親ともいえる「烏丸資任《からすますけとう》」、乳母《うば》（義政さんの元服後には、なんと側室となったとも！）である「今参局《いままいりのつぼね》」（御今《おいま》）、側近の「有馬持家《ありまもちいえ》」のことを指します。三人とも名前に「ま」が入っていることから「三魔」と呼ばれました。

『臥雲日件録《がうんにっけんろく》』（相国寺《しょうこくじ》の僧侶の日記）に**「政《まつりごと》、三悪に出《い》づるなり」（政治の事は三魔から出されている）**と記されるほど、三人は権勢を振るい始めました。特に、才色兼備であったという今参局の権力は強力だったようで、『碧山日録《へきざんにちろく》』（東福寺《とうふくじ》の僧侶の日記）には「その気勢焔々《えんえん》、近づくべからず、その所為、殆《ほとん》ど大臣の執事《しつじ》の如し」（彼女は炎のような気勢であるため近づくことは出来ない。まるで大臣の執事のような実権を握っている）と記されたほどでした。

さらに、この三人に加えて政権に介入してくる厄介《やっかい》な（？）女性が現れます。一四五五年（康正元）、義政さんが二十歳の時に正室となった日野富子《ひのとみこ》（当時十六歳）でした。富子が輿入《こしい》れすると、政権は義政さんを差し置いて、日野富子の派閥《はばつ》と今参局の派閥に分かれて対立をし始めます。

これは最終的には一四五九年（長禄三）に決着がつけられます。この年、義政さんと日野富子の間に待望の男子が誕生するのですが、生まれるとすぐに亡くなってしまいました。すると日野富子は、これを「今参局の呪詛《じゅそ》によるもの」であるとして訴え、義政さんは今参局を捕らえて琵琶《びわ》湖の沖島に流罪としたのです。今参局は沖島に向かう際に自害をしてしまうのですが、これは死罪を望んだ日野富子一派の襲撃を受けて自害（もしくは暗殺）したものだといわれています。

政権が身内同士の争いでグラつく中、世間では土一揆《つちいっき》が何度も勃発《ぼっぱつ》し、災害や飢饉《ききん》も重なっていきます。義政さんの興味は次第に政治から遠のき、趣味（建築、造園）の世界がその活動の中心となっていくのです。

○飢饉の中で御所造営、「応仁の乱」どこ吹く風、さっさと譲位

一四五八年（長禄二）から室町第《てい》を新築し始めていた義政さんは、翌年この地に引っ越しをしていました。ただ、建築＆造園マニアだった義政さんは、住む場所だけでは飽き足らず、壮麗な庭園も造り始めました。

ところが、これは大問題となります。なぜなら、庭園造りをしている一四六一年（寛正二）は、「餓死者の遺体で賀茂川の流れが止まった」といわれる「寛正《かんしょう》の大飢饉」が京都を襲っていた時だったのです。

将軍であるならば、民衆の生活を救うためにお金を使わなくてはいけないはずなのに、義政さんは自分の御所のためにお金を使いまくってしまいました。

これを知った後花園《ごはなぞの》天皇は、次のような漢詩を送って義政さんを戒《いまし》めています。

「残民争採首陽蕨（残民《ざんみん》争いて、首陽《しゅよう》の蕨《わらび》を採る）

処々閉炉鎖竹扉（処々の炉を閉じ、竹扉《ちくひ》を鎖《とざ》す）
詩興吟酸二月（詩興吟《ぎん》ずれば、酸なり春二月）
満城紅緑誰肥（満城の紅緑、誰《た》が為に肥えん）」

ざっくりと要約しますと**「残された民衆は、争うように山野でワラビを採り、家々は疲弊《ひへい》しきっている。詩を詠んだところで楽しくはない。京都の花や緑は一体誰のために咲くのでしょう（それはあなただけのものではないでしょう）」**ということです。

この痛烈な批判の漢詩を読んだ義政さんは、さすがに恥じて一旦は御所の工事を中断したのですが、「やっぱり建てたい！」という気持ちには勝てなかったのでしょう、すぐに工事を再開してしまいます。天皇の忠告は無視された形になり、結局三年後に完成してしまいました。

将軍職を譲って趣味だけに生きることができれば、義政さんも周囲も幸せだったかもしれませんが、将軍を継がせるべき男子がいなかったため、それもままなりませんでした。

そこで義政さんがとったのが、出家していた弟を養子に迎えるという手段でした。その養子というのが、一四六四年（寛正五）に還俗した足利義視《よしみ》です。

ところがなんというタイミングの悪さか、この翌年に日野富子との間に男子（後の九代将軍の足利義尚《よしひさ》）が誕生、後継者問題が再燃するのです。

すでに趣味（造園以外にも猿楽《さるがく》が大好き！）の世界に没頭していた義政さんは、「わしゃ知らん！」とばかりに、いつまでたってもどちらを後継者にするかを表明しませんでした。

そんな体《てい》たらくの義政さんをよそに、幕府内部では大きな対立が起き、足利義尚（息子。母の日野富子や有力大名の細川勝元《ほそかわかつもと》が支持）の東軍と足利義視（弟。有力大名の山名宗全《やまなそうぜん》が支持）の西軍に分裂します。そしてこの対立は、一四六七年（応仁元）、「応仁《おうにん》の乱」として国中を巻きこむ大乱となるのです。

明らかにこの戦いの当事者である義政さんですが、なんとこれを傍観します（笑）。義政さんは「この戦いは大名同士の争いであって、将軍家は関係ない」スタンスを取ったため（時々停戦命令は出したものの無視され）、戦乱は全国へと展開していってしまいます。

『実隆公記《さねたかこうき》』（公家《くげ》の日記）などによると、この大乱の中で義政さんがしていたことは、なんと飲み会でした。完全に現実逃避しようとしています（笑）。

一四七三年（文明五）、東西両軍をそれぞれ率いた細川勝元と山名宗全が相次いで病死。ようやく乱が終息の兆《きざ》しを見せると、義政さんは「待ってました」とばかりに、この年に突然、将軍職を足利義尚に譲って隠居をしました。しかし、当時九歳の義尚に政権運営力などあるはずもなく、日野富子が実質上の政権を担うという異例の事態となったのです。

この頃《ころ》の世の中のことは『大乗院寺社雑事記《だいじょういんじしゃざつじき》』に「天下公事修《おさま》り、女中（日野富子）御計《おはからい》、〈中略〉**公方《くぼう》（義政さん）は大御酒**、諸大名は犬笠懸《いぬかさがけ》（馬上から的を目掛けて矢を放つイベント）、天下泰平の時の如く也」と記されています。つまり、義政さんは政治を日野富子に任せて、主にお酒を飲んでいたそうです（笑）。

○晩年は酒浸り、銀閣完成を見ずに世を去る

それから四年後に「応仁の乱」は終結。政治は正室とその周辺の人物にお任せして、義政さんは一四八二年（文明十四）に新たに屋敷を建てようとします。岩倉や嵯峨《さが》など京都で気になる場所を見て回り、一番気に入った東山の地に祖父の足利義満を真似《まね》た建築物を建てることとしました。これが銀閣寺（慈照寺）です！

建築のためには、これまた莫大な建築費用が必要となるのですが、義政さんはこの一部を勘合《かんごう》貿易（↑祖父が行っていた貿易を復活させた）によって、ちゃっかり捻出しています。また、その他にも大名や諸国に臨時の税をかけて建築費用を補っています。本来であれば、災害や大乱によって荒廃した京都の復興資金に充《あ》てるべきだと思うのですが……（笑）。

造営開始の翌年に東山に引っ越して隠居生活を送っていた義政さんですが、一四八九年（長享三）に将軍家にトラブルが起きてしまいます。将軍を継いだ足利義尚が六角《ろっかく》家の討伐の陣中で病死してしまったのです。

非常に悲しんだ義政さんはノイローゼ気味になり、次のような歌を詠みました。

「埋木《うもれぎ》の、朽《く》ちはつべきは残りゐて、わかえの花の散るぞかなしき」（朽ち果てるべき私のような者が残り、これからという若い息子が死んでしまうのは実に悲しい）

この時、義政さんは深酒も影響して体調を崩しており、政務に復帰することは不可能でした。しかし、次期将軍が決まっていなかったため、義政さんは「応仁の乱」で対立し、美濃《みの》（岐阜県）に亡命していた弟（足利義視）と和睦《わぼく》をして、甥《おい》（義視の子）を後継者とすることに決定しました。

この甥が、十代将軍の足利義稙《よしたね》です。
この翌年の一四九〇年（延徳二）に、義政さんは患っていた中風が悪化して、東山において五十五歳で死去しました。銀閣寺はこれから二年後に完成したため、残念なことに、義政さんが銀閣寺の完全な姿を見ることはありませんでした。

戦国時代の幕開けを告げることとなった「応仁の乱」の元凶としての義政さん、「銀閣寺」に代表される「東山文化」の創始者たる義政さん——その生涯は一面的には評価しきれないものですが、室町幕府の衰退と足利将軍家の権威失墜を一気に加速させてしまったことは間違いありません。

とはいえ、室町幕府が滅亡するのはまだまだ先です（笑）。今しばらくその迷走ぶりにお付き合いくださいませ。

室町幕府第九代将軍

足利義尚

〈あしかがよしひさ〉

室町きってのイケメンにして女たらし！
戦場でも構わず深酒＆女遊び

生没　一四六五（寛正六）～八九（長享三）
在任　一四七三（文明五）～八九（長享三）

将軍パラメーター

総合評価	E
統率力	E
政治力	E
人　望	C
知名度	E
イケメン度	S

○「天下太平の基」のはずが「天下大乱の基」に……

足利義尚《あしかがよしひさ》は、一四六五年（寛正六）に足利義政《よしまさ》（三十一歳）と日野富子《ひのとみこ》（二十六歳）の次男として誕生しました。兄が一人いたのですが、六年前の一四五九年（長禄三）、誕生した直後に亡くなってしまったため、足利将軍家としては待望の男子の誕生でした。

周囲もその誕生をとても喜んだようで、相国寺《しょうこくじ》の僧侶（季瓊真蘂《きけいしんずい》）の『蔭涼軒日録《いんりょうけんにちろく》』には「万人歓呼、尤《もっと》も天下太平の基なり」と記されています。

ところが、先ほどの「足利義政」の項でもご紹介しましたが、この〝天下太平の基〟と思われた義尚さんの誕生が、逆に〝天下大乱の基〟となってしまったわけなので、皮肉なお話です。

さて、義尚さんの誕生を心から楽しみにしていたのは、生母の日野富子でした。

母は、ようやく誕生した長男が誕生直後に亡くなると、「これは今参局《いままいりのつぼね》（夫の足利義政が寵愛《ちょうあい》していた側室《そくしつ》、元は乳母）の呪詛《じゅそ》によるものである」として、彼女を琵琶《びわ》湖の沖島に流罪（途中で暗殺したとも）にしたり、義尚さんと同年に足利義政の側室が産んだ男子を、決して足利義政の子として認知させなかったり（別の男性と不倫をして出来た子とした）、と後継者の誕生を待ちわびていたのです。その結果、義尚さんの誕生の前年に後継者として足利義政の養子になっていた足利義視《よしみ》と対立する形で、諸国の大名たちを巻き込み、一四六七年（応仁元）に「応仁《おうにん》の乱」が勃発《ぼっぱつ》しました。この時、義尚さんはまだ三歳。母の強い愛情と野心に牽引《けんいん》された形で〝天下大乱〟に巻き込まれてしまったのです。

大乱は終息せず、ダラダラと続きました。ところが、一四七三年（文明五）に東西両軍のトップ（東軍：細川勝元《ほそかわかつもと》、西軍：山名宗全《やまなそうぜん》）が相次いで亡くなったのを機に両軍は和睦《わぼく》する気配を見せます。すると、ここで厭世《えんせい》気分に満ち満ちていた父が隠居を申し出て、将軍職を義尚さんに譲ることを決めました。

こうして、まだ応仁の乱の最中に、九歳だった義尚さんは元服《げんぷく》をして室町幕府の第九代征夷大《せいいたい》将軍《しょうぐん》に就任することになったのです。

将軍就任直後は、母が実質上の政治のトップとして政権を握りましたが、十五歳となった一四七九年（文明十一）からは政務を取り仕切るようになりました。

ところが、ここで問題が！　隠居をしたはずの父は一部のおいしい権限（貿易や社寺に関するもの）を息子に譲らず、義尚さんを溺愛《できあい》する母はいつまでもうるさく政治に介入してきたのです。

父との対立は早くから起きています。

十六歳の一四八〇年（文明十二）には、一部の権限を譲らない父に腹を立てた結果、義尚さんは髻《もとどり》を切って（出家、隠居をほのめかす行為）抗議をしました。その翌年にもまた髻を切り、公家たちの参賀をボイコットしています。さらに、その二年後にもまた髻を切っています。

ちょっと髻カットしすぎですね（笑）。さすがに三度目は「どうせまた切っただけだろ」と効果はなかったと思いますが……。結果的に義尚さんは出家や隠居はしていないので「すぐにまた〝もとど～り（髻）〟」ということですね――すいません、なんでもありません。

さてさて、母の後見を受けていた義尚さんですが、母とも不仲になっていきます。それがこの三度目の髻カットの年（一四八三年：文明十五）のことでした。十九歳になっていた義尚さんは、母からの独立をするために引っ越しをしています。それまで、義尚さんは父と母と小川殿《こかわどの》に住んでいましたが、側近の伊勢貞宗《いせさだむね》の屋敷に移りました。

○父子でそれぞれの愛妾を奪い合うスッタモンダ！

父と母との政治的な対立を経て、義尚さんは将軍として自立していったのですが、父との対立は政治的なものだけではありませんでした。そこには女性トラブルがあったそうです。

父が複数の女性と関係を持って日野富子の嫉妬《しっと》心を買ったことは先にも述べましたが、実は義尚さんもなかなかの女好きだったようです。しかも身近なところに手を出す、父同様の癖がありました。

初の髻カットをした一四八〇年（文明十二）に、将軍家の通例通りに日野家から正室（日野勝《かつ》光《みつ》の娘）を迎え入れた義尚さんですが、なんと正室の侍女に手を付けて寵愛《ちょうあい》してしまいます。その結果、結婚から二年後に「実家に帰らせていただきます！」とばかりに、正室が将軍家の屋敷を飛び出してしまうという大事件が発生しています。その後、一四八六年（文明十八）に二人の間には女子が誕生しているので、両者の関係は一応修復されたようです。しかし、その女子は誕生した当日に亡くなり、正室は出家をしています。

父とのトラブルの原因となったのは、これとは別の女性問題でした。

父にはお気に入りの愛妾《あいしょう》（徳大寺《とくだいじ》公有《きんあり》の娘）がいたのですが、義尚さんは父と同じくこの女性を気に入り、なんと密通してしまったという噂《うわさ》が流れたのです。

それに対して、父も父！　逆に、義尚さんがお気に入りだった愛妾（三条公綱《さんじょうきんつな》の娘）と密通してしまったのです。現代人の私の感想ですが、本当だとしたらこの関係性はさすがに気持ち悪いですね。この女性関係のトラブルに加えて、先ほどの政治的な対立が重なり、両者は不仲になっていったようです。

○足利家随一の〝イケメン将軍〟、酒色に溺れて陣中で死去！

好色家だった義尚さんですが〝天下太平〟をもたらすため、将軍職もキチンとこなしています。その最たるものが一四八七年（長享元）の九月から始まった「鈎《まがり》の陣」（「長享《ちょうきょう》・延徳《えんとく》の乱」）でした。

当時、近江《おうみ》の有力大名だった六角高頼《ろっかくたかより》（後に織田《おだ》信長《のぶなが》に滅ぼされる六角承禎《じょうてい》の祖父）は、近江にあった将軍家の家臣や寺社の領地を不当に押領《おうりょう》してしまいます。押領された者たちが義尚さんに訴えると、義尚さんは「応仁の乱」で失墜した将軍の権威を復活させるためにも、六角高頼の討《とう》伐《ばつ》を目的として各地の有力大名の軍勢を引き連れて、近江に出陣したのです。

この出陣の時の義尚さんは、赤地で金襴《きんらん》の鎧直垂《よろいひたたれ》を身にまとい、重籐《しげとう》の弓を携《たずさ》えて太刀を佩《は》き、河原毛《かわらげ》の馬にまたがっていたそうです。その姿は実に見事だったようで、当時の史料には次のように残されています。

「その御形体、神工《しんこう》もまた画《えが》き出すべからず、天下の壮観、之《これ》に過ぎるものなし」（そのお姿は神がかった作品でも描けないだろう。この世にあるどんな素晴らしい景色も、これに勝るものはないだろう／『蔭涼軒日録』）

「路人観る人皆合掌し、再び天下を定め万民を安んずる者、斯《こ》れ在る哉《や》、斯れ在る哉。喜びて従う者、勇みて跳ぶ者、路を遮《さえぎ》りて呼喚す。**真の征夷大将軍なり**」（道で観る人はみんな手を合わせた。天下太平をもたらす人はこうでなければ、こうでなければ。喜んで従う者、勇んで飛び跳ねる者、道を遮って大声を挙げる者がいる。これが真の征夷大将軍である／『鹿苑日録《ろくおんにちろく》』）

まさに大絶賛！　義尚さんは**〝緑髪《りょくはつ》将軍〟**（艶《つや》のある髪をした美しい将軍）の異名が付けられるほどのイケメンだったようなので、そのイケメンが美しい甲冑《かっちゅう》と見事な武具を身に着け、大勢の家臣たちを引き連れて出陣すれば、それはまさに〝真の征夷大将軍〟として人々の目に映ったことでしょう。

しかし、この出陣が義尚さんの運命を大きく狂わせ、義尚さんは二度と京都の地を踏むことを許されなかったのです。

二万を超える大軍を率いた義尚さんは、近江に入るや否《いな》や、六角高頼の領地に攻め込んで本拠地の観音寺城《かんのんじ》（滋賀県近江八幡市）を攻撃しました。すると六角高頼は観音寺城で戦うことを諦《あきら》めて城を捨て、甲賀（滋賀県甲賀市）へ逃走します。

これを追撃した義尚さんですが、不慣れな山間部という地形に加え、その地形に慣れた六角軍のゲリラ戦術に対して苦戦し、戦況は膠着《こうちゃく》状態となっていきました。

この時、義尚さんは甲賀から約二十キロの距離にある鈎（滋賀県栗東市《りっとう》）という地域に本陣を構えました。これが六角家討伐の「鈎の陣」の名前の由来となっています。

はじめは鈎の安養寺《あんようじ》を陣所とし、その後に真宝館《しんぽうかん》（跡地といわれる場所には現在「永正寺《えいしょうじ》」が建っていて義尚の陣所の土塁や堀の跡が残る。「真法館」とも）に移しました。

結局その後、出陣した年に決着することはできずにそのまま年越し。さらに、父と母と離れた生活が居心地良かったのでしょうか、なんとその翌年も決着しなかったために当地で年越しをしています。義尚さんは、一人暮らしをホームシックにならずに満喫するタイプですね。ちなみに、一度目の年越し後の一四八八年（長享二）に名を「義熙《よしひろ》」と改名しています。改名理由はわかりませんが、心機一転の意味を込めたのかもしれません。

さて、この鈎の真宝館は臨時の将軍家の御所となり、多くの客人が訪れました。ここで義尚さんの悪い一面が出てしまいます。女癖が悪いことは先ほど触れましたが、それ以外に義尚さんは和歌とお酒が大好きでした。

陣中であるにもかかわらず、京都から歌の先生である公家を招いて教えを請うたり、**連歌《れんが》の会を開いて和歌を詠《よ》み合ったり**してしまいます。家臣たちが詠んだ歌に対しては、自ら優劣の判定を行ったりしています。

また、京都の時から昼と夜が逆転するようなだらしないお酒ライフを送っていたという義尚さんは、陣中でも連日のように深酒に浸っていました。『実隆公記《さねたかこうき》』には「平生《へいぜい》、一向に御食事なく、只、**水酒淫乱《いんらん》**の事也」（まったく食事を取らずに、酒を飲んで淫《みだ》らな事ばかりしている）と記されています。現代に置き換えると、出張先で仕事そっちのけにして、お酒飲んで、女の子と遊んで、カラオケして（歌を詠んで）オール、って感じでしょうか。

さて、二度の年越しをして一四八九年（長享三）を迎えた義尚さんは二十五歳。まだまだ若い年齢ですが、実は義尚さんは元々身体《からだ》が丈夫なほうではなく、十代の頃《ころ》から度々体調を崩していました。そのため、当然ではありますが、酒色がたたって陣中で何度も病に倒れています。そして、最終的には同年の三月十八日に危篤《きとく》状態となって、三月二十六日に亡くなりました。死因は、過度な飲酒が原因の脳溢血《のういっけつ》だったといわれています。

その最期《さいご》から、酒色に溺《おぼ》れたダメな将軍のイメージが付きまとう義尚さんですが、出陣時の様子と反応が物語るように庶民からの人気はあったようです。『公方両将記《くぼうりょうしょうき》』によると、義尚さんが亡くなった時には、「貴賤《きせん》上下おしなべて嘆き悲しむ計《ばかり》也」（身分が高い者も低い者も全員が嘆き悲しんでばかりである）という様子だったといいます。義尚さんはその美しい容貌《ようぼう》も相まって、庶民から〝「応仁の乱」で乱れた世を鎮《しず》めてくれる待望の将軍〟という強い期待を受けていたのかもしれません。

義尚さんの死後、他に男子がいなかった足利義政は、弟の足利義視の子である足利義材《よしき》（後の義稙《よしたね》）を養子に迎え、後継者とすることになります。

○甲賀忍者に襲撃されて亡くなった!?

義尚さんの別の死因も伝えられています。それが甲賀忍者による襲撃です。

六角軍には甲賀の土豪たちが味方していたのですが、この土豪たちが甲賀忍者だったといわれているのです。義尚さんの大軍を苦しめた山間部のゲリラ戦法も、甲賀地域を自分の庭のように知り抜いた甲賀忍者によるものだったといいます。また、義尚さんの陣中には度々不審火が起きたそうですが、これも火薬の調合に長《た》けた甲賀忍者の仕業《しわざ》であったともいいます。

その後、戦況が膠着状態となり義尚さんが油断した頃合いを狙《ねら》って、甲賀忍者は義尚さんの本陣の真宝館に夜襲を仕掛けました。義尚さんの軍勢は混乱し、甲賀忍者に次々と斬《き》られ、ついには義尚さんの寝所に侵入され、斬りつけられて負傷します。そこへ家臣が駆けつけたために窮地を脱しましたが、その傷が原因となって義尚さんは亡くなったともいわれています。

ちなみに、この「鈎の陣」で活躍した甲賀忍者は「甲賀五十三家」と呼ばれ、中でも六角高頼から感状をもらった甲賀忍者は「甲賀二十一家」と後に呼ばれています。また、真田十勇士《さなだじゅうゆうし》の一人である猿飛佐助《さるとびさすけ》は、甲賀五十三家の三雲《みくも》家出身の三雲賢春《かたはる》がモデルだといわれ、一五七〇年（元亀元）に織田信長を狙撃した杉谷善住坊《すぎたにぜんじゅぼう》は、甲賀五十三家の杉谷家の出身だともいわれています。

室町幕府第十代将軍

足利義稙

〈あしかがよしたね〉

恩を仇で返すワガママ将軍？
人生の半分を流浪した〝流れ公方〟！

生没　一四六六（文正元）～一五二三（大永三）
在任　一四九〇（延徳二）～九三（明応二）、一五〇八（永正五）～二一（大永元）

将軍パラメーター

総合評価	C
統率力	C
政治力	C
人　望	C
知名度	E
ゾンビ度	S

○その執念は超一流、歴代幕府将軍で唯一、将軍職に二度就任！

足利義稙《あしかがよしたね》は、五十七年の生涯の約半分の二十九年を流浪した異色の将軍です。また、生涯で二回の征夷大将軍《せいいたいしょうぐん》の就任は、歴代の幕府の将軍では義稙さんが唯一となっています。ちなみに改名を二度していて（初名「義材《よしき》」。続いて「義尹《よしただ》」）、最初の就任時の名前は義材、二度目は義尹なのですが、ここでは最後に名乗った「義稙」で統一します。

さて、八代将軍義政《よしまさ》と九代将軍義尚《よしひさ》の章でもちょこっと登場した義稙さんは、足利義視《よしみ》（義政の弟）の子として誕生。義視は兄の後継者として指名されたものの、兄に男子（義尚）が誕生したことによって、後継者から外された形となり兄と対立をしてしまいます。その結果、一四六七年（応仁元）に「応仁《おうにん》の乱」が勃発《ぼっぱつ》したわけですが、この前年に義稙さんは誕生しています。

戦乱は長引いたものの、東西両軍のトップ（東軍：細川勝元《ほそかわかつもと》、西軍：山名宗全《やまなそうぜん》）の死去を機に和睦《わぼく》の方向に進み、一四七七年（文明九）に和議が結ばれることとなりました。

しかし、義稙さんの父の足利義視は京都に留まることはせず、自身をバックアップしてくれた西軍の土岐成頼《ときしげより》の領国である美濃《みの》（岐阜県）に義稙さんを連れて落ち延びました。流浪デビューをした義稙さんは、この時十二歳でした。

これから十二年の青年期を美濃で過ごした義稙さんは、将軍になり損ねた父からの影響もあったのでしょうが、将軍職に対する執心《しゅうしん》と不屈の精神を身につけていきます。

元服《げんぷく》して「足利義材」と名乗ったのは、流浪から十年後の一四八七年（長享元）のこと。二十二歳という遅めの元服（普通は十代前半に行う）でした。

ちなみに、義稙さんはこの年に従五位下《じゅごいげ》・左馬頭《さまのかみ》という官職に任官しているのですが、これを申請したのは実は九代将軍の足利義尚でした。足利義尚は実子がいなかったことから、後継者として義稙さんを指名したようです。また、この背景には日野富子《ひのとみこ》（義尚の母）がいました。日野富子の妹は、父（足利義視）の正室（日野良子《よしこ》）という関係性だったので、応仁の乱で対立したものの、〝足利義政と義視の和睦&日野家の血を継ぐ後継者擁立《ようりつ》〟のために背後で動いていたそうです。とはいっても、父の不遇を見聞きしていた義稙さんは、父と同様の処遇に対して「将来が安泰となった」とは思わなかったことでしょう。

義稙さんの運命が好転したのは、それから二年後のことでした。現職の将軍の足利義尚が出陣先（鈎《まがり》の陣）で病死したのです。

義稙さんは、足利義尚の死をキッカケに父とともに十二年ぶりに京都の地を踏みました。足利義政が一時的に政務に復帰したこともあり、すぐさま将軍就任というわけにはいきませんでしたが、この翌年の一四九〇年（延徳二）一月七日に足利義政が死去すると、その年の七月に父が果たせなかった念願の室町幕府の十代将軍に就任しました。

ところが、義稙さんの将軍就任に当初から反対している幕府の有力家臣がいました。それが管領《かんれい》（将軍を補佐して政務を統括する職）の「細川政元《まさもと》」（勝元の子）です。この人物、この後に義稙さんの人生を大きく動かし、戦国時代のキッカケの一つを作るキーマンです。

細川政元は、義稙さんではなく香厳院《きょうごんいん》の僧侶「清晃《せいこう》」を将軍に推しました。突然出てきたこの清晃というお方は、父に足利政知《まさとも》（六代将軍義教の次男）を持ち、元服して十一代将軍の「足利義澄《よしずみ》」となるのですが、詳しくは次項をご参照くださいませ。

細川政元が清晃を推したものの、日野家のバックアップがあったために無事に将軍となった義稙さんは、父・義視の後見《こうけん》を頼りに将軍としての政務を執り行い始めました。

ところが、父は足利義政の死からちょうど一年後の一四九一年（延徳三）一月七日に病死してしまいます。また詳しい日にちは不明ながら、母の日野良子（富子の妹）も同時期に亡くなっており、義稙さんは将軍就任の直後に両親を失っている（母は将軍就任以前の可能性もあり）のです。

これは義稙さんにとって、かなり大問題でした。なぜなら、義稙さんは日野富子と不仲になっていたためです。美濃に流浪していた時代から義稙さんをサポートしていた日野富子ですが、将軍就任の少し前から両者の関係性は冷え込んでしまっていたのです。

それには義稙さんの勘違いがありました。ライバルとなった清晃が、京都に迎え入れられることになったのですが、その時に日野富子が小川殿《こかわどの》（足利義尚が住んでいた屋敷）を清晃に譲ろうとしました。これを聞いた義稙さんは「まさか……将軍職を清晃に譲るつもりか！」と勘違いして、日野富子に黙って小川殿を破壊してしまっていたのです。

　こうして、日野家のバックアップで将軍になれた義稙さんは、その後ろ盾《だて》と、修復の仲介役となり得た母、政務を代行してくれた父をも失い、将軍就任早々に孤立してしまったのです。

○捕虜となった将軍、九年の雌伏の時を経て将軍再就任

　将軍としての求心力を得るために、足利義尚の死で中断していた六角高頼《ろっかくたかより》の討伐《とうばつ》（「長享《ちょうきょう》・延徳《えんとく》の乱」）を再開し、見事に勝利を収めています。この時に、細川政元は討伐を中止するように進言したのですが、義稙さんはこれを却下しています。

　将軍就任後は管領だった細川政元に政務を任せる方針だった義稙さんですが、政元だけに頼る政権運営を避けようと考え、徐々に彼を遠ざけていきました。

　細川政元との関係がますます悪化していく中、別の有力大名の後ろ盾が欲しい義稙さんは、細川政元のライバルである畠山政長《はたけやままさなが》（細川政元と同じく管領を務めることができる家柄の大名）と手を組みました。義稙さんは、その畠山政長の依頼を受ける形で、一四九三年（明応二）には紀伊《きい》（和歌山県）の畠山基家《もといえ》（畠山政長と対立していた畠山一族）の討伐をすることを決定します。この討伐も細川政元は反対をしますが、義稙さんはこれを無視して京都から紀伊に出陣しました。

　すると、この討伐戦の最中に京都で異変が起きます。なんと、細川政元がクーデターを起こし、義稙さんを将軍職から外して、清晃を将軍としたのです！（「明応《めいおう》の政変」）

これに日野富子が協力したため、出陣中の義稙さんの軍勢の中からも細川政元・日野富子の勢力に寝返る者が続出。孤立した義稙さんと畠山政長は、陣を張っていた正覚寺《しょうがくじ》（大阪府大阪市）を包囲され、義稙さんは降伏して捕縛され、畠山政長は自害するに至りました。

京都に連行された義稙さんは、はじめは龍安寺《りょうあんじ》に幽閉されます。この時、義稙さんは毒殺をされかけたといいます。犯人と噂《うわさ》されたのは日野富子。服毒してしまったものの、解毒の薬を服用したためになんとか事なきを得ています。

さて、将軍から一転して捕虜となった義稙さんに下された処分は、小豆島《しょうどしま》への配流でした。これを知った義稙さんは警固番の者を殺害して京都から逃走！　畠山政長の家臣だった神保長誠《じんぼながのぶ》を頼って、越中《えっちゅう》の放生津《ほうじょうづ》（富山県射水市《いみずし》）に落ち延びました。

この地で京都の細川政元の政権に対抗して亡命政権を開いたため、義稙さんは「越中公方《くぼう》」や「越中御所」と呼ばれました（この時の政権は「放生津幕府」と呼ばれることもあります）。

これから六年後の一四九八年（明応七）に、細川政元との和睦交渉が進んだことを受けて、越前の朝倉貞景《あさくらさだかげ》（後に織田信長《おだのぶなが》に滅ぼされる朝倉義景《よしかげ》の祖父）の許《もと》に移りました。ところが、細川一門の反対にあったために交渉は決裂してしまいます。この頃《ころ》に名を「義尹」と改めていますが、これは和睦ではなく、別の手段での上洛《じょうらく》を決意した意味が込められていたと考えられます。

その別の手段というのが、この翌年に決行された上洛戦でした。京都を逃げ出してから六年後のことでした。義稙さんは、朝倉貞景や畠山尚順《ひさのぶ》（政長の子）の軍勢を率いて上洛を試み、近江《おうみ》に攻め込みます。しかし、坂本（滋賀県大津市）で六角高頼に敗れて河内《かわち》（大阪府）に逃れ、河内でも宿敵の細川政元に敗れてしまいました。そのため、上洛を諦《あきら》めて、遠くは周防《すおう》（山口県）の大内《おおうち》義興《よしおき》の許に落ち延びました。大内家は「応仁の乱」で父（足利義視）の西軍に味方してくれた縁がありました。

それから九年、義稙さんは周防の山口（山口県山口市）で雌伏《しふく》の時を過ごすのでした。

一五〇七年（永正四）に京都で異変が起きます。義稙さんの宿敵の細川政元が暗殺されたのです。細川政元はかなりの変人で、優れた政治手腕を持つ一方で、修験道《しゅげんどう》オタクという変わった一面を持っていました。修験道にハマりすぎた結果、童貞を守るために正室を持たなかったので実子がいませんでした。そのため養子を複数とっていたのですが、その養子たちの家督争いの中で暗殺されてしまったのです（政元の変人ぶりや家督争いの末の暗殺劇などは、拙著『ポンコツ武将列伝』、「細川政元」の項もご参照くださいませ！）。

細川政元の暗殺を機に細川家が内紛状態になる（「永正《えいしょう》の錯乱《さくらん》」）と、これを好機と見た義稙さんは、お世話になった大内義興の大軍を率いて一五〇八年（永正五）に上洛戦を試みました。

これに畠山尚順（最初の上洛戦失敗後に紀伊に逃れて細川政元と度々合戦をしていた）や細川高国《たかくに》（政元の養子の一人。細川家の後継者レースに敗れていた）が加わり、かつて清晃と呼ばれていた十一代将軍の足利義澄と細川澄元《すみもと》（政元の養子の一人。後継者レースに勝利していた）を京都から追放して上洛を果たし、二度目の征夷大将軍に就任したのです！

ところが、将軍再就任の翌年に大事件が起きます。

それは、十月二十六日の子《ね》の刻（午後十一時〜午前一時）のことでした。義稙さんの寝所に刺客四人が忍び込み、義稙さんを襲ったのです。こうして、義稙さんは波乱の生涯を終えました……というわけではなく、奇襲にもかかわらず、義稙さんは九カ所に傷を負いながらも刺客四人を逆に斬《き》り伏せたのです！　義稙さん、強い!!

義稙さんは、不遇の流浪の時代が長かったり、命を狙《ねら》われた経験が多かったりした（先述の通り、実際に毒殺されかけている）ためなのか、自分の命は自分で守ろうと武芸を極めていたといいます。将軍が襲撃されて命を落とす事例（源《みなもとの》実朝《さねとも》、足利義教、足利義輝《よしてる》など）はありますが、それを自身で撃退したのは義稙さんだけです。ちなみにこの刺客は、近江に逃れていた〝足利義澄＆細川澄元〟グループが送り込んだ者たちだったそうです。

○複雑怪奇、最後まで将軍職を諦めない〝流れ公方〟

最初の都落ち（美濃時代）が十二年、二度目の都落ち（越中、越前、周防時代）が十五年！　二十七年もの間流浪した後にゾンビの如《ごと》く将軍に再就任！　こうして一件落着!!――といきたいところなのですが、本項の冒頭で「生涯の約半分の二十九年を流浪した」と触れたことを思い出してください。この段階では、あと二年足りないんです。そうです、まだ流浪するんです（笑）。

原因は義稙さんの政治的なクセにありました。それは、将軍擁立に貢献してくれた人物（主に大名）と、将軍就任後に不仲になっていってしまうというものです。

最初の就任時には擁立に多大なる貢献をしてくれた日野富子を遠ざけて不仲となり、結果として都落ちを経験しました。この時は公家《くげ》出身の側近（葉室光忠《はむろみつただ》。義稙の下で権勢を振るうが「明応の政変」で細川政元の命令により殺害される）を重用して、大名たちの不満を集めたことも大きく影響していました。二度目の就任時は、最初の反省を生かして側近の過度な重用は控えたのですが、逆に今度は、義稙の将軍就任に貢献した大内義興と細川高国が台頭していきます。両者は将軍を顧みずに政治を行う態度を見せ始め、いつの間にか新政権内部でも齟齬《そご》が生じ、義稙さんとの間に溝ができ始めました。

そして、一五一三年（永正十）に事件が起きます。

義稙さんは少数のお供を連れて、なんといきなり京都を出奔《しゅっぽん》！　近江の甲賀に〝セルフ流浪〟してしまうのです。これを受けて困った大内義興や細川高国などの有力大名が「将軍の意思に背《そむ》かない」という旨の起請文《きしょうもん》を出して帰京をお願いしたので、義稙さんは大名たちと和解して京都に戻りました。この時、また心機一転したつもりなのか、名を「義稙」と改めています。

しかし、義稙さんと大内義興は再び不仲となり、大内義興はついに一五一八年（永正十五）に周防に帰国。理由は隣国の尼子《あまご》家との抗争や在京費用の不足などといわれますが、大内義興を遠ざけたい義稙さんの圧力もあったようです。

しかし、これを見逃さない人物がいました。本拠地の阿波《あわ》（徳島県）に逃れていた細川澄元です。細川澄元は、この翌年の一五一九年（永正十六）に挙兵して摂津《せっつ》に上陸し、京都に迫りました。義稙さんを擁立した細川高国は、これを迎え撃つものの敗れ近江に逃れました。この時、細川高国は義稙さんに近江に落ち延びることを提案しますが、義稙さんはこれを拒否します。なぜなら、義稙さんは恩人の細川高国を見捨てて、なんと細川澄元に味方したためです。

こうして、かつての敵同士（義稙—細川澄元）によって組まれた歪《いびつ》な政権が誕生しました。

ところが！ これで終わりません。細川高国は諦めていなかったのです。翌年に再び兵を挙げた細川高国は、細川澄元に勝利を収めて再び政権に復帰するのです！

復帰した時の将軍はそのまま義稙さん。なんとも気まずい……。現代人でも容易に想像がつくように、その気まずさのまま、さらに両者の仲は冷え込んでいき、その空気に耐えられなくなったのか、ついに一五二一年（永正十八）に義稙さんは京都を飛び出してしまいます。そして、和泉《いずみ》（大阪府）から淡路を経た義稙さんは、細川澄元の本拠地の阿波に渡りました。

これを受けて、京都の細川高国は新将軍として足利義晴《よしはる》（足利義澄の長男）を第十二代将軍として擁立します。

不屈の義稙さんはこの〝足利義晴—細川高国〟に対抗して再起を図るために、かつてのライバルの足利義澄の次男の足利義維《よしつな》（足利義晴の弟。阿波で保護されていた）を養子としたのです（足利義澄〈細川政元が擁立した十一代将軍〉は亡命先の近江ですでに死去。二人の遺児〈足利義晴と足利義維〉がいました）。

なんかもう、かつての敵味方入り乱れてメチャクチャですし、名字が同じ人ばかり出てくるので混乱してきますね（笑）。

二度目の上洛戦以降を簡単にまとめてみますと——、

一五〇八年（永正五）…義稙さん上洛作戦！

「義稙さん―細川高国」○ vs ●「足利義澄―細川澄元」

結果・義澄追放！→「義稙さん―細川高国」政権

一五一九年（永正十六）…細川澄元の反撃！
「義稙さん―細川高国」● vs ○「細川澄元」（足利義澄はすでに死去）
結果・義稙さん裏切り、澄元に鞍替《くら》え！→「義稙さん―細川澄元」政権

一五二〇年（永正十七）…細川高国の反撃！

「義稙さん―細川澄元」● vs ○「細川高国」

結果・澄元敗れる！　義稙さん、高国と元サヤ！→「義稙さん―細川高国」政権

一五二一年（大永元）…細川高国との関係修復できず
義稙さん阿波へ出奔！→「十二代将軍・足利義晴―細川高国」政権
「足利義晴―細川高国」に対抗して足利義晴の弟を養子に！→「義稙さん―足利義維」勢力＠阿波

以上のような流れになるかと思います。まとめたところで、ややこしいですね（笑）。

さて、最後の最後まで再挙を狙った義稙さんですが、三度目の都落ちから二年後の一五二三年（大永三）に亡命先の阿波の撫養《むや》（徳島県鳴門《なると》市）で亡くなりました。享年は五十八。〝恩を仇《あだ》で返す〟ように捉《とら》えられてしまう一面があったことから将軍就任後も流浪の日々を送り、最終的に人生の約半分を流浪の日々に費やしたため、義稙さんは**〝流れ公方《くぼう》〟**と称されています。

室町幕府第十一代将軍

足利義澄

〈あしかがよしずみ〉

伊豆生まれ、京都の寺育ち！
〝魔法使い管領〟に翻弄された〝傀儡将軍〟

生没　一四八一（文明十二）〜一五一一（永正八）
在任　一四九四（明応三）〜一五〇八（永正五）

将軍パラメーター

総合評価	F
統率力	E
政治力	E
人　望	E
知名度	F
対魔法使い	G

○父の赴任先で誕生、出家、還俗……将軍までの数奇な道

先ほどの「足利義稙《あしかがよしたね》」の項でも度々登場してきた足利義澄《よしずみ》は、室町幕府と江戸幕府の将軍では唯一の伊豆《いず》（静岡県）の生まれです。

父の足利政知《まさとも》は足利義教（六代将軍）の次男であり、兄に義勝《よしかつ》（七代将軍）、弟に義政《よしまさ》（八代将軍）と義視《よしみ》（十代将軍義稙の父）がいます。元々は天龍寺《てんりゅうじ》の香厳院《きょうごんいん》に入って僧侶となっていましたが、二十三歳の時に父の命令で還俗《げんぞく》して、翌年には室町幕府に反抗する態度を取っていた足利成氏《しげうじ》（五代鎌倉公方《くぼう》。初代は足利尊氏《たかうじ》の四男の足利基氏《もとうじ》）を討伐《とうばつ》するための旗頭として関東に向かいました。しかし、成氏の勢力が強力だったため、関東に進軍することができず伊豆の堀越《ほりごえ》（静岡県伊豆の国市）に留まり、屋敷を構えることになりました。これ以降、父は「堀越《ほりこし》公方」と呼ばれるようになりました。また、成氏は室町幕府の軍勢（駿河《するが》の今川範忠《いまがわのりただ》。「桶狭間《おけはざま》の戦い」で討ち死にをする今川義元《よしもと》の曽祖父《そうそふ》）によって、本拠地の鎌倉が占拠されてしまったため、新たに古河《こが》（茨城県古河

市）を本拠地としています。そのため、これ以降「古河公方」と称されました。

さて、今回の主役に話を戻しますと、義澄さんは関東に派遣されたものの伊豆に逗留《とうりゅう》することになった足利政知の子として、堀越御所で誕生したというわけです。一四八一年（文明十二）のことでした。ちなみに、堀越御所跡がある静岡県伊豆の国市は、源頼朝《みなもとのよりとも》の流刑先であると同時に北条政子《ほうじょうまさこ》の出身地です。

さて、義澄さんには、足利茶々丸《ちゃちゃまる》という四歳年上の兄が一人いました。この茶々丸、戦国時代好きでしたら一度は聞いたことがある名前かもしれません。一四九三年（明応二）に今川家の客将となっていた北条早雲《ほうじょうそううん》に攻め込まれて滅亡した人物で、北条早雲のサクセスストーリーの序盤によく登場してくるからです（ダメダメで残虐《ざんぎゃく》、傍若無人《ぼうじゃくぶじん》な殿様キャラにされがち）。

そのお話は今回省略させていただきますが、その足利茶々丸という兄がいたことから、義澄さんは将軍家の慣例（家督争いを防ぐため、基本的に嫡男《ちゃくなん》以外は出家させる）に基づいて出家することになり、一四八七年（文明十九）に生まれ故郷の伊豆を離れて京都に向かい、父がかつていた天龍寺の香厳院に入ったのです。この時、義澄さんは八歳。法名「清晃《せいこう》」と名乗りました。

こうして、堀越公方の家督争いを避けるために京都の寺院に入った義澄さんですが、皮肉なことに、本家である将軍家の家督争いにズブズブと巻き込まれていくのでした……。

○実権は〝魔法使い〟細川政元、操られるがままの将軍

将軍家の後継者として義澄さんの名前が挙がったのは、一四八九年（長享三）のことです。

この年、六角家《ろっかく》の征伐（「鈎の陣《まがり》」）を行っていた現職の将軍である足利義尚《よしひさ》が陣中で病死します。これを受けて、義澄さんは細川政元《ほそかわまさもと》（幕府の管領《かんれい》）に次期将軍候補として担がれることとなったのです。この時は、前将軍の足利義尚の母であり、前々将軍の足利義政（義尚の死の翌年に死去）の正室だった日野富子《ひのとみこ》が推薦した足利義稙《よしたね》が次期将軍となりました（就任時「義材《よしき》」）。

ところが、間もなくして日野富子と足利義稙が対立し始めると、幕府内部には再び義澄さんの将軍擁立《ようりつ》の動きが活発化していきます。

そして、一四九三年（明応二）に足利義稙が紀伊（和歌山県）の畠山基家《はたけやまもといえ》の討伐に向かって京都を留守にしている間にクーデター（「明応《めいおう》の政変」）が勃発《ぼっぱつ》しました。当初から義澄さんを擁立しようとしていた細川政元に日野富子が加わり、足利義稙を将軍職から追放して、義澄さんを将軍に据えたのです。

こうして義澄さんは細川政元の屋敷で還俗をして、はじめは「義遐《よしとお》」と名乗り、その三カ月後には「義高《よしたか》」と改名しました。そして、この翌年に元服《げんぷく》を迎えると、ついに室町幕府の第十一代征夷大将軍《せいいたいしょうぐん》に就任を果たします。義澄さんが十五歳の時でした。将軍となったものの、その就任過程でわかるように、擁立に多大なる貢献をした細川政元に実権を握られてしまい、義澄さんは政元に操られるままの〝傀儡《かいらい》将軍〟となり、翻弄《ほんろう》されてしまうのです！

この細川政元という人物は、前項にも書いた通り、修験道《しゅげんどう》オタクの顔を持っていました。『足利季世記《きせいき》』によると、外見は出家した山伏《やまぶし》のような風貌《ふうぼう》で、四十歳まで女性と関係を持たず、山岳信仰で有名な飯綱《いづな》や愛宕《あたご》の〝魔法〟を使っていたといいます。

義澄さんは、この自称〝魔法使い〟の重臣に将軍就任時からずっと振り回され続けます。

義澄さんの将軍就任の元服式の際に、加冠《かかん》（烏帽子《えぼし》を被《かぶ》らせる役）を務めることになった政元は「烏帽子を被りたくない」と駄々をこねて大事な式を一週間も先延ばしさせたり、事あるごとに、いきなり「出家する」とか「流浪の旅に出る」などと言い出して、義澄さんを困らせました。

このように、もともと不審な言動が多かった政元ですが、こうした姿を見せることによって、義澄さんや幕府の関係者に対して、誰が真の権力者であるかを示していたと考えられます。

ところが、義澄さんも黙ってはいません！

成長するにつれて、幕府の主導権を握ろうと細川政元を牽制《けんせい》し始めていくのです。

それを良しと思わない細川政元が、一五〇二年（文亀二）二月にいつものように隠居を申し出ると、義澄さんはこれをいつものように引き留めます。ところが、この後がいつもと違いました。同年の八月に今度は義澄さんが京都の岩倉の金龍寺に隠居と称して閉じこもったのです。

ここで義澄さんは、専横する細川政元に政治的な協力を求める五カ条を突きつけ、さらに実相院《じっそういん》の義忠《ぎちゅう》という僧侶の殺害を求めました。この義忠という人物は、何を隠そう足利義稙の弟であり、将軍後継者の有力候補でした。義澄さんは、細川政元と同様の手法で政元自身に政治的な要求をし、さらに将軍の地位を脅《おびや》かす存在である義忠を政元によって殺害させたのでした。

この結果、細川政元は義澄さんと対立したところで、他に将軍に擁立できる人物を失います。

そのため、義澄さんと細川政元は幕政の主導権争いのために対立しながらも、とりあえずの協力関係は継続していくことになりました。

この義澄さんの隠居未遂事件は、義澄さんが二十三歳の時のことでした。この年の七月（事件の前月）に名を「義高」から「義澄」に改めています（改名理由は公卿《くぎょう》に昇進して心機一転？）。

○ライバルの死でかえって窮地に？　はかない最期

老練な十四歳年上の魔法使いを相手に政争を繰り広げられるようになった義澄さんですが、そのライバルの死によって運命は一転してしまいます。

一五〇七年（永正四）六月に宿敵&重臣&魔法使いの細川政元が、細川家の後継者争いの中で家臣たちに暗殺されてしまったのです。これを機に細川家では内乱（「永正《えいしょう》の錯乱《さくらん》」）が起き、細川家のみならず、支えていた義澄さんの政権を弱体化させました。

すると、〝あの男〟が再び上洛《じょうらく》を目指してきました。

周防《すおう》の大内義興《おおうちよしおき》の許《もと》に亡命していた足利義稙です。前項にも書いた通り、この九年前の一四九九年（明応八）、越前《えちぜん》にいた足利義稙は、朝倉貞景《あさくらさだかげ》などの大軍を率いて上洛を目指しましたが、この時は健在だった細川政元の軍略によって退《しりぞ》けられていました。

しかし、二度目となった今回の足利義稙の上洛戦には、頼りになる細川政元がいません。そのため、足利義稙が大内義興の大軍を率いて上洛するという情報を聞いた義澄さんは、自分だけの力では守りきれないと判断して京都から逃走。近江の六角高頼《たかより》を頼って、朽木谷《くつきだに》（滋賀県高島市）に逃れた後、水茎岡山城《みずぐきおかやま》（滋賀県近江八幡市。九里《くのり》家の居城）を頼って落ち延びました。

その頃《ころ》、京都には大内義興の軍勢をバックアップとした足利義稙が入り、再び将軍となっています。そして、それと同時に義澄さんの将軍職は解かれてしまいました。

その後も義澄さんはなんとかして将軍に復帰しようと、この翌年に夜討ちが得意だった僧侶で忍者の円珍《えんちん》ら刺客四人を足利義稙の寝床に送り込み、暗殺を企てます。足利義稙に傷を負わせたものの、逆に刺客たちは斬《き》り伏せられ、この暗殺計画は失敗に終わりました。

また、細川澄元《すみもと》などのバックアップによって義澄さんは上洛戦を試みますが、その度に足利義稙をバックアップした細川高国《たかくに》や大内義興などに敗れています。

それでも諦《あきら》めなかった義澄さんは、最後の望みをかけて一五一一年（永正八）に京都で最終決戦を仕掛けることとしました。八月二十四日に起きた「船岡山《ふなおかやま》合戦」です。

足利義稙の陣営（細川高国、大内義興など）と義澄さんの陣営（細川澄元など）に分かれて戦った結果、義澄さん陣営の大惨敗となってしまいました。

しかし、義澄さんがこの決着を見ることはありませんでした。生まれつき身体《からだ》が強くなかったという義澄さんは、この決戦の十日前に流浪先の水茎岡山城で病死していたためです。三十二歳という若さでした。

義澄さんは、細川政元によって擁立されて傀儡となり、成長につれて自立を目指したものの、皮肉なことに政元が暗殺されたことを機に没落することになりました。義澄さんは、細川政元という自称〝魔法使い〟によって生み出された煙のような将軍だったのかもしれません。

室町幕府第十二代将軍

足利義晴

〈あしかがよしはる〉

時は戦国時代ど真ん中！
いつまで続く？　下剋上&兄弟ゲンカ

生没　一五一一（永正八）～五〇（天文十九）
在任　一五二一（大永元）～四六（天文十五）

将軍パラメーター

総合評価	E
統率力	D
政治力	E
人　望	D
知名度	E
対下克上	F

○父の急死で転がり込んだ将軍職

室町幕府の第十代将軍の足利義稙《あしかがよしたね》は〝流れ公方《くぼう》〟と呼ばれ、五十七年の生涯の半分以上の二十九年を本拠地となる京都以外で過ごしましたが、今回の主人公の足利義晴《よしはる》も負けていません！

義晴さんも、四十年の生涯の内、実に約半分の十九年を京都以外で過ごしています。生まれも京都ではなく近江《おうみ》（滋賀県）、亡くなったのもまた近江でした。

義晴さんが生きた時代は、いわゆる「戦国時代」（一般的に「応仁《おうにん》の乱」から始まるとされる）の真《ま》っ只中《ただなか》です。その時勢の中で将軍となった義晴さんは、家臣たちの下剋上《げこくじょう》に巻き込まれ、それがあれよあれよという間に弟（足利義維《よしつな》）との壮大な兄弟ゲンカに繋《つな》がってしまい、波乱の生涯を歩んでいくのでした。

そんな義晴さんが生まれたのは、近江の水茎岡山《みずぐきおかやま》城（滋賀県近江八幡《おうみはちまん》市）です。なぜ後に将軍となる男が京都ではなく、近江の小さな山城で生まれたかというと、父・足利義澄《よしずみ》のせいでした。

前項の最後にも触れましたが、父は足利義稙が周防《すおう》（山口県）の大内義興《おおうちよしおき》の大軍を率いて再上洛《らくじょう》する動きを見せたため、京都を落ち延びていました。結局、京都を奪還することはできずに亡くなった父でしたが、この城で二人の男子をもうけました。それが義晴さんと、後に将軍職をめぐる壮大な兄弟ゲンカを引き起こすことになる弟（兄だったともいわれる）の足利義維でした。

一五一一年（永正八）三月に生まれた義晴さんですが、それから五カ月後に父は亡くなります。それを受けて、それまで協力的だった近江の守護《しゅご》の六角高頼《ろっかくたかより》が足利義稙に味方する動きを見せました。そのため義晴さんは、父に味方してくれていた播磨《はりま》（兵庫県）の守護の赤松義村《あかまつよしむら》に保護されることとなります。赤松家は将軍に復帰した足利義稙と対立する形となりましたが、度重なる交渉の末に、翌年に足利義稙との間で和睦《わぼく》が結ばれることとなりました。「これで一安心！」となるところだったのですが、将軍家の御家《おいえ》騒動とは別のところで、さっそく下剋上に巻き込まれてしまいます。

赤松義村には「浦上村宗《うらがみむらむね》」という家臣がいました。この人物は、守護をサポートする守護代《だい》という役職だったのですが、赤松義村を幼少期から支えていたことから赤松家全体を牛耳《ぎゅうじ》るポジションとなっていました。よくある話ではありますが、赤松義村は成長して政治に参加し始めると、浦上村宗の存在がじゃまとなっていき、徐々に遠ざけ始めるようになります。

すると、これまたよくある話なのですが、浦上村宗は赤松義村に対して反旗を翻《ひるがえ》しました。これに対して、一五二〇年（永正十七）に赤松義村は討伐《とうばつ》軍を派遣するのですが、浦上軍はこれを撃退。逆に反撃を受けた形となった赤松義村は、ついに隠居に追い込まれてしまうのです。そして浦上村宗は、まだ八歳の赤松才若丸《さいわかまる》（義村の子、後の赤松晴政《はるまさ》）に家督を継がせました。こうして、浦上村宗の〝下剋上〟は大成功を収めました。

ちなみに、この下剋上劇で大活躍した浦上村宗の家臣に宇喜多能家《うきたよしいえ》という人物がいますが、これは後に豊臣《とよとみ》政権の五大老《ごたいろう》となる宇喜多秀家《ひでいえ》の曽祖父《そうそふ》で、北条早雲《ほうじょうそううん》や斎藤道三《さいとうどうさん》と並んで〝梟雄《きょうゆう》〟と称される宇喜多直家《なおいえ》の祖父です。ちょっと脱線しましたが、私は戦国武将が大好きなのでお許しを（笑）。

○足利×細川×三好のバトルロイヤル

さて、話を義晴さんに戻しますが、十歳となっていた義晴さんはこの下剋上の動乱に巻き込まれてしまいます。

赤松義村は、反旗を翻し浦上村宗を討つために大義名分の旗頭として、義晴さんを据《す》えました。しかし、兵力に勝る浦上軍に敗れたため、居城の置塩《おしお》城（兵庫県姫路市）を追われると、義晴さんもともに落ち延びることになりました。十歳の義晴さんからすれば、おそらく「何が何やら……」という状況だったことでしょう。

その後、義晴さんが播磨の国内を転々としなければならなかった頃《ころ》、京都で異変が起きました。一五二一年（永正十八）三月に足利義稙が京都を出奔《しゅっぽん》したのです。原因は管領《かんれい》の細川高国《たかくに》との対立でした（このあたりの詳細は「足利義稙」の項をご参照ください）。

そのため、細川高国は新たな将軍を擁立《ようりつ》しなくてはなりませんでした。その新将軍として白羽の矢が立ったのが、下剋上に巻き込まれ播磨を逃げ回っていた義晴さんだったというわけです。

細川高国は、播磨の実質的な支配者となっていた浦上村宗に義晴を上洛させることを依頼しました。ただ問題が一つ。義晴さんは赤松義村が預かっていたので、浦上村宗の許《もと》にはいません。そのため浦上村宗は、ひとまず赤松義村に忠誠を誓うということで和睦を結び、義晴さんを代わりに預かり上洛させることとしたのです。

こうして、少年・義晴さんが関与しないところでドロドロの政争が繰り広げられた結果、義晴さんは上洛して第十二代征夷大将軍《せいいたいしょうぐん》に就任することとなりました。義晴さんが十一歳の時のことでした。ちなみに義晴さんを手放した赤松義村は、政治的な力を失ったため、播磨の室津《むろつ》（兵庫県たつの市）で暗殺されています。首謀者はもちろん浦上村宗でした。

義晴さんは将軍となるために、浦上村宗率いる三万といわれる播磨からの大軍に守られて、七月六日に上洛を果たしました。その時の様子を公家《くげ》（鷲尾隆康《わしおたかやす》）は、日記に**「御容顔、美麗なり」（美しいお顔だ）**と記していますので、もしかすると、義晴さんはイケメンだったかもしれませんね。

その後、上洛した同月二十六日に「義晴」と名乗ります。そして、十二月二十四日に元服《げんぷく》を迎えると、その翌日に将軍に就任しました。流浪の日々から一転して上洛を果たすと、わずか五カ月で天下人となったわけです。

先ほどの公家は日記に**「不慮の御運で、誠に奇特だ」（思いがけない運で、とても不思議だ）**とも記しているのですが、三月に足利義稙が出奔、七月に上洛、十二月に将軍就任という天下の移り変わりに戸惑う世情だったようです。確かに〝超高速将軍交代〟ですね。これで『義晴さん―細川高国』政権は安泰!……となるわけもないのは、読者の皆さんはすでにお察しでしょう(笑)。

上洛から五年後の一五二六年(大永六)に細川高国が、自分の重臣である香西元盛《こうざいもともり》(自称魔法使いの細川政元《まさもと》〈前項「足利義澄」参照〉を暗殺した香西元長《もとなが》の養子とも)を謀反《むほん》の罪で暗殺する事件が起きます。これに反発した元盛の二人の兄弟(波多野稙通《はたのたねみち》、柳本賢治《やなぎもとかたはる》)が、細川高国に対して挙兵。

さらに細川高国にとって(擁立されている義晴さんにとっても)悪いことに、これに乗じた阿《あ》波《わ》(徳島県)の「細川晴元《はるもと》」や「細川澄賢《すみかた》」や「三好元長《みよしもとなが》」などが、阿波の細川家で養育されていた「足利義維」を奉じて挙兵したのです! といっても、「細川」だらけでよくわかりませんし、「三好」などの新しい名字が出てくるとパニックになりますね(笑)。まとめます!

義晴さん―細川高国　vs　波多野稙通・柳本賢治
足利義維―細川晴元・細川澄賢―三好元長

※1 細川晴元(細川澄元《すみもと》〈魔法使いの細川政元の養子の一人。同じく養子だった細川高国と敵対して敗れ、阿波に逃れていた〉の子) ※2 細川澄賢(細川政賢《まさかた》〈細川澄元に協力した細川一族。足利義澄を擁立するも船岡山《ふなおかやま》合戦で討ち死にした〉の子) ※3 三好元長(三好之長《ゆきなが》〈細川澄元の重臣。足利義澄の擁立に貢献するも細川高国に敗れて処刑される〉の孫。ちなみに、嫡男《ちゃくなん》には〝戦国最初の天下人〟と称される「三好長慶《ながよし》」がいる)

またまたちなみにですが、足利義稙（最後は逼塞《ひっそく》先の阿波で亡くなります）は義晴さんの父である義澄の宿敵ではありましたが、子どもがいなかったため、義晴さんとその弟の義維を養子に迎えています。こうして、宿敵だった義稙の養子となった兄弟（義晴と義維）が、家臣であるはずの細川家の内紛に巻き込まれた形となって、事態は壮大な兄弟ゲンカへと様相を変えていくのでした！

○京都を追われ、〝亡命幕府〟で政務を執る

一五二七年（大永七）に「桂川原《かつらかわら》の戦い」が起きて、細川高国と細川政賢の両細川軍が激突。細川高国は敗れました。これを受けて、義晴さんは京都から生まれ故郷の近江に逃れます。

この間、阿波からは細川晴元と三好元長が足利義維を奉じて堺《さかい》に上陸。足利義維が新将軍に就任する動きが見られました。

しかし、義晴さんは近江の六角定頼《さだより》らの軍勢を味方につけて勢力を挽回《ばんかい》！　その軍事力を背景に、細川晴元との和睦を試みました。交渉は上手《うま》く進み、義晴さんはすぐに京都に戻るのですが、和睦交渉に反して堺にいた足利義維が阿波に帰りませんでした。

そのため、和睦交渉は決裂。細川晴元を不審に思った義晴さんは翌年に再び京都を脱出して、室町幕府の奉公衆《ほうこうしゅう》である朽木《くつき》家を頼って朽木谷《くつきだに》（滋賀県高島市）に落ち延びることになりました。

「もう何を信じて良いかわからない！」そんな状況だったのかもしれません。

こうして、朽木谷に逃れた義晴さんは、当地で約二年半を過ごします。その時に邸宅に造った

見事な庭園は「足利庭園（旧秀隣寺《しゅうりんじ》庭園）」として興聖寺《こうしょうじ》に一部が残っていて、現在は国の名勝に指定されています。ちなみに、次にご紹介する義晴さんの息子の義輝《よしてる》（十三代将軍）も後に、当地に数年滞在しています。

この朽木谷から義晴さんは各地の大名に書状を送り、一応は将軍職をこなします。そして、堺にいる弟の足利義維（次期将軍と見られていたため「堺公方《くぼう》」や「堺大樹《たいじゅ》」と呼ばれていた。それに対して義晴は「江州《ごうしゅう》大樹」と呼ばれた〈江州は近江のこと〉）と対立する中で、再上洛を試みました。

ところが、ここで大事件が起きます！　義晴さんを支えていた細川高国が死んだのです。

義晴さんとともに近江に逃れていた細川高国は、仲間を増やすために諸国（伊勢《いせ》、越前《えちぜん》、出雲《いずも》、備前《びぜん》など）を巡《めぐ》っていたのですが、あまり良い返事は得られませんでした。ただ、あの浦上村宗（下剋上を成し遂げて義晴の上洛に貢献）が味方してくれることとなりました。

ところが、その最中で赤松晴政（かつての才若丸）が父の仇《かたき》である浦上村宗に反旗を翻したため、細川高国と浦上村宗の連合軍は、細川晴元と赤松晴政の連合軍に摂津《せっつ》の天王寺《てんのうじ》（大阪府大阪市）で大惨敗。浦上村宗は野里川《のざとがわ》（大阪府大阪市）で溺死《できし》し、細川高国は逃走先の尼崎《あまがさき》の広徳寺《こうとくじ》（兵庫県尼崎市）で自害に追い込まれてしまったのです。この一五三一年（享禄四）の「大物崩れ《だいもつくずれ》」と呼ばれる合戦で、義晴さんは強力な後援者を失ってしまいました。

これに前後して、細川晴元と手を組んだ北近江の浅井亮政《あざいすけまさ》（織田信長《おだのぶなが》の義弟・浅井長政《ながまさ》の祖父）が、朽木谷の義晴さんを攻めてきたため、義晴さんは近江の六角定頼の許《もと》に逃げ込みました。

この地で約三年間過ごすわけなのですが、六角家の居城の観音寺城《かんのんじ》（滋賀県近江八幡市）の麓にある桑実寺《くわのみでら》で亡命幕府を開いています。ちなみに、桑実寺は現在も同じ場所に残されています。

○京都へ戻るも再脱出……三度京都復帰のドタバタ劇

私も書いていてヘトヘトになってきましたが、義晴さんはこの後、京都に復帰するのでまだ筆は止められません（笑）。

義晴さんを保護していた六角定頼は、京都に義晴さんを復帰させるため、細川高国の死後から細川晴元との和睦交渉に乗り出します。これが功を奏して、一五三四年（天文三）に義晴さんは七年ぶりに京都に戻ることができました。

細川晴元はこれまでずっと「六郎《ろくろう》」と名乗っていたのですが、義晴さんの帰京の翌年に偏諱《へんき》（名の一字）を受けて「晴元」と名乗っています。

ちなみに、足利義維は支援者であった三好元長が、細川晴元や三好政長《まさなが》（詳しくは後述）と対立して追い詰められて自害したため、再び阿波の平島《ひらじま》に戻っていました。そのため「平島公方」と称されるようになりました。

また、帰京の二年後に嫡男の足利菊幢丸《きくどうまる》が京都の南禅寺《なんぜんじ》で誕生していますが、これが後の足利義輝になります。

さてさて、こうして『義晴さん—細川晴元』政権が樹立したわけなのですが、これもまたご想像の通りに、すぐに崩壊します（笑）。

まず一五四三年（天文十二）に細川氏綱《うじつな》が、細川晴元の打倒の兵を挙げます。また新キャラ登場ですが、細川氏綱は養父にあの細川高国、実父に細川尹賢《ただかた》（細川晴元に暗殺された）を持つ、いわば二人の父を細川晴元に殺された因縁の人物です。

義晴さんは、引き続き細川晴元を支持。しかし、三年後に情勢が不利となった細川晴元は丹波《たんば》（京都府）に逃れたため、京都は細川氏綱の軍勢に制圧されました。

この翌年の一五四七年（天文十六）になると義晴さんは、自分の身の危険を感じて慈照寺《じしょうじ》（銀閣寺）に入ります。そしてなんと、細川晴元を見限って、新たに京都に入った細川氏綱を支持する動きを見せたのです。

これが義晴さんの判断ミスでした。

これに怒った細川晴元が、阿波から家臣の三好長慶の軍勢三万を京都に送り込みます。この報《しら》せを事前に聞いた義晴さんは、勝軍地蔵山城《しょうぐんじぞうやま》（北白川城《きたしらかわ》、瓜生山城《うりゅうざん》とも）を改修して三好軍の襲来に備えました。

そして、同じ年に、細川晴元が六角定頼（心変わりをする義晴さんを見限って細川晴元に味方した）からも援軍を得て義晴さんに圧力をかけると、義晴さんは七月十九日の夜に戦うことなく勝軍地蔵山城に自ら放火。その火を明かりとして、近江の坂本（滋賀県大津市）に逃れることになったのです。

「さすがにもうこれで終わりだろう」と読者の方々は思われるでしょうが、そこは足利家のこと、期待（？）を裏切りません。義晴さんは細川晴元らと和睦を結んで、この翌年にまた京都に戻ります（笑）。

○〝剣豪将軍〟に後事を託し志半ばに世を去る

再帰京した義晴さんですが、またまた細川家の内輪揉《うちわも》めに巻き込まれます。

細川晴元が寵愛《ちょうあい》する家臣に「三好政長」（法名は「宗三《そうざ》」。所有していた「宗三左文字《さもんじ》」という刀は、後に今川義元《いまがわよしもと》が所有。その後「桶狭間《おけはざま》の戦い」の戦利品として「義元左文字」と呼ばれるようになり、織田信長のお気に入りの刀となった）という人物がいました。

この三好政長と激しく対立したのが、同じく細川晴元の重臣だった三好長慶でした。三好長慶は、父の仇である三好政長の排斥《はいせき》を狙《ねら》って、もはやおなじみのパターンですが（笑）、かつて敵対していた細川氏綱と手を結んで挙兵します。

義晴さん―細川晴元―三好政長 vs（足利義維）―細川氏綱―三好長慶

まとめると、こんな感じです。

一五四九年（天文十八）六月に両軍は摂津の江口《えぐち》（大阪府大阪市）で激突しました。この「江口の戦い」で、義晴さん方の細川晴元と三好政長は敗北。京都にいた義晴さんは、帰京した細川晴元とともに坂本に逃れ、三好政長は討ち死にしました。この戦いを経て、京都の政治は三好長慶が牛耳ることになっていきます。

こうして、またまた京都から落ち延びた義晴さんですが、まだまだ京都奪還を諦《あきら》めていませんでした。そのために、この年の十月に慈照寺の裏山に中尾《なかお》城を築城し始めます。この城は険峻《けんしゅん》な場所に築かれた天然の要害《ようがい》で、六年前に伝来したばかりの鉄砲の防備まで考えられていたといわれています。そして、この翌年の一五五〇年（天文十九）三月に京都奪還のために、坂本から穴太《あのう》（滋賀県大津市。石垣積み職人の穴太衆で知られる）に移ったのですが、かねてからの病気（水腫）が悪化して四十歳で亡くなりました。

また、前々から「辰《たつ》の日の辰の刻に死ぬ」と宣言していた義晴さんは、数日前から家臣たちに次のようなことを言い残していたといいます。

「義藤《よしふじ》（後の義輝）は天下を治むべき才能がある。幼い将軍に力をつけ、謀《はかりごと》をめぐらして威をふるわせてほしい」

そして、病の悪化で死期を悟った義晴さんは、自害して果てたともいわれています。

義晴さんは最後の最後まで下剋上に巻き込まれ、それにリンクする形で起きた兄弟ゲンカに振り回され続け、自分の力をほとんど発揮できずに人生を終えたのでした。

しかし！　自分では叶《かな》えられなかった夢を息子に託し……果たして、その夢は叶うのか——!?

次回『剣豪将軍義輝！　二条御所に散る……』！　絶対読んでくれよな！

……超ネタバレですね（笑）。

室町幕府第十三代将軍

足利義輝

〈あしかがよしてる〉

塚原卜伝直伝、剣の腕は超一流！
……が行き過ぎて辻斬り疑惑の剣豪将軍

生没　一五三六（天文五）～六五（永禄八）
在任　一五四六（天文十五）～六五（永禄八）

将軍パラメーター

総合評価	D
統率力	E
政治力	D
人　望	D
知名度	D
著者の義輝愛	SSS

○父・義晴の悲願を引き継ぎ、目指せ将軍！

私ごとですが、私が歴史を好きになるキッカケとなったのが、今回の主人公の足利義輝《あしかがよしてる》です！　理由は単純で「自分と同じ名前の歴史上の人物っているかな？」と調べて一番初めに出てきたからでした。

そして今回、ついに義輝さんの生涯を執筆できる（テーマは「ヘッポコ」ですが・笑）ということで、これほど嬉《うれ》しいことはありません！　義輝さんをすでにご存知の方もそうでない方も、ぜひお付き合いくださいませ。

さて、義輝さんは一五三六年（天文五）に京都の南禅寺《なんぜんじ》で誕生します。父は前項でご紹介した足利義晴《よしはる》。近江《おうみ》の桑実寺《くわのみでら》（滋賀県近江八幡市）に逃れていた父が、細川晴元《ほそかわはるもと》と和睦《わぼく》を結んで京都に戻ってきた時に生まれます。

幼名は「菊幢丸《きくどうまる》」といいました。ちなみに、この幼名に由来してか、この後に暮らすことになる京都の御所には、見る人を感動させるほど立派な菊が植えられていたそうです。

義輝さんの父は近江で生まれて近江で没しましたが、義輝さんは京都で生まれて京都で没しました。しかし、元服《げんぷく》をして将軍職を引き継いだ地は京都ではなく近江でした。

一五四六年（天文十五）に十一歳の義輝さんは、細川晴元との対立で京都から坂本（滋賀県大津市）に父とともに落ち延びていました。そのタイミングで日枝《ひえ》神社（現在の日吉大社）の祠官《しかん》である樹下成保《じゅげなりやす》の屋敷で元服《げんぷく》をします。当初は「義藤《よしふじ》」と名乗り、その翌日に室町幕府の第十三代将軍に就任をしました。父も十一歳の時に将軍に就任しており、それに倣《なら》って元服&将軍就任をしたと考えられます。

すぐに京都に戻ったものの、父とともに何度も近江に落ち延びています。その父は一五五〇年（天文十九）に京都奪還の悲願を義輝さんに託して穴太《あのう》（滋賀県大津市）で死去しました。

義輝さんは父の願いを達成するために、父が築いた中尾城（銀閣寺の裏山に位置する）に入って三好長慶《みよしながよし》（細川家の家臣）と戦闘を開始（「中尾城の戦い」）しますが、四万ともいわれる三好家の大軍になす術《すべ》なく、お城を自焼して細川晴元とともに近江に敗走しました。こうして父の弔《とむら》い合戦は失敗に終わり、義輝さんははじめ堅田《かたた》（滋賀県大津市）に、翌年の一五五一年（天文二十）には朽木谷《くつきだに》（滋賀県高島市）に落ち延びています。朽木谷は室町幕府の奉公衆《ほうこうしゅう》である朽木《くつき》家が領主を務め、京都を追われた父も暮らしたことがある足利将軍家ゆかりの地でした。

こうして、義輝さんは朽木谷で十代を過ごすことになったのです!……というわけではなく、〝足利将軍家あるある〟ですが、この翌年にすぐに京都へ戻ることになります（笑）。

○足利家のお家芸？　京都脱出……からの再奪還

義輝さんと細川晴元を京都から追い出したのは三好長慶ですが、長慶の本来の狙《ねら》いは、晴元の追放でした（前項「足利義晴」参照）。

そのため、義輝さんと敵対することは本意ではなかったので、管領《かんれい》に細川氏綱《うじつな》を起用することを条件に和睦を申し出ます。義輝さんはこれを受諾、京都に再び戻ることとなりました。

こうして『義輝さん―細川氏綱―三好長慶』政権が樹立しました。しかし、これまた足利将軍家のおなじみの展開ではありますが、すぐに政権は崩壊します。そのキッカケを作ったのは義輝さんでした。

政権から追放された細川晴元はこの時、若狭《わかさ》（福井県）に逃れていました。しかし、さすがは政権を牛耳《ぎゅうじ》った元管領、徐々に勢力を挽回《ばんかい》していき京都の三好家を脅《おびや》かす存在となっていました。

そうすると、義輝さんとその家臣たちも「引き続き、三好長慶と手を組むか」「再び細川晴元と手を組むか」で揺れ始めます。ここで義輝さんが選択したのは後者でした。

再び京都を目指す細川晴元と手を組んだ義輝さんは、一五五三年（天文二十二）に東山の霊山《りょうぜん》城（坂本龍馬《さかもとりょうま》や桂小五郎《かつらこごろう》の墓がある霊山墓地の裏山に位置する）に入城し、三好長慶との戦闘準備に取り掛かりました。

この義輝さんの行動に怒った三好長慶は、二万五千という大軍で迫り、義輝さんは細川晴元の軍勢ともども、完膚なきまでに打ち破られてしまいます。霊山城は三好軍によって焼き払われて落城、義輝さんはまたまた京都から敗走して、再び朽木谷に落ち延びました。
足利将軍家を通して言えますが、このパターンの逃走劇、何回やるのよ！　ちょっともう、お腹《なか》いっぱいです（笑）。

義輝さんはそれから、現在でいう大学生の期間にあたる十八歳から二十三歳の約五年間を朽木谷の岩神館《いわがみやかた》（現在の興聖寺《こうしょうじ》。父の時代に築かれた足利庭園の一部が残る）で過ごすこととなりました。ちなみにこの時、義輝さんの家臣で、後に織田信長《おだのぶなが》や豊臣秀吉《とよとみひでよし》、徳川家康《とくがわいえやす》に仕えることとなる細川藤孝《ふじたか》（後の幽斎《ゆうさい》。息子に細川忠興《ただおき》。子孫に元総理大臣の細川護熙《もりひろ》）も同行していたといいます。

朽木谷で潜伏生活を送ることになった義輝さんは、諸国を巡《めぐ》って武者修行していた〝剣聖〟の塚原卜伝《つかはらぼくでん》から剣術の指南を受けたといいます。「将軍はお飾りではいけない！　武家の棟梁《とうりょう》たるべくあろう！」、そう思って修行をしたのかもしれません。

修行の結果、義輝さんは塚原卜伝から奥儀の、「一の太刀《ひとつのたち》」を伝授されたといわれ、後に〝剣豪将軍〟と称されるようになったのです。

さて、一五五八年（永禄元《あきら》）になると義輝さんは京都に戻ろうと、ある人物と手を組みました。まだまだまだ復帰を諦めていなかった細川晴元です。

義輝さんは細川晴元の軍勢を引き連れて朽木谷を出陣して坂本に移動。そこから京都の勝軍地《しょうぐんじ》蔵山《ぞうやま》城に入って、三好軍との交戦（「白川口《しらかわぐち》の戦い」）を始めました。義輝さんの軍勢は三好軍を多く討ち取ったものの、それ以上に損失を出してしまったため、徐々に劣勢となってしまいます。

そのため、義輝さんは六角承禎《ろっかくじょうてい》（六角定頼《さだより》の子。実名は義賢《よしかた》。義輝に味方した近江の大名。後に織田信長に滅ぼされる）の仲介によって、三好長慶と和睦を結ぶこととしました。

この義輝さんの申し込みに対して、三好長慶の反応はかなり渋いものでした。それもそうです、五年前に義輝さんに裏切られているからです。しかし、結局は三好長慶が和睦を承諾したため、義輝さんは五年ぶりに京都に舞い戻る事ができたのです。

ちなみに、義輝さんにハシゴを外された形になった細川晴元は、この後も家臣だった三好長慶と対立を続けて挙兵します。しかし、三好長慶と和睦（実質的に敗北）した後に摂津《せっつ》の普門寺《ふもんじ》城（大阪府高槻《たかつき》市）に幽閉され、失意の内に死去しています。

○梟雄・松永久秀&三好三人衆との対立

京都に復帰した義輝さんは、各地の大名同士の争いの和平調停を行い、将軍の存在感を示し始めました。代表的なものを挙げると、一五五八年（永禄元）の武田《たけだ》晴信《はるのぶ》（後の信玄《しんげん》）と長尾《ながお》景虎《かげとら》（後の上杉謙信《うえすぎけんしん》）や、一五六〇年（永禄三）の島津《しまづ》貴久《たかひさ》と伊東《いとう》義益《よします》、同年の毛利《もうり》元就《もとなり》と尼子《あまご》義久《よしひさ》などです。

また、自らの偏諱《へんき》（名の一字）を授けることによって権威を示しています。偏諱を賜《たまわ》った大名には毛利〝**輝**《てる》〟元《もと》（元就の孫、後の五大老）、伊達《だて》〝**輝**《てる》〟宗《むね》（政宗《まさむね》の父）、上杉〝**輝**《てる》〟虎《とら》（後の謙信）、武田〝**義**《よし》〟信《のぶ》（信玄の長男）などがいました。

積極的に室町幕府と将軍の権威の復活を目指した義輝さんの許《もと》には、各地から大名たちが自らの統治の正当性を得るために、謁見《えっけん》を求めてきています。そのメンバーには織田信長や長尾景虎、斎藤義龍《さいとうよしたつ》（斎藤道三《どうさん》の長男）などがいました。特に長尾景虎こと後の上杉謙信は「義輝様からお召しがあれば、我が領国がどうなろうとも、領国を捨ててお守り致します」と義輝さんに述べています。

義輝さんが各地の大名との繋《つな》がりを強める一方で、政権を掌握していた三好家には暗雲が立ち込めます。続々と三好家の有力者が亡くなっていったのです。

一五六一年（永禄四）に十河一存《そごうかずまさ》（長慶の三番目の弟）が病死、一五六二年（永禄五）には三好実休《じっきゅう》（長慶の一番上の弟）が討ち死に、一五六三年（永禄六）には三好義興《よしおき》（長慶の嫡男）が病死、一五六四年（永禄七）には安宅冬康《あたぎふゆやす》（長慶の二番目の弟）が讒言《ざんげん》を信じた三好長慶自身によって殺害されています。

そして、三好長慶も心を病んで次第に病気がちとなり、一五六四年（永禄七）に病死しました。

この三好家の悲劇（合戦で討ち死にした三好実休以外）は、ある梟雄《きょうゆう》によって引き起こされたものだと噂《うわさ》されました。その梟雄の名を松永久秀《まつながひさひで》といいます。

松永久秀は出自が不明ながら、三好長慶の側近として頭角を現していき、政権を担うほどになっていました。そして、自分の出世の妨《さまた》げとなる三好家の一族たちを暗殺や讒言によって次々に葬っていったというのです。これは当時から噂されたようですが、どれも証拠はありません。

ちなみにですが、松永久秀はこの後に織田信長に仕えて二度の謀反《むほん》を試み、一度目は許され、二度目も許される予定だったのですが、赦免《しゃめん》の条件である平蜘蛛《ひらぐも》茶釜を織田信長に渡すことを拒み、最後は茶釜を破壊して天守に火を放って自害したといわれる人物です。

三好家の有力者がこの世を次々に去っていく中、政権はこの松永久秀と三好三人衆（三好長逸《ながやす》、三好政康《まさやす》、岩成友通《いわなりともみち》）が握っていくことになりました。

この四人は、各地の大名との結束を強め、三好家の打倒を謀《はか》る動きを見せている義輝さんを非常に警戒し、ついに武力行使に移すこととなったのです。いわゆる「永禄《えいろく》の変」です。

○刀を取り替え応戦、二百人を討ち取るも無念の最期

それは一五六五年（永禄八）の五月十九日午前八時頃《ごろ》のことでした。

三好三人衆と松永久秀の約一万の軍勢（松永久秀は大和《やまと》にいたため、軍を率いていたのは息子の松永久通《ひさみち》）は、義輝さんが居館としていた二条御所（現在の平安女学院のあたり）を襲撃します。

『足利季世記《きせいき》』によると、己の最期《さいご》を悟った義輝さんは、近臣たちと酒宴を開いて、近臣の舞を見ながら今生《こんじょう》の別れの盃《さかずき》を交わしたといいます。そして、義輝さんと近臣たちは三好軍に打って出ると、あっという間に二百人ほどを討ち取りました。しかし、多勢に無勢――追い詰められた義輝さんは畳の上に足利将軍家に伝わる名刀を何本も刺し、刃こぼれや血脂などで刀が使えなくなると、刀を取り替えて戦い、次々と三好軍の兵士を斬《き》り伏せます。三好軍は「さすがは将軍家よ」と恐怖のあまり近づけなくなったものの、一人の三好軍の兵士が戸の脇《わき》から槍《やり》で義輝さんを転ばせると、三好軍は障子を覆い被《かぶ》せて、上から槍で突き殺したといいます。

享年は三十で、次のような辞世の句を残したそうです。

「五月雨《さみだれ》は、露か涙か不如帰《ほととぎす》、我が名を上げよ（とげん）、雲の上まで」

この最期のシーンは、江戸時代以降に書かれたものなので、おそらくフィクションが大いに含まれているのですが、当時の宣教師のルイス・フロイスの『日本史』には「薙刀《なぎなた》を振るった後に刀を抜いて奮戦したが殺害された」というようなことが書かれているので、武家の棟梁たるべく刀を振るった後に討ち死に（もしくは自害とも）したことは事実に近いと思われます。

フィクション要素満載ですが、単純にカッコいいですよね、この逸話。私を歴史の世界にのめり込ませるキッカケを作ってくれた好きなエピソードの一つです！

○卑怯な暗殺を企て、辻斬りをする〝悪御所〟⁉

男らしい義輝さんの最期の逸話の後に恐縮なんですが、義輝さんには卑怯《ひきょう》と取られても仕方ない一面がありました。

まずは先に述べた、一五五三年（天文二十二）の「三好長慶から細川晴元への乗り換え」や一五五八年（永禄元）の「細川晴元の切り捨て」です。保身のために協力者であった家臣を一方的に見限っています。

次に、一五五一年（天文二十）の三月に、三好長慶の暗殺を二度も企てたという点です。

この年、義輝さんは「中尾城の戦い」で三好長慶に敗れて朽木谷に逃れていたのですが、憎き三好長慶を暗殺しようと京都に刺客を放っているのです。

一度目は刺客が見破られ襲撃の事前に捕縛されて処刑されたものの、二度目は襲撃に成功します。『足利季世記』などによると、伊勢貞孝《いせさだたか》（幕府の重臣）の屋敷で開かれた酒宴に三好長慶が招かれたことを知った義輝さんは近臣の進士賢光《しんじかたみつ》を刺客として送り込んだといいます。そして、参加者が酔い始めた頃合《ころあ》いを見計らい、進士賢光はいきなり抜刀して三好長慶に斬り掛かりました。二度突かれた三好長慶でしたが、この攻撃を咄嗟《とっさ》に躱《かわ》して、なんとか軽傷で済んでいます。『言継卿記《ときつぐきょうき》』によると、暗殺に失敗した進士賢光は、その場で自害して果てたそうです。裏切り行為に加えて暗殺計画を練られてしまっては、その後に三好長慶が義輝さんとの和睦を渋ったのも頷《うなず》けてきます。

また、その二カ月後には三好長慶の義父（妻の父）にあたる遊佐長教《ゆさながのり》が暗殺される事件が起きています。これは遊佐長教と仲が良かった僧侶の珠阿弥《じゅあみ》が三好家の敵に買収されて刺客となり、酩酊《めいてい》した遊佐長教を滅多刺《めったざ》しにして殺害したというものでした。この事件の黒幕とされているのも、義輝さんです。三好家の敵というと、すぐに連想されるのが義輝さんということで黒幕の有力候補に挙がっているのですが、こちらは証拠不十分となっています。ただ暗殺未遂の前科がある義輝さんならやりかねないというイメージはあったのでしょう。

暗殺計画以外にも、義輝さんの悪い噂はあります。それが「辻斬り疑惑《つじぎ》」です。

一六四四年（正保元）に成立した『戴恩記《たいおんき》』には、次のように記されています。

「大変な〝**悪御所**《あくごしょ》〟であり、刀に黒紙を巻いて闇夜に〝**辻斬り**〟を行った。三好家はその行いを恐れて義輝を討った」

なんと義輝さんは、夜に街に繰り出して辻斬りを行っていたというのです。そして、それが

「永禄の変」の原因だったとされています。本当だとしたら、フォローしきれない悪行です。

ただ、この『戴恩記』を記したのが、松永貞徳《ていとく》という人物であるということを考慮することも忘れてはいけません。「松永」という名字でピンときた方もいらっしゃると思いますが、松永貞徳は義輝さんの宿敵の松永久秀の孫（もしくは縁戚）といわれるお方です。そのため、祖父をフォローするためにあえてそのように書いた可能性も十分あるのです。

さらに、その後には「そんな人を守って二条御所で死ななかったからといって、細川幽斎様が批判される筋合いはない」というような内容を続けています。

細川幽斎は松永貞徳の歌の師匠にあたります。御所で討ち死にしなかった師匠に対して、わかりやすくゴマを擂《す》っています（笑）。

そのあたり考慮すると「辻斬り疑惑」のほうは〝バッサリ斬り捨てて〟良いかなと思います、剣豪将軍だけに……くだらないですね……すいません、介錯《かいしゃく》をお願いします（笑）。

室町幕府第十四代将軍

足利義栄

〈あしかがよしひで〉

一度も京都に入ること叶わず――"人生ずーっとアウェー"将軍

生没　一五三八（天文七）～六八（永禄十一）
在任　一五六八（永禄十一）二月～九月

将軍パラメーター

総合評価	F
統率力	F
政治力	F
人　望	F
知名度	G
上洛願望	S

○阿波生まれの超マイナー将軍

鎌倉・室町・江戸幕府の武家出身の歴代将軍の中でも、とりわけ知名度が低く影が薄いのが、今回の主人公の足利義栄《あしかがよしひで》でしょう。その理由としては、阿波《あわ》（徳島県）生まれで将軍となったものの、一度も本拠地である京都に入ることができなかったということと、義栄さんの幕府は約半年で崩壊してリベンジの機会もなく、すぐに病死したことが挙げられます。

歴代将軍で本拠地（鎌倉幕府＝鎌倉、室町幕府＝京都、江戸幕府＝江戸）に入ったことがない人物は義栄さんのみです。足利将軍家の菩提寺《ぼだいじ》である京都の等持院《とうじいん》には、義栄さんの木像はありません（十九歳で亡くなった第五代の足利義量《よしかず》の木像もない）。ちなみに、徳川慶喜《とくがわよしのぶ》（江戸幕府十五代将軍）も将軍就任時に江戸に入ったことはありませんが、元々は江戸で生まれ、将軍を辞《や》めた後も江戸（東京）で過ごしています。

義栄さんがなぜ阿波で生まれ育つことになったのかというのは、父である足利義維《よしつな》（足利義晴《よしはる》の弟、淡路《あわじ》に逃れた時から「足利義冬《よしふゆ》」と改名している）が阿波に渡ったためでした。このあたりは「足利義晴」の項をご参照ください！

さて、一五三八年（天文七）に阿波の平島館《ひらしまやかた》（徳島県阿南市《あなんし》）で生まれた義栄さんは、将軍になることを諦《あきら》めない父の許《もと》で育ちました。そんな義栄さんと父に大きなチャンス到来――一五六五年（永禄八）に現役の将軍である足利義輝が、三好《みよし》三人衆と松永久通《まつながひさみち》（松永久秀《ひさひで》の子）によって暗殺されたのです。いわゆる「永禄《えいろく》の変」です。そして、新たに将軍として擁立《ようりつ》されることになったのが「阿波公方《くぼう》（御所）」や「阿州《あしゅう》公方」と称されていた義栄さん（当時の名は義親《よしちか》）でした。

この時、義栄さんの父も存命だったのですが、あまり身体《からだ》が強い血筋ではなかったようで中風や咳気《がいき》を患《わずら》い、将軍就任は義栄さんに譲る形となっています。それでも、「息子が念願の将軍就任を果たせる！」という事実に心を躍らせたことでしょう。

そして、義栄さんは上洛《じょうらく》をしようとするのですが、さっそく暗雲が立ち込めてきます。

足利義輝を葬った三好三人衆と松永久秀が、政権の主導権を巡《めぐ》って対立を始めてしまうのです。両軍はついに激突し、河内《かわち》や和泉《いずみ》（大阪府）、大和《やまと》（奈良県）を中心に合戦が勃発《ぼっぱつ》してしまいました。そのため、義栄さんの上洛はひとまず延期となってしまいます。

○延期に次ぐ延期――上洛の日はまだか？

結局、この対立は三好三人衆に軍配が上がり、松永久秀は三好家から追放されました。

「これでいよいよ上洛だ！」という動きになり、一五六六年（永禄九）についに義栄さんは生まれ故郷の阿波を離れることになります。義栄さんが二十九歳の時のことでした。

義栄さんは阿波から淡路に渡った後、摂津《せっつ》に上陸して越水城《こしみず》（兵庫県西宮市）に入城します。さらに、普門寺城《ふもんじ》（大阪府高槻市《たかつき》。かつて細川晴元《ほそかわはるもと》が幽閉された三好家の城）に入って、目の前に迫った上洛に備えました。一五六七年（永禄十）に義親から義栄と改名した義栄さんは、『御湯殿《おゆどの》上日記《うえのにっき》』などによると「とんたのふけ（富田《とんだ》の武家）」と呼ばれ、周囲からも新将軍として認知されるようになりました。ちなみに「富田」は現在も大阪府高槻市に残る地名です。

ところが！　将軍就任寸前となってまた、暗雲が立ち込めました。

三好家の当主である三好義継《よしつぐ》が、松永久秀と手を組んだのです。この三好義継というお方は、前項で度々登場した三好長慶の養子（元は十河一存《そごうかずまさ》の実子だった）となって三好家を継いだ人物です。その重臣として三好三人衆と松永久秀がいたのですが、両者が対立する中で、三好義継は当初は三好三人衆を支持しました。つまりは——、

足利義栄——三好義継——三好三人衆　vs　足利義昭《よしあき》——松永久秀

ということになります。

しかし、三好義継は三好三人衆たちに家政を牛耳《ぎゅうじ》られることを嫌い、松永久秀に鞍替《くらが》えをしたのでした。あと、いきなり「足利義昭」（当時の名は「義秋」）を登場させてしまいましたが（笑）、このお方は、後の十五代将軍です。前将軍の足利義輝の弟にあたる人物で「永禄の変」の時に落ち延びて、当時は越前《えちぜん》（福井県）に逃れていました。足利義栄の将軍就任と現状の三好政権に反発する各地の大名たちは、新将軍に足利義昭を就けるように動き始めていたのです。

その足利義昭推しの陣営に三好義継が寝返ってしまったため畿内の政治は大混乱！　再び義栄さんの上洛は持ち越しとなってしまいました。

なんとかして将軍に就任したい義栄さんは、摂津の地から京都の朝廷との交渉を重ね続けます。

当初は将軍就任を拒否されたものの、一五六八年（永禄十一）の二月についに摂津の普門寺城にいながら第十四代将軍に就任を果たしたのです！　この時、義栄さんは三十一歳でした。

○ラッキーな将軍就任を果たすも、ついに京の地を踏めず！

将軍就任を果たした義栄さんの次の目標は、もちろん上洛です！

しかし、これまた雲行きが怪しくなってしまいます。今までで一番の暗雲かもしれません。

越前にいた足利義昭は、義栄さんの将軍就任の前年に、〝ある大名〟を頼って美濃《みの》（岐阜県）に移っていました。その人物こそ「織田信長《おだのぶなが》」でした。

美濃の斎藤龍興《さいとうたつおき》（斎藤道三《どうさん》の孫）を滅ぼした織田信長は、稲葉山《いなばやま》城を岐阜《ぎふ》城と改め居城とし、足利義昭の新将軍擁立の陣営に加わります。そして、足利義昭を保護していた越前の朝倉義景《あさくらよしかげ》が上洛の動きを見せないことを知ると、明智光秀《あけちみつひで》らを通じて足利義昭を替わって保護。義栄さんが将軍就任を果たした約半年後の一五六八年（永禄十一）九月に上洛戦を始めたのです！

「あと少しで上洛なのに、よりによって……」

義栄さんは、そんな心持ちだったかもしれません。

『義栄さん─三好三人衆』陣営は、近江《おうみ》の六角承禎《ろっかくじょうてい》と同盟を組みますが、六角承禎は織田軍勢に瞬《また》く間に敗北。義栄さんが頼りにする三好三人衆も、京都に迫った織田軍を前にしてほとんど戦うことなく城を放棄して、畿内から追放されてしまいました。

「阿波に戻って、兵気を養い、足利義昭の陣営に反撃に転じる！」

義栄さんの陣営はそういった方針だったでしょうが、ここでまたトラブルが起きます。義栄さんはあまり丈夫な身体ではなかったようで、この時は背中に腫物《はれもの》を患《わずら》っていました。そして、織田信長が上洛を果たした後（九月三十日）に普門寺城で急死してしまったのです。また、家臣の勧《すす》めで阿波に渡って療養しようとしたものの、渡海後（十月八日）に力尽きて撫養《むや》（徳島県鳴門市）で亡くなったともいわれています。義栄さんのお墓は、阿波公方の菩提寺《ぼだいじ》として知られる徳島県阿南市の西光寺《さいこうじ》に、阿波で没した足利義稙《よしたね》と父の足利義維とともに建立《こんりゅう》されています。

阿波で生まれたにもかかわらず、政変によって将軍就任を果たすという幸運を引き寄せた義栄さんでしたが、自身を擁立してくれた家臣たちの対立とライバル陣営の出現によって上洛の機会を失い、さらに病死してしまうという悲運を持ち合わせた唯一無二の足利将軍だったのです。

ここで一句！

「泡に立ち、弾《はじ》けて飛んだ、阿波公方」

阿波（泡）で生まれて富田（飛んだ）に移って没した義栄さんは「泡のように瞬く間に立ったものの、すぐに弾けて（松永久秀の別名が「松永弾正《だんじょう》」なので、そことも掛けたつもり・笑）消えてしまった泡のような将軍」というような意味合いで詠みました。まぁ、この一句は全然上手《うま》くないいんですが、義栄さんの要点はなんとなく押さえていると思いますのでお許しください（笑）。

室町幕府第十五代将軍

足利義昭

〈あしかがよしあき〉

生没　一五三七（天文六）～九七（慶長二）
在任　一五六八（永禄十一）～八八（天正十六）

織田信長との蜜月と破局！　室町幕府を滅亡させた〝最後の将軍〟

将軍パラメーター

総合評価	B
統率力	E
政治力	A
人　望	E
知名度	B
黒幕度	A

○次期将軍候補としては十四代・義栄を一歩リード

室町幕府の最後の将軍となったのが、今回の主人公の足利義昭《あしかがよしあき》です。織田信長《おだのぶなが》との繋《つな》がりが深く、安土桃山《あづちももやま》時代にドップリ関《かか》わってくることから、歴史好きに限らず知名度は高い足利将軍のひとりかもしれません。

ドラマや小説などでは、だいたい〝黒幕〟や〝謀略家〟のような腹黒なキャラで描かれることが多いお方です。それは、義昭さん自身を将軍に擁立《ようりつ》してくれた織田信長とラブラブな期間があった後にすぐ対立し、信長を滅ぼそうと裏で糸を引いたことが元ネタになっているような気がします。そして、結果的に自分が京都から追放されて、室町幕府はついに滅亡に至るのですが、それまでの義昭さんの紆余曲折《うよきょくせつ》の人生をちょっと覗《のぞ》いてみましょう。

義昭さんが生まれたのは一五三七年（天文六）でした。同い年には後に交流を持つ豊臣秀吉《とよとみひでよし》や前田利家《まえだとしいえ》（それぞれ別の年の説もあり）などがいます。また、父は十二代将軍の足利義晴《よしはる》で、兄には十三代将軍の足利義輝《よしてる》（義昭より一歳年上）がいました。

将軍職は兄が継ぐ予定だったので、無駄な家督争いを防ぐための風習で、義昭さんは六歳の時に興福寺《こうふくじ》の一乗院《いちじょういん》（奈良県奈良市）に入りました。出家した義昭さんは法名を「覚慶《かくけい》」といいました。こうして義昭さんは、僧侶として一生を終えるはずだったのですが、義昭さんが二十九歳となった一五六五年（永禄八）五月十九日に運命が一変します！

「永禄《えいろく》の変」が起き、兄が三好《みよし》家によって暗殺されてしまったのです。また、義昭さんには周暠《しゅうこう》という弟がいて、同じく僧侶となって京都の相国寺《しょうこくじ》の鹿苑院《ろくおんいん》にいたのですが、こちらもまた暗殺されています。義昭さんは興福寺にいたのですが、大和《やまと》（奈良県）で強力な権力を持っている興福寺を敵に回すことを恐れた三好家は義昭さんを暗殺することはしなかったため、義昭さんは命を奪われず、興福寺に幽閉されるだけで済みました。

ところが、ここから義昭さんの運命はさらに動き始めます。兄の元家臣だった細川藤孝《ほそかわふじたか》（後の幽斎《ゆうさい》）が、兄に代わって義昭さんを新将軍に擁立するために興福寺を密《ひそ》かに訪れて、義昭さんを脱出させたのです！　大和から近江《おうみ》（滋賀県）に逃れた義昭さんは、上杉謙信《うえすぎけんしん》（当時の名は「輝虎《てるとら》」）や武田信玄《たけだしんげん》、徳川家康《とくがわいえやす》（当時の名字は「松平《まつだいら》」）などに協力を要請しつつ、矢島（滋賀県守山市）の少林寺《しょうりんじ》に御所（矢島御所）を構えました。

翌一五六六年（永禄九）には還俗《げんぞく》して「足利義秋」と名乗ります。この頃《ころ》、阿波《あわ》（徳島県）からは足利義栄《よしひで》（義昭の従弟《いとこ》）が将軍職を狙《ねら》い上洛《じょうらく》の機会を窺《うかが》っていましたが、実は義昭さんのほうが先に左馬頭《さまのかみ》という官職に就任しています。この左馬頭は次期将軍と目される者が就任する役職だったため、流浪していた義昭さんですが、新将軍の有力候補とされていました（この半年後に足利義栄も左馬頭に就任しています）。

○織田信長と利害一致？　上洛を果たし将軍就任

また、このタイミングで義昭さんは、後に自分の人生を大きく動かすこととなる尾張《おわり》（愛知県）の新興大名の織田信長に、上洛に協力するように、すでに連絡を取っています。

ところが、織田信長はまだ美濃《みの》を手に入れることができていなかったため協力はできず、連絡を取った他の大名たちも周囲の大名との合戦に追われていたため、義昭さんの上洛は叶《かな》いませんでした。さらに悪いことに、矢島御所が三好三人衆の軍勢に襲撃されたり、保護してくれていた近江の六角《ろっかく》家が三好三人衆と通じているという噂《うわさ》が流れたりしたため、義昭さんは矢島御所を出て北に向かいました。

近江を離れた義昭さんは、はじめ若狭《わかさ》（福井県）の武田家を頼った後に、越前（福井県）の朝《あさ》倉義景《くらよしかげ》の許《もと》を訪れます。こうして義昭さんは、朝倉家の本拠地の一乗谷《いちじょうだに》にある安養寺《あんようじ》（福井県福井市）に仮の御所を構えて保護されることとなったのです。そして、翌年の一五六八年（永禄十一）四月に、義昭さんは元服《げんぷく》をして「義昭」と改名しました。

この頃は、義昭さんに特に焦《あせ》りがあった時期かもしれません。なぜなら、義昭さんの元服の二カ月前にライバルの足利義栄が十四代将軍に就任していたためです。

ところが、義昭さんを保護する朝倉義景は領地経営を優先し、上洛する動きを見せません。そのため義昭さんは、再び織田信長を頼ることとしました。この前年、織田信長はようやく美濃の斎藤龍興《さいとうたつおき》を攻め滅ぼしていたのです。こうして義昭さんは、美濃を訪れて立政寺《りゅうしょうじ》（岐阜県岐阜市）に入り、織田信長と会見をしました。

ちなみに、義昭さんと織田信長を仲介したという人物は、後に「本能寺《ほんのうじ》の変」を起こすことになる明智光秀《あけちみつひで》です。美濃生まれの明智光秀は、斎藤道三《どうさん》に仕えていたものの、斎藤道三が、対立した息子の義龍《よしたつ》（龍興の父）に滅亡に追い込まれてしまったため、諸国を巡《めぐ》った後に越前の朝倉義景に仕えていたといわれています（明智光秀の前半生はまだまだ謎《なぞ》多し！）。

さて、義昭さんの強力なバックアップとなった信長は、この年の九月に上洛のためにすぐに兵を動かしました。そして、近江の六角承禎《じょうてい》を瞬《また》く間に破り、京都から三好三人衆の軍勢を追い払って上洛を果たし、義昭さんを京都に招き入れたのです。義昭さんはこの時、三十二歳でした。

また上洛の途中、義昭さんは近江の桑実寺《くわのみでら》（滋賀県近江八幡市）に入っています。このお寺は、かつて父が、義昭さんと兄が生まれる前に仮の幕府を開いた、義昭さんとゆかりの深いお寺でもありました。おそらく義昭さんも、そのことを知っていたでしょう。志《こころざし》半ばで近江の地で亡くなった父と、謀反《むほん》によって討ち死にした兄のことを思っていたかもしれません。

上洛の翌月の十月十八日、義昭さんは第十五代将軍に就任を果たしました。

上洛した義昭さんは、本圀寺《ほんこくじ》（京都府京都市）を居館としていたのですが、将軍就任の翌年の一五六九年（永禄十二）の正月早々（一月五日）に義昭さんの命を脅《おびや》かす大事件が起きます。織田信長が本拠地の岐阜城に戻っていた隙《すき》を見計らって、三好三人衆らの軍勢が本圀寺に襲いかかったのです。いわゆる「本圀寺の変」です。

兄と同様に討ち死にの危機が迫ったものの、義昭さん自身も太刀を振るって戦うなどして、なんとか持ちこたえました。この急報を聞いた織田信長は義昭さんを救うために、大雪の中、岐阜から馬に乗って出陣して、普通だったら三日の道のりを二日で駆け付けたといいます。到着した時はわずか十騎であり、岐阜から従った織田家の家臣の中には凍死する者もいたそうです。

この奇襲を受けて、本圀寺では義昭さんを守り抜けないと判断した織田信長は、新たに義昭さんのために新御所（いわゆる「旧二条城」。現在、世界遺産となっている「二条城」は徳川家康が築いたものであり、義昭の時代の二条城は兄・義輝が襲撃された二条御所の跡地に築かれた。現在の平安女学院の周辺にあたる）を築きました。

○信長との〝連立〟政権——次第に募る信長への不満

義昭さんは、将軍就任直後に織田信長のことを「御父《おんちち》」と呼ぶなど、義昭さんと織田信長は求め求められの蜜月《みつげつ》の関係性であり『足利義昭—織田信長』政権が樹立しました。しかし、歴代の足利将軍のパターンと同じく、これも御多分に漏《も》れず、またすぐに崩壊するんですよね。

将軍中心の政治をしようとする義昭さんに対して、擁立した大名として政権を握ろうとする織田信長が不仲になり「本圀寺の変」から九カ月後の十月には、織田信長は義昭さんを見捨てて岐阜に戻ってしまいます。この時も明智光秀が仲介となって関係性はひとまず修復されるのですが、義昭さんは翌年の一五七〇年（永禄十三）に織田信長から次のような内容の五カ条の覚え書を突き付けられました。

「諸国の大名に義昭の書状を出す時には、**いちいち信長に報告**して、**信長の書状を添付**すること」

「これまでの義昭が出した命令は一度破棄して、改めて考えて信長に報告すること」

「将軍家に忠節を尽くした者に恩賞の土地を与えられないのであれば、信長が義昭の命令次第で領地を与えるべきこと」

「**天下の政治を信長に任せる**ことになった以上、義昭の命令がなくても信長は自分の判断で成敗を行うべきこと」

「天下が静謐《せいひつ》となったからには、朝廷に抜かりなくお仕えになること」

織田信長はまるで、束縛が激しい恋人のようです（笑）。当然、不満を覚えた義昭さんは、この束縛ルールをほとんど守ることはなく、両者はさらに対立を深めて行くのです。


義昭さんが織田信長と決定的な破局を迎えるのは、将軍就任から五年後の一五七三年（元亀四）のことでした。

この年のはじめに信長から、義昭さんに対する長文のダメ出しがまとめられた十七カ条の諫言《かんげん》書が突き付けられています。『信長公記《しんちょうこうき》』によると、その代表的な内容は次のようなものです。

「**諸国の大名と密かに連絡を取り合うのは良くない**。約束を守るように」

「最近、信長との関係が悪化したと噂《うわさ》になっている中、将軍家の重宝をよそへ移していることはとても残念である。信長が苦労して建造した御所（旧二条城）も無駄になってしまう」

「**信長と友好的な者に対して不当な扱いをする**のは、どういった理由があるのだろうか」

「義昭に仕える者の中で、よく働き、落ち度が何もない者が恩賞を受けられないと信長に泣き言を言いに来ている」

「諸国から金銀を集めているのに、幕府や朝廷のために使わないのはなぜだろうか」

「世間の人たちは義昭を欲深いと思っており、農民や町人に至るまで〝**悪御所**《あくごしょ》〟と呼んでいる。足利義教《よしのり》がそう呼ばれていたように。なぜそのような陰口を叩《たた》かれるのか、今こそよくお考えになったほうが良い」

つまり、織田信長に黙って諸国の大名と連絡を取り合ってあわよくば上洛を促し、自分の懐《ふところ》を温めるために諸国から金銀などを送ってもらって蓄え、その一方で自分の家臣たちには褒美《ほうび》を与えず、庶民からは〝悪御所〟とバカにされていたということです。この書状だけでなく他のものを読んでも感じますが、織田信長は直情型のキレやすい性格ではなく、結構細かくネチネチとした繊細《せんさい》なお方のように思えてきます（笑）。

○信長包囲網も腰砕け……壮絶さ＆華々しさ皆無、呆気ない室町幕府最後の日

さて、この翌月、義昭さんはついに織田信長に反旗を翻《ひるがえ》し、武田信玄や浅井《あざい》長政《ながまさ》、朝倉義景と連携《れんけい》し、さらに近江にて一向一揆《いっこういっき》を蜂起《ほうき》させるなど、これまでの憂《う》さ晴らしをするように、アンチ信長勢力を結集させていきます。この辺りの政治力は、実に見事です！　この時期に組まれたアンチ信長勢力を「第二次信長包囲網」と呼ぶこともあります。

ちなみに「第一次信長包囲網」と呼ばれるのは、義昭さんの上洛から二年後の一五七〇年（元亀元）から始まった石山本願寺《いしやまほんがんじ》、朝倉義景、浅井長政、三好三人衆などによる包囲網です。この時の黒幕も義昭さんといわれることがありますが、義昭さんは「姉川《あねがわ》の戦い」で織田信長に援軍を送っていますし（元々は自ら兵を率いて出陣する予定だった）、織田信長最大のピンチともいえる「志賀《しが》の陣」では比叡山《ひえいざん》に籠《こも》る朝倉義景に織田信長との和睦《わぼく》を勧告して実現させています。なので、この時はまだ義昭さんは、織田信長との政権維持を第一に考えていたと思われます。

さて、二条城で挙兵した義昭さんですが、頼りにしていた武田信玄は病を発症して進軍を止めてしまいます（四月に亡くなる）。織田信長は義昭さんとの和睦の道を探るも、交渉は決裂したため、二条城を大軍で取り囲んでいます。さらに、上京に火を放って焼き払い義昭さんにプレッシャーを与えると、大きな衝突もないまま、義昭さんは織田信長と和睦（事実上の降伏）を結ぶことになりました。

ちなみにこの時、義昭さんの家臣だった細川藤孝や明智光秀は、義昭さんを見限り織田信長に味方しています。「永禄の変」の後に命を賭《か》けて義昭さんを興福寺から救い出し、将軍擁立に大きく貢献した細川藤孝に見捨てられてしまったことを考えると、義昭さんの将軍としての器量を疑問視せざるを得ません。

とはいえ、これで一旦は平穏が訪れたかと思いきや、義昭さんは浅井長政や朝倉義景、石山本願寺、そして上杉謙信などと連絡を取り合い続け、和睦から三カ月後に一方的にそれを破棄して、再び挙兵してしまうのです！　この時、義昭さんは槇島城《まきしま》（京都府宇治市）に籠城《ろうじょう》したことから

「槇島城の戦い」と呼ばれています。二条城には義昭さんの家臣（三淵藤英《みつぶちふじひで》：細川藤孝の兄）が入っていたのですが、早々に降伏して開城。織田軍が続いて、義昭さんが籠る槇島城に迫ると、ほとんど戦闘という戦闘もないままに、義昭さんは息子の足利義尋《ぎじん》を人質に差し出して呆気《あっけ》なく降参しました。信長は義昭さんの命を取ることはせず、義昭さんの義理の弟にあたる三好義継《よしつぐ》（自身を擁立した三好三人衆から離反して織田家の家臣となっていた。正室が義昭の妹）の若江《わかえ》城（大阪府東大阪市）に送られます。

『信長公記』によると、義昭さんが京都を追放されて護送される時、無計画に自滅していった義昭さんがあまりに惨《みじ》めに見えたため、街道の人々は指を差して〝貧乏公方《びんぼうくぼう》〟と罵《ののし》ったといいます。

これをもって、足利尊氏《たかうじ》以降二百三十年以上続いた室町幕府は滅亡したとされています。鎌倉幕府は新田《にった》義貞《よしさだ》に攻められ「東勝寺《とうしょうじ》合戦」と呼ばれる壮絶な最後を迎え、江戸幕府は「大《たい》政奉還《せいほうかん》」という誰もが知るクライマックスを迎えていますが、室町幕府の最後はなんとも味気ないですね（笑）。なんだか、急にエンディングロールが流れてきた映画みたいです。「え？　終わったの？」みたいな。

この後、義昭さんは若江城からも織田信長に追われ、備後《びんご》の鞆《とも》（広島県福山市）に移って毛利《もうり》輝元《てるもと》（元就《もとなり》の孫）に保護されます。そして、懲《こ》りずに織田信長の打倒を目指して、各地の大名に挙兵を促して、なんと「第三次信長包囲網」を形成するに至ります。

しかし、上杉謙信が一五七七年（天正五）九月の「手取川《てどりがわ》の戦い」で織田軍に勝利を収めたも

の の、その六カ月後に病死。一五八〇年（天正八）には織田信長を十年苦しめてきた石山本願寺が和睦（事実上の降伏）を締結し、包囲網は崩壊を迎えました。

義昭さんは政治活動を鞆でも行い続けたことから、鞆での亡命政府は「鞆幕府」と呼ばれています。

その後も、義昭さんはしぶとく生き残っています。織田信長が亡くなり、豊臣秀吉が天下統一に向けて一五八七年（天正十五）に「九州征伐」で薩摩《さつま》（鹿児島県）の島津《しまづ》家を討つために九州に向かったときのこと。義昭さんは、鞆に立ち寄った豊臣秀吉と会見をしています。そして、その年の十月には、実に十四年ぶりに京都に舞い戻りました。この頃には、さすがに将軍として実権を握ることは諦《あきら》めていたようで、翌年の一五八八年（天正十六）に将軍を辞任しています。

その四年後の一五九二年（文禄元）には「朝鮮出兵」に従軍して、日本軍の本陣となった肥前《ひぜん》の名護屋《なごや》城（佐賀県唐津《からつ》市）を訪れています。特に何をしたわけではないのですが（笑）。

また晩年は、豊臣秀吉の御伽衆《おとぎしゅう》（相談相手）になって大坂で過ごし、豊臣秀吉が亡くなる前年の一五九七年（慶長二）に、腫物《はれもの》が原因で亡くなっています。六十一歳でした。

義昭さんの死に際して、醍醐寺《だいごじ》（京都府京都市）の三宝院《さんぼういん》の義演《ぎえん》は『義演准后《じゅごう》日記』に次のように記しています。

「近年は**将軍の名も蔑《さげす》まれる**ようになり、まさしく**有名無実に成り果てた**」

こうして足利将軍家は、静かにその役目を終えたのでした。

コラム

将軍よりもエラい？　各幕府の〝リアル権力者〟

◆鎌倉幕府…「執権《しっけん》」「連署《れんしょ》」「内管領《うちかんれい》」

執権とは幕府の政所《まんどころ》（財政担当組織）と侍所《さむらいどころ》（軍事・警察担当組織）の別当《べっとう》（トップ）を兼ねたポジションで、役職名は上皇や法皇に仕えて院政の実務を担当する院司《いんし》の別称に由来。

北条時政《ほうじょうときまさ》（北条政子《まさこ》の父）が初代執権に就任すると、その後は代々北条家が就任し、その歴代就任者は十六人。この北条家による政権運営は「執権政治」といわれています。中でも、執権を務める北条家の嫡流《ちゃくりゅう》（本家）を**得宗《とくそう》（家）**（徳宗とも）と呼びます。得宗の名は北条義《よし》時《とき》（時政の子。二代執権）の法名の徳宗（崇）に由来。北条義時から歴代七人（北条時政を入れて八人と数える場合も）の得宗家による政治は「得宗専制政治」と呼ばれています。また、得宗家に仕える有力な御家人《ごけにん》（家臣）は**内管領**と呼ばれる役職に任じられ、時に得宗家を凌《しの》ぐ権勢を振るったのです。執権に次ぐ重職で補佐役にあたる役職に**連署**があります。こちらも北条家の一門から任命され、北条時宗《ときむね》のように、連署を経てから執権に就く者もいました。

将軍 ―― 執権（得宗）―― 内管領
　　　　└ 連署

◆室町幕府…「三管領《さんかんれい》」「四職《ししき》」

「管領」とは室町幕府の将軍をサポートして政務を統括する将軍に次ぐ役職のこと。

幕府が開かれた当初は鎌倉幕府と同様に執事《しつじ》と呼ばれ、高師直《こうのもろなお》など足利《あしかが》家の古くからの家臣が任命されていました。この頃《ころ》はまだ足利家の家宰《かさい》という色が強いものでした。

その後、足利義詮《よしあきら》（二代将軍。尊氏《たかうじ》の子）が一三六二年（正平十七／貞治元）に斯波義将《しばよしゆき》を起用した頃《ころ》から、執事ではなく管領と呼び始めるように。はじめは有力大名の斯波家と細川《ほそかわ》家から管領が任命されていましたが、一三九八年（応永五）に足利義満《よしみつ》（三代将軍。義詮の子）が畠山基国《はたけやまもとくに》を起用して以降は、三つの家（斯波家、細川家、畠山家）から交替で出されることとなりました。この三家が**三管領**と称され、幕政で大きな影響力を持つことになるのです。

また、管領に次ぐ要職で、幕政の中枢を担ったのが**四職**。これは侍所（軍事・警察・裁判などを担当する役職）の所司《しょし》（トップ）に任じられた四つの家を指します。この四家とは山名《やまな》家・赤松《あかまつ》家・一色《いっしき》家・京極《きょうごく》家のこと。三管領と四職を総称して「三管・四職」と呼ぶこともあります。

この他に、財政を担う政所の**執事**（トップ）を世襲で担当した足利将軍家の側近の伊勢《いせ》家も、時に権力を握ることがありました。

将軍 ―― 管領（三管領） ―┬ 侍所・所司（四職）
　　　　　　　　　　　　└ 政所・執事

◆江戸幕府…「老中《ろうじゅう》」「大老《たいろう》」「側用人《そばようにん》」

老中とは将軍を補佐して、幕府の政務を統括する最高職のこと。江戸幕府の譜代《ふだい》大名（石《こく》高は二万五千石以上）から選ばれ、定員は四～五名の常置の役職でした。中でも家格の高い者は**老中首座**と呼ばれて権勢を振るいました。徳川家光《とくがわいえみつ》（三代将軍）の頃に老中という呼称が定着し始めます。当初は**年寄**《としより》と呼ばれ、他に**宿老**《しゅくろう》、**執政**《しっせい》など様々な呼び方をされていました。

また、老中の上位に臨時で置かれた最高職として**大老**がありますが、こちらは十万石以上の譜代大名から選出されました。徳川家綱《いえつな》（四代将軍）の時代の酒井忠清《さかいただきよ》、徳川家茂《いえもち》（十四代将軍）の時代の井伊直弼《いいなおすけ》が有名。

この他に、将軍の命令を老中に伝えたり、老中の意見を将軍に伝えたりする、将軍の側近の**側用人**も幕政で強い権力を握ることがありました。この役職は一六八一年（天和元）に徳川綱吉《つなよし》（五代将軍）が牧野成貞《まきのなりさだ》を起用したことに始まり、その後には柳沢吉保《やなぎさわよしやす》を抜擢《ばってき》しています。徳川家宣《いえのぶ》（六代将軍）、家継（七代将軍）の時代の間部詮房《まなべあきふさ》、徳川家治《いえはる》（十代将軍）の田沼意次《たぬまおきつぐ》が有名です。

将軍 ――（大老）―― 老中
└ 側用人

コラム

まだまだいる「イレギュラー」征夷大将軍❷

宗良親王《むねよししんのう》　時代：南北朝時代

後醍醐《ごだいご》天皇の皇子。兄に護良《もりよし》親王、弟に成良《なりよし》親王がいる。「南北朝の動乱」で南朝方として、信濃《しなの》（長野県）を本拠地に各地を転戦。一三五二年（南朝・正平七、北朝・文和元）に弟の後村《ごむら》上《かみ》天皇によって「征夷大将軍《せいいたいしょうぐん》」に任命される。一時的に北朝の足利義詮《あしかがよしあきら》（二代将軍）を京都から追い払い、関東では鎌倉を占領するなどしたが、その後は敗戦を重ねて劣勢となった。一三八五年（南朝・至徳二、北朝・元中二）に宗良親王が亡くなった後、南北朝の動乱は収束に向かい、一三九二年（明徳三）に足利義満《よしみつ》（三代将軍）によって「南北朝統一」が行われることとなる。

忠義王《ただよしおう》　時代：室町時代中期（後南朝）

「南北朝統一」で北朝と南朝の天皇を交互に立てるという「両統迭立《りょうとうてつりつ》」が約束されたが、その約束を旧北朝方が反故《ほご》にする。これに怒った旧南朝の後亀山《ごかめやま》法皇が吉野に移ると「後南朝」という勢力が誕生した。そのリーダー的存在だった忠義王は後南朝の「征夷大将軍」となったとされる。しかし、一四五七年（長禄元）に起きた「長禄《ちょうろく》の変」で、北朝に味方する播磨《はりま》の赤松《あかまつ》家の遺臣たちに襲撃されて殺害された。

徳川綱重《とくがわつなしげ》　時代：江戸前期

徳川家光《いえみつ》（三代将軍）の三男。徳川家宣《いえのぶ》（六代将軍）の父。甲府城（山梨県甲府市）の城主を務め「甲府宰相《さいしょう》」の異名で呼ばれた。兄の徳川家綱《いえつな》（四代将軍）が亡くなった後、弟の徳川綱《つな》吉《よし》（五代将軍）が跡を継いだが、嫡子《ちゃくし》がないまま亡くなったために、徳川綱重の子である徳川家宣が将軍となった。一六七八年（延宝六）に病死。その三十二年後の一七一〇年（宝永七）に「征夷大将軍」の官職が贈られた。死後に贈られた唯一の例である。

第三章
江戸幕府の征夷大将軍

「本能寺《ほんのうじ》の変」で斃《たお》れた織田信長《おだのぶなが》、その後継者・豊臣秀吉《とよとみひでよし》は征夷大将軍には就かず、将軍不在の時期が続く。

秀吉の死後、「関ヶ原の戦い」で勝利を収めた**徳川家康**《とくがわいえやす》は将軍となって江戸幕府を開く。家康は将軍職を**秀忠**《ひでただ》に譲った後も大御所《おおごしょ》として権力を握り、「大坂の陣」で豊臣家を滅亡させると、その翌年世を去った。

秀忠に続く**家光**《いえみつ》は、「参勤交代《さんきんこうたい》」や「鎖国《さこく》」など、これより先に続く政治体制を確立し、**家綱**《いえつな》を経て「生類憐《しょうるいあわ》れみの令」を発令した**綱吉**《つなよし》の治世となる。その法令を廃止した**家宣**《いえのぶ》を継いだ**家継**《いえつぐ》が夭逝《ようせい》すると、紀州《きしゅう》藩主から将軍となった**吉宗**《よしむね》が「享保《きょうほう》の改革」を行った。

家重《いえしげ》・**家治**《いえはる》の跡を襲った**家斉**《いえなり》は、老中《ろうじゅう》の松平定信《まつだいらさだのぶ》による「寛政《かんせい》の改革」の失敗はあったものの、大御所時代も含めて半世紀以上君臨。**家慶**《いえよし》の治世では、水野忠邦《みずのただくに》による「天保《てんぽう》の改革」は庶民からの評判が悪く挫折《ざせつ》。幕府の権威が揺らぎ始める時節、ペリー率いる黒船の艦隊が浦賀《うらが》に来航して開国を迫るという緊迫の状勢を迎える。

開国か？　攘夷《じょうい》か？――決断を迫られる中、政争に翻弄《ほんろう》された**家定**《いえさだ》・**家茂**《いえもち》が世を去ると、状況を打開する切り札として**慶喜**《よしのぶ》が登場するが、倒幕勢力を抑えるには時すでに遅し。「大政奉還《たいせいほうかん》」によって江戸幕府は滅亡し、約六百八十年続いた武家政権は終焉《しゅうえん》を迎えたのだった……。

江戸幕府初代将軍

徳川家康

〈とくがわいえやす〉

生没　一五四二（天文十一）～一六一六（元和二）
在任　一六〇三（慶長八）～〇五（慶長十）

「恨みは決して忘れない……」
神となった〃権現様〃の人間クサイ闇の顔!!

将軍パラメーター

総合評価	A
統率力	A
政治力	S
人　望	A
知名度	S
記憶力	A

○しぶとそうな〃タヌキ〃の意外に潔い〃切腹癖〃？

時代はいよいよ、江戸時代に突入です！

豊臣秀吉《とよとみひでよし》が一五九八年（慶長三）に亡くなると、豊臣家に仕えていた大名同士で次期政権の主導権争いが起こり、一六〇〇年（慶長五）にご存知「関ヶ原の戦い」が起きます。その天下分け目の戦いで東軍の総大将となったのが、豊臣政権の五大老の筆頭だった徳川家康《とくがわいえやす》でした。

そして、家康さんはその三年後の一六〇三年（慶長八）に征夷大将軍《せいいたいしょうぐん》に就任し、江戸に幕府を開くことになったのです。これが教科書などでもおなじみの「江戸幕府」の始まりですね。

その後、一六一四年（慶長十九）に豊臣家との「大坂冬の陣」が勃発《ぼっぱつ》。翌年の一六一五年（慶長二十）の「大坂夏の陣」で豊臣秀頼《ひでより》を切腹に追い込んで豊臣家を滅亡させ、徳川政権を確立しました。その翌年に家康さんは七十五歳で亡くなっています。

死後には「東照大権現《とうしょうだいごんげん》」として神格化されて、久能山《くのうざん》東照宮や日光東照宮などに祀《まつ》られて「神君」や「権現様」と呼ばれ、現代でも崇《あが》められ続けています。

確かに、江戸幕府の初代将軍となり、二百六十年以上にわたる平和を日本にもたらした家康さんが神様として信仰を集めるのは当然のことだと思うのですが、家康さんにも実はかなり人間クサイ一面がありました。

まず挙げられるのは「切腹癖」です。こちらは拙著『ポンコツ武将列伝』でもピックアップさせていただきましたが、家康さんはピンチが訪れると、室町幕府の初代将軍足利尊氏《あしかがたかうじ》と同じように、すぐに諦《あきら》めて腹を斬《き》ろうとする癖がありました。

たとえば一五六〇年（永禄三）の「桶狭間《おけはざま》の戦い」です。この時、今川義元《いまがわよしもと》の家臣として参戦していた十九歳の家康さんは、主君が織田信長《おだのぶなが》に討たれて敗走、故郷の岡崎城の近くにある大樹寺《だいじゅじ》（愛知県岡崎市）に逃れました。そして、将来を悲観した家康さんはその地で切腹をしようとしました。それを見た大樹寺の住職・登誉天室《とうよ》が「厭離穢土欣求浄土《えんりえどごんぐじょうど》（汚れた世の中を清浄な世の中に変えなければならない）」という教えを説いて説得したため、家康さんは切腹を思い留《とど》まったそうです。

また、一五八二年（天正十）の「本能寺《ほんのうじ》の変」の後もそうです。同盟相手（実際は主従関係に近かった）の織田信長が明智光秀《あけちみつひで》に討たれたことを知った四十一歳の家康さんは、三十四人の少ない家臣とともに堺《さかい》（大阪府堺市）にいたため、これまた将来を悲観して切腹をしようとしています。この時は側近の本多忠勝《ほんだただかつ》などに説得されて切腹を中止しました。そして、岡崎に戻って再起を図るために、いわゆる「神君伊賀越《しんくんいがご》え」を決行しています。

あと、先ほど触れた一六一五年（慶長二十）の「大坂夏の陣」でも、ひと騒動ありました。この合戦は家康さんが勝利を収めたわけなんですが、真田《さなだ》信繁《のぶしげ》（幸村《ゆきむら》）に本陣を強襲されて、一時的に敗走をしています。その時に何度も何度も「切腹する！」と言い出して周囲を慌《あわ》てさせますが、近くに仕えていた僧侶の勢誉《せいよ》が説得して思い留《とど》まりました。

私もすぐに投げ出したくなるタイプですが、家康さんも窮地《きゅうち》に陥ると「もう無理だ～！」とすぐに切腹をしようとしてしまう一面があったようです。しかし、その度に周囲の人間に助けられ支えられたことで、最終的に天下を取ったことを思うと、現代の我々も同僚や友人などは大切にしたほうが良いなと思えてきます。

この「切腹癖」は周囲の家臣たちのフォローを含めると良い話に分類されてくると思うのですが、この逸話とは別に、家康さんには過去の恨《うら》みを決して忘れない、人間クサイといえば人間クサイ、闇《やみ》属性の一面もありました。

○二十年以上前の発言をずっと根に持ち、敵将に切腹命令

家康さんは敵対した大名の家臣を処刑せずに再雇用することが度々ありました。たとえば、武《たけ》田《だ》家の元家臣に対してです。

〝甲斐《かい》の虎《とら》〟の異名で知られる名将の武田信玄《しんげん》は、大名として独立した家康さんとはじめは同盟を組んで、一五六九年（永禄十二）に駿河《するが》の今川氏真《うじざね》を甲斐と三河《みかわ》から挟撃して滅ぼしました。

しかし、その後は対立関係となって一五七二年（元亀三）の「三方《みかた》ヶ原《はら》の戦い」では、家康さん

は武田信玄にさんざんに打ち破られ、命からがら浜松城に逃げ帰っています。この敗走時に家康さんが恐怖のあまり脱糞《だっぷん》したという話はよく知られています。

その翌年、病死した武田信玄の跡を継いだのが武田勝頼《かつより》でした。武田勝頼も父に引き続いて家康さんと対立し、徳川家の領地を脅《おびや》かしました。しかし、一五八二年（天正十）に家康さんは織田信長とともに武田勝頼を滅ぼすことに成功します。この後、織田信長は武田家の元家臣たちを女子ども含めて皆殺しする無慈悲な方法を取りましたが、家康さんはそれとは対照的に元家臣を保護して徳川家に雇い入れているのです。

この武田の旧臣たちは家康さんのために「関ヶ原の戦い」や「大坂の陣」でも奮戦し、江戸城の西を守るために結成された八王子《はちおうじ》千人同心《せんにんどうしん》の中心的な存在となりました。「昨日の敵は今日の友！」。まさに家康さんの懐《ふところ》の深さを物語る有名なエピソードではあるのですが、この例外の逸話も残されています。

それは一五八一年（天正九）の時のお話。

先ほど、武田勝頼が徳川領を脅かしたと述べましたが、家康さんは武田勝頼（武田家を滅ぼしたためダメな武将といわれるが、なかなか強かった！）に大事な支城を一五七四年（天正二）に落とされました。それが高天神《たかてんじん》城（静岡県掛川市）です。「高天神を制する者は遠州（遠江《とおとうみ》）を制する」と謳《うた》われた重要なお城でした。

一度、武田勝頼に奪われた高天神城を家康さんは奪還することに成功します。その時、家康さんは高天神城に籠城《ろうじょう》した将兵たちを捕らえました。この捕虜となった将兵たちは家康さんの寛大な処置によって命を取られることはなかったのですが、ただひとりだけ切腹を命じられた男がいました。その男の名を「孕石元泰《はらみいしもとやす》」といいます。

なぜこの人物だけが切腹を命じられたのか……？　その原因はなんと、二十年以上も前に遡《さかのぼ》ります。

二十年以上前の十代の頃《ころ》の家康さんといえば、駿河の今川義元の許《もと》で人質として生活を送っていました。その時に屋敷が隣だったのが孕石元泰でした。

家康さんは生涯を通じて鷹狩《たか》りが大好きだったのですが、十代の頃から好きだったようで、この屋敷でよく鷹を放っていました。ところが、鷹が隣の孕石元泰の屋敷に糞を落としたり、獲物を落としたりすることが多かったそうです。家康さんはその度に、孕石元泰の屋敷を訪れて謝罪をしていたのですが、『東照宮御実紀《ごじっき》』などによると、孕石元泰は度重なる謝罪訪問にうんざりして次のように言ったといいます。

「三河の倅《せがれ》（家康さん）には、飽き果てたり！」

家康さんはこの一言を二十年以上経《た》っても忘れることはなく、恨みを持ち続けていました。個人的には、家康さんにもかなりの非があると思うのですが（笑）。

さて、話を高天神城の戦いに戻しましょう。高天神城を奪還した際に捕縛した城兵の中に、あの孕石元泰を発見した家康さんは、次のように述べたそうです。

「**あいつはかつて私に対して『飽き果てたり』と言った**者だから、暇《いとま》を取らせる。武士ならば**切腹しろ**」

かなり根に持っていたようです。「暇」というのは「解雇」や「退職」を意味するものなのですが、この後に続く「切腹」という言葉と同じく、私には「死ね」の意味に聞こえてきます（笑）。

○十年以上前の発言をずっと根に持ち、家臣に差別待遇

家康さんの家臣に関する逸話ですと、家宝を自慢する豊臣秀吉から「徳川家の宝は何か？」と聞かれた時に「三河の武士は宝を持つことはありませんが、あえて宝と言うとすれば、私に命を預けてくれる五百騎の家臣たちです」というように答えたという、家臣想《おも》いのイメージがあります。

ところが、ある一人の家臣に対して、長年の恨みを忘れていなかったという類《たぐい》の話が残されています。その家臣の名を「酒井《さかい》忠次《ただつぐ》」といいます。

酒井忠次は家康さんの父の代から徳川家（当時は「松平家《まつだいら》」）に仕えていた重臣の中の重臣であり、「桶狭間の戦い」後に家康さんの家老となり、その後は東三河の旗頭として家康さんを支え、徳川家のナンバー2ともいえる存在となりました。江戸幕府の創設に多大なる貢献をしたことから、後に〝徳川四天王〟や〝徳川十六神将〟の一人にも名を連ねています。

ところが、徳川家を揺るがすある事件を境目として、家康さんは忠次を恨むようになりました。それが一五七九年（天正七）の「松平信康《のぶやす》切腹事件」です。

松平信康は家康さんの後継者となるはずの長男だったのですが、織田家と徳川家の敵である武田家との内通を疑われて、織田信長に命じられて切腹することになった人物です。

武田家との内通が疑われた時、信長の本拠地である安土城《あづち》（滋賀県近江八幡市《おうみはちまんし》）に弁解に向かったのが酒井忠次でした。ところが、酒井忠次はほとんど弁解らしい弁解をすることができず、切腹命令が下されてしまったのです（織田信長の命令ではなく、家康さんが自発的に切腹を命じたという説もあります）。

この事件から十一年後の一五九〇年（天正十八）のこと。家康さんは滅亡した北条家に替わって、関東に移転しました。この時、関東の各地に徳川家の重臣たちが領地を与えられています。酒井忠次と同じく〝徳川四天王〟に名を連ねる井伊直政《いいなおまさ》は十二万石《ごく》、本多忠勝と榊原康政《さかきばらやすまさ》にはそれぞれ十万石、それに対して酒井忠次はわずか三万石でした（すでに隠居していたので表向きは息子の家次《いえつぐ》に与えられました）。

「この処遇はオカシイ！」ということで、酒井忠次は領地を増やしてもらうように家康さんに直《じか》談判《だんぱん》します。その抗議に対して、家康さんは次のような一言を残したといいます。

「お前でも、子は可愛《かわい》いか」

家康さんは、酒井忠次が十年以上前に織田信長の説得に失敗したことをずっと根に持っていたのです。まぁ、誰《だれ》にでもありますよね、絶対に忘れないあの時のあの話……（笑）。

江戸幕府第二代将軍

徳川秀忠

〈とくがわひでただ〉

生没　一五七九（天正七）～一六三二（寛永九）
在任　一六〇五（慶長十）～二三（元和九）

源頼朝に負けないほどの恐妻家！
妻・江が怖くて隠し子を認知できず

将軍パラメーター

総合評価	C
統率力	C
政治力	C
人　望	A
知名度	B
対正室	G

○人柄の良さはピカ一でも、合戦ベタを不安視された二代目将軍

徳川秀忠《とくがわひでただ》は一五七九年（天正七）に徳川家康《いえやす》の三男として生まれます。長兄の松平信康《まつだいらのぶやす》は秀忠さんが生まれた五カ月後に切腹し、五歳年上の次兄の結城秀康《ゆうきひでやす》は父から避けられていて後に豊臣《とよとみ》秀吉《ひでよし》や結城家の養子になったため、秀忠さんが父の後継者として扱われました。

父が将軍に就任してから二年後の一六〇五年（慶長十）に二十七歳の秀忠さんは父から将軍職を譲られて、二代将軍となります。その後は父が「大御所《おおごしょ》」となって政権を握ったものの、一六一六年（元和二）に父が亡くなった後は、秀忠さんによる将軍親政をスタートしました。

その後、弟（松平忠輝《ただてる》）や甥《おい》（松平忠直《ただなお》）、父の代から仕える重臣の本多正純《ほんだまさずみ》や外様《とざま》大名（福島《ふくしま》正則《まさのり》など）を改易《かいえき》や減封《げんぽう》に追い込んで大名たちを厳しく統制します。また、弟三人を尾張《おわり》（徳川義直《よしなお》）と紀伊《きい》（徳川頼宣《よりのぶ》）と水戸（徳川頼房《よりふさ》）に配置。外国との貿易を平戸港や長崎港に限定して「鎖国《さこく》」に繋《つな》がる外交政策を行うなど、幕府政治の地盤を固めていきました。

一六二三年（元和九）に四十五歳で嫡男《ちゃくなん》の徳川家光《いえみつ》に将軍職を譲った後も、父と同様に大御所となって政権を握り、まだ誕生したばかりの江戸幕府の基礎を築き上げています。

秀忠さんは『徳川実紀《じっき》』に「幼少の頃《ころ》から仁孝共謙《じんこうきょうけん》の徳を備え、どんなことでも**父の家康の教えを忠実に守り**、まったく**我《わ》が儘《まま》な振る舞いもなかった**」とあるように、思いやりがあって性格が穏やかな人物だったようです。

後に『常山紀談《じょうざんきだん》』では「**礼儀正しいが、普段は泥人形**のようだ」というように評されることもありましたが、父はそのような秀忠さんの性格を好み、一時的に発生した父の後継者争い（次男の結城秀康が徳川家の重臣たちに推された時があった）の折には「守成（創業の跡を継いで守り固めること）に相応《ふさわ》しい人物は秀忠である」と言って後継者に改めて指名したといいます。

人柄が優れていた秀忠さんですが「それだけでは後継者には相応しくない！」と考える家臣たちも多くいました。それにはキチンとした理由があります。それは秀忠さんが二つの合戦で大きなミスをしていたためです。こちらも拙著『ポンコツ武将列伝』で詳しくピックアップさせていただいているのですが、二つの合戦というのは一六〇〇年（慶長五）の「関ヶ原の戦い」と一六一四年（慶長十九）からの「大坂の陣」です。

「関ヶ原の戦い」では、秀忠さんは徳川家の精鋭部隊三万八千を率いて、中山道《なかせんどう》を通って参戦する予定でした。ところがその途上にある上田城（長野県上田市）を攻めた際に真田昌幸《さなだまさゆき》（幸村《ゆきむら》の父）に翻弄《ほんろう》されて落とすことができません。その最中に関ヶ原方面に急げという命令を父から受けたものの、川の氾濫《はんらん》などの不運も重なって結局「関ヶ原の戦い」には間に合いませんでした。

これを受けて父は大激怒。秀忠さんは弁解のための面会を求めましたが、父は病を装って拒否。周りの家臣の仲介によって、ようやく面会が叶《かな》い、なんとか許されています。秀忠さんは、この遅刻がトラウマになっていたのでしょう。それから十四年後に「大坂の陣」が勃発《ぼっぱつ》すると、江戸にいた秀忠さんは遅刻をしないように六万の軍勢を引き連れて、伏見《ふしみ》に向かいました。しかし、道中を急ぎすぎてしまい『当代記《とうだいき》』によると「供廻衆《ともまわりしゅう》を置き去りにして、武具や荷物も持っていなかった」という有様だったようです（笑）。秀忠さんの大軍は、とても戦うことができないヘトヘトの状態で伏見に辿《たど》り着いたそうです。当然、家康はこの時も大激怒していますが、父の推薦もあって、後継者として周囲から疑問視されていた秀忠さんですが、父の推薦もあって無事に二代将軍に就任したというわけです。

○仲睦まじいのは表面だけ？　正室・江の嫉妬に戦々恐々

合戦のスケジュール調整が下手《へた》だった秀忠さんですが、それに劣らぬほどの悩みのタネがありました。それが奥さんの「江《ごう》」です。

江は二〇一一年（平成二十三）に大河ドラマ『江〜姫たちの戦国〜』で上野樹里《うえのじゅり》さんが演じた主人公の女性です。父は近江《おうみ》の戦国大名の浅井長政《あざいながまさ》、母は美人で有名だったお市《いち》（織田信長《おだのぶなが》の妹）。長姉の「茶々《ちゃちゃ》（淀殿《よどどの》）」と次姉の「初《はつ》」と併せて「浅井三姉妹」と呼ばれることもあるので、ご存知の方も多いと思います。

一五九五年（文禄四）に秀忠さんはその江を正室に迎えました。当時、秀忠さんは十七歳、江は二十三歳という姉さん女房の夫婦でした。ちなみにこの結婚はどちらも再婚にあたります。

秀忠さんはこの五年前に上洛《じょうらく》して元服《げんぷく》を迎えた時に、十二歳で豊臣秀吉から偏諱《へんき》（名の一字）を賜《たまわ》り「秀忠」と名乗り、豊臣秀吉の養女の小姫《おひめ》（当時六歳）と結婚しています。この小姫は織田信雄《のぶかつ》（信長の次男）の娘なので、織田信長の孫にあたる女性でした。しかし、翌年に小姫が病死したため、江と再婚をしています。

一方、江は、十二歳で佐治一治《さじかずなり》（尾張の豪族）に嫁《とつ》いだものの豊臣秀吉《とよとみひでよし》の命令で離縁。その後、二十歳で羽柴秀勝《はしばひでかつ》（秀吉の甥）と再婚しましたが、夫が「朝鮮出兵」の従軍中に病死して未亡人となり、二十三歳の時に秀忠さんと三度目の結婚をしたというわけです。

二人はこの後、後の三代将軍の徳川家光《いえみつ》を含め、二男五女をもうけるなど一見すると仲睦《むつ》まじい夫婦でした。しかし、『徳川実紀』などによると、江は相当嫉妬《しっと》深い女性で、実際は秀忠さんは女性関係でかなり肩身の狭い思いをしているのです。

当時は側室《そくしつ》を持つことは当たり前ですし、将軍の後継者をつくるためにも、秀忠さんが側室をもうけるほうが良いに決まっています。しかし、江はかなりのヤキモチ焼きだったようで、秀忠さんが自分以外の女性と関係を持つことを許しませんでした。

それでも秀忠さんは、こっそりとこっそりと江にバレないように他の女性との逢瀬《おうせ》を重ねて行きます。

実は秀忠さんに初めてできた男子は徳川家光ではありません。徳川家光が誕生する三年前の一六〇一年（慶長六）に男子（徳川長丸《ちょうまる》）が誕生しているのです。これが江の逆鱗《げきりん》に触れました。

まずこの年には、江との間に三女の勝姫《かつ》が誕生しています。つまり、江が妊娠して側《そば》にいない隙《すき》を見て、他の女性に手をつけていたというわけです。そりゃ、怒られますわ（笑）。

男子の誕生を知った江は、その相手の女性を江戸城から追放処分としています。そして不思議なことに、この女性については「家女《かじょ》」とあるだけで名前や出自は一切残っていません。もしかすると、江に憚《はばか》った秀忠さんが抹消したか、嫉妬に狂った江が消させたのかもしれません。ちなみに、この男子は翌年に夭逝《ようせい》しています。「江が毒殺した!?」という見方もあるようですが、真相はわかりません。

○江の死後、やっと果たせた隠し子との再会

秀忠さんの浮気スキャンダルは「家女」だけではありません。それから十年後の一六一一年（慶長十六）に、江ではない女性から男子が誕生してしまうのです。その女性の名前は「お静《しず》」。武蔵《むさし》の板橋（東京都板橋区）の、百姓の娘とも大工の娘ともいわれている身分の低い女性でした。お静は、秀忠さんの乳母に仕えていた女中だったのですが、秀忠さんの目に留まり男子をもうけました。この妊娠に関して『玉輿記《ぎょくよき》』には、次のように記されています。

「御台所《みだいどころ》（江）は**いつも嫉妬深く**そのことを、**秀忠も気をつけていたが、思いがけず懐妊**してしまった」

なんだか、週刊誌を読んでいるような面白さがありますね（笑）。

この妊娠に慌《あわ》てた秀忠さんは、お静を側室とすることなく、江にバレないように信勝院尼《しんしょういんに》（家

康の側室の妹）の許《もと》にひとまず預けました。その後、男子（徳川幸松丸《こうまつまる》）が誕生すると、一六一三年（慶長十八）には江戸城の田安門《たやすもん》内に住む見性院《けんしょういん》（武田信玄の娘）に隠し子として養育されることとなります。もちろん、江が怖いので実子であるとは認知はしていません。

それから四年後の一六一七年（元和三）になると、秀忠さんは男子が成長するにつれて「これ以上隠せない……」「というか、もうバレてる？　ヤバい？」と思ったのか、七歳になった徳川幸松丸をお静とともに信濃《しなの》の高遠藩《たかとお》（長野県伊那《いな》市）の藩主である保科正光《ほしなまさみつ》（父は武田家の重臣）の許に送り、表向きは保科正光の子どもとされました。ちなみに、保科正光も信勝院尼と見性院と同じく、武田家にルーツを持つ人物でした。

さて、それから干支《えと》が一周して一六二九年（寛永六）を迎えると、十二年ぶりに江戸城を訪れた十九歳の徳川幸松丸と対面をしています。

なぜ面会ができたのか？　その理由は単純です。この対面の三年前に江が亡くなっていたためです。それを機に、秀忠さんは幸松丸を召し出して謁見《えっけん》し、さらにまだ会ったことがなかった兄の徳川家光と面会をさせたのです。なんだか、女性から総叩《そうだた》きされそうなトピックですね（笑）。

ちなみに、この秀忠さんの隠し子はその後元服して「保科正之《まさゆき》」と名乗ります。一六四三年（寛永二十）に会津藩《あいづ》（福島県会津若松市）二十三万石《ごく》の藩主となると、幕末まで続く会津松平家の祖として名君ぶりを発揮し、現在も会津地方では慕《した》われています。

まとめますと、秀忠さんみたいにバレやすい読者の方は浮気しないほうが良い……いや浮気は誰でもしないほうが良いということですね（笑）。

江戸幕府第三代将軍

徳川家光

〈とくがわいえみつ〉

将軍の意外な趣味は男色に女装!? 側室たちは、みんなワケあり

生没　一六〇四（慶長九）～五一（慶安四）
在任　一六二三（元和九）～五一（慶安四）

将軍パラメーター

総合評価	A
統率力	A
政治力	A
人　望	C
知名度	A
女子力	A

○暗い幼少期——春日局のバックアップで後継者争いに勝利

「関ヶ原の戦い」から四年後、一六〇四年（慶長九）に徳川秀忠《とくがわひでただ》と江《ごう》の次男として徳川家光《いえみつ》は誕生しました。長男の徳川長丸《ちょうまる》はすでに夭逝《ようせい》していたので、父と祖父（徳川家康《いえやす》）と同じ「竹千《たけち》代《よ》」という幼名を与えられ、将軍の後継者として扱われるようになります。

このまま将軍就任コースをひた走るかと思いきや、将軍の子といえども、そう簡単に物事は進みません。家光さんの誕生から二年後に同母弟の「徳川忠長《ただなが》」（幼名は「国松《くにまつ》」）が誕生します。

この弟の誕生が、家光さんの心に影を落とすこととなるのです。

弟は容姿が美しく利発なお子さんだったそうなのですが、それに対して家光さんは、疱瘡《ほうそう》を患《わずら》ったせいで顔にはアバタが残ったこともあって容姿は優れておらず、また生まれながらに病弱で吃音《きつおん》の症状もあり、性格が暗かったそうです。

そのため『武野燭談《ぶやしょくだん》』などによると、母は家光さんではなく、弟を後継者として据《す》えようと考

えていたといいます。どの時代にもよくある後継者争いですね。

家光さんのこのピンチに立ち上がったのが、あの有名な「春日局《かすがのつぼね》」です。春日局は家光さんの乳母を務めていたのですが、家光さんが後継者レースから外れてしまっては、自身や縁戚の出世が叶《かな》わないということで、駿河《するが》（静岡県）で隠居していた徳川家康に直談判《じかだんぱん》して、家光さんを後継者として決定させたといいます。

ちなみに、徳川忠長は将軍になった家光さんによって、不行跡（殺生が禁止の山で猿狩りをした、など）を咎《とが》められ、改易《かいえき》となった後に切腹を命じられて二十八歳で亡くなっています。

さて、家光さんは後継者に決定したものの、母からの愛を受けられないため幼少期から精神を病んでいってしまいます。そして、『春日局譜略』によると、一六一五年（元和元）の十二歳の時に両親が自分を不必要なものとして考え、生きているのが嫌《いや》になり、なんと自殺未遂を起こします。この時は春日局が事前に気づいて止めたため、事なきを得たそうです。

複雑な家庭環境で育った家光さんは、それが影響してか、将軍後継者としては変わった性癖を持ちました。それが男色と女装癖だったのです。

○度重なる小姓との恋愛トラブル、そして寵臣との純愛の最期

男色は、日本では奈良時代から明治時代初期まであった一般的な文化であり、現代でも肯定すべきものではあるのですが、家光さんの男色好きは周囲を困惑させるほどの極端なものでした。

家光さんの男色相手はもっぱら小姓《こしょう》。つまり、自分の身の回りの世話をする、大名の息子たち

がお相手でした。そして、家光さんは男色にハマりすぎて、女性とは関係を一切持とうとしなかったのです。また、女性への変身願望があったのか、自室に引きこもっては化粧をして女装をする趣味もあったといいます。

しかし、家光さんはいずれ将軍となりますので、後継者を作らないというのは大問題になってしまいます。養子を取って後継者とするパターンもありますが、それが壮絶な後継者争いに繋《つな》がることは、これまでの歴史が物語っているところです。

そういった問題を抱えながらも、一六二三年（元和九）に二十歳となった家光さんは第三代将軍に就任を果たしました。そして、その二年後の一六二五年（寛永二）に二歳年上の鷹司孝子《たかつかさたかこ》（公卿《くぎょう》の鷹司信房《のぶふさ》の娘）と結婚をすることになります。

しかし、男色好みの家光さんは妻に一切興味を見せなかったため『以貴小伝《いきしょうでん》』には次のように記されています。

「夫婦仲は睦《むつ》まじくなかったためであろうか。御子などもおらず、よそよそしい様子で日々を送っていたと聞いている」

二人は江戸城内で別居状態となり、子どもが生まれることはありませんでした。

これに前後しますが、家光さんの極端な男色好きを物語る逸話が『徳川実紀《じっき》』にあります。

家光さんは十六歳の時に坂部五左衛門《さかべござえもん》という小姓を浴室で斬《き》り殺しています。この小姓は幼少期から家光さんに仕えていた、いわば幼馴染《おさななじみ》に近いような人物で、家光さんの男色相手だったといいます。この日、浴室で坂部五左衛門が**別の小姓と戯《たわむ》れているのを目撃**してしまった家光さんは、**嫉妬《しっと》に狂って**なんと、その場で**手討ち**にしてしまったというのです。

また、家光さんは、小姓の屋敷に夜な夜な**出掛けて夜這《よば》いをすることが好き**だったのですが、そのお気に入りの小姓に三歳年下の酒井《さかい》重澄《しげずみ》という人物がいました。特に寵愛《ちょうあい》されていたので、十代という若さで下総《しもうさ》の生実《おゆみ》に二万五千石《ごく》を与えられて大名となっています。ところが、しばらく後に酒井重澄は家光さんから突然の改易処分を下されてしまいました。この時、酒井重澄は病気で療養中ということだったのですが、その間に**正室や側室との間に四人の子どもをもうけ**てしまったことから、**家光さんの嫉妬を買って**しまい、**改易となった**といわれています。

また、お気に入りの小姓から大名に大出世した人物に堀田《ほった》正盛《まさもり》（末裔《まつえい》には日米修好通商条約でアメリカ総領事のハリスと交渉をした幕末の佐倉藩主の堀田正睦《まさよし》がいる。佐倉城跡にハリスと銅像が並んで立っている）がいます。このお方は一六五一年（慶安四）に家光さんが死去した時に殉死《じゅんし》（主君の後を追って死ぬこと）をしています。切腹する際は普通、片肌を脱いで行うのですが、堀田正盛は違いました。他の男たちに裸を見られてしまっては家光さんとの操《みさお》を守れないということで、脱がずに切腹をしたといいます。男色は本当に命がけです。

○父・秀忠を無視？　祖父・家康を崇めて「二世」を名乗る

家光さんは将軍に就任したものの、政治は大御所《おおごしょ》となった父が行っていました。しかし、一六三二年（寛永九）に父が亡くなると、祖父の徳川家康を目標に置いて自らを「二世権現《ごんげん》」や「二世将軍」と称した家光さんによる将軍親政が始まります（なぜか父の徳川秀忠は無視されている・笑)。

一六三五年(寛永十二)に「武家諸法度《ぶけしょはっと》」を改定して「参勤交代《さんきんこうたい》」を制度化し、一六三七年(寛永十四)に「島原《しまばら》の乱」(島原・天草一揆《あまくさいっき》)を鎮圧して、キリスト教の禁教政策を強化。一六三九年(寛永十六)にポルトガル船の来航を禁止し、一六四一年(寛永十八)にオランダ商館を出島《でじま》(長崎県長崎市)に移して、いわゆる「鎖国《さこく》」を完成させました。

将軍としては江戸幕府の制度や権威を確固たるものにした実績があるのですが、やはり将軍になってからも、プライベートを仕事に持ち込んでしまう側面がありました。

家光さんには十三歳の時から三人の守役《もりやく》(教育係)が付けられていました。その内の一人に青山忠俊《あおやまただとし》(父は徳川家康の重臣の青山忠成《ただしげ》。東京都港区の「青山」という地名は、この青山忠成の屋敷があったことに由来するといわれる)という人物がいました。この青山忠俊は、小心で内気な家光さんを将軍に相応《ふさわ》しい人物に変えるために厳しく教育しています。

『名将言行録《めいしょうげんこうろく》』(後世に書かれたためフィクション要素多し!)によると、ある時、家光さんが流行《はや》りの短い羽織を着て、髪を白い紙(細長く裂いたもの)で結んで出掛けようとすると、青山忠俊は「みっともない格好をするな!」とばかりに家光さんに摑《つか》み掛かって、その白い紙を引き抜いてしまったそうです。また別の時、家光さんが自室で合わせ鏡を使って化粧をしているのを偶然見つけると忠俊は「そんなはしたないことをしていたら、天下が乱れます!」と鏡を取り上げて庭に投げつけたといいます。

身分が高い人にとって注意をしてくれる人間というのは必要不可欠だと思うのですが、青山忠俊を鬱陶《うっとう》しく思っていた家光さんは、将軍就任から三カ月後に青山忠俊を追放（老中《ろうじゅう》を免職）して減封《げんぽう》処分を下してしまいました。

ところがその後〝あること〟を機に丸くなった家光さんは青山忠俊に再出仕を命じますが、青山忠俊が遠慮して辞退したため、代わりにその息子の青山宗俊《むねとし》が幕府の要職に就任しています。

ちなみに、その〝あること〟というのは、一六四一年（寛永十八）の待望の男子（後の徳川家《いえ》綱《つな》）の誕生でした。あの、女性に興味がなかった家光さんに男子が誕生!?

そこには、春日局の地道な努力があったのです。

○男色から女狂いへ大転換――その裏に石田三成との不思議な〝縁〟

将軍に就任してから十年以上、未《いま》だに子どもがいなかった家光さん。困った春日局は、家光さんが気に入りそうな女性をスカウト（主に街中で！）するという非常手段を取ることにしました。

そして、春日局の遠い親戚にあたる「お振《ふり》の方」と呼ばれる女性を江戸城の大奥《おおおく》に入れて、家光さんに近づける（男装させて近づけたとも）と、狙《ねら》い通りに家光さんの手が付いて、一六三七年（寛永十四）についに第一子である女子（千代姫《ちよひめ》）が誕生しています。

ちなみに、お振の方の父は蒲生《がもう》氏郷《うじさと》に仕えていた岡吉《おかきち》右《え》衛門《もん》といわれているのですが、岡吉右衛門の母は石田《いしだ》三成《みつなり》（個人的に一番好きな武将！）の娘にあたるので、お振の方は**石田三成の曾《ひ》孫《まご》**にあたります。「関ヶ原の戦い」において相見《あいまみ》えた東軍の徳川家康の孫と、西軍の石田三成の曾孫が夫婦となるなんて、当時は誰《だれ》も想像だにしなかったでしょうね。

ちなみに、徳川家綱を生んだのは「お楽《らく》の方」という人物です。お楽の方は、**浅草の古着屋の娘さん**（当時の名は「お蘭《らん》」）で、**父が犯罪者**（禁猟地で鶴を捕って死罪となっていた）というワケあり女性でした。浅草観音に参拝した春日局が、お楽の方に声を掛けて大奥に招いたそうです。

また、家光さんの四男には徳川綱吉《つなよし》（五代将軍）がいますが、この徳川綱吉を生んだのは「お玉《たま》の方」という人物です。京都出身のお玉の方は、関白《かんぱく》（二条光平《にじょうみつひら》）の家司《けいし》（本庄宗利《ほんじょうむねとし》）の娘とされていますが、『玉輿記《ぎょくよき》』などによると、実は**八百屋（仁右衛門《にえもん》）の娘さん**だったともいわれています。大奥に女中として仕え始めると、家光さんが気に入って側室《そくしつ》として徳川綱吉が生まれました。このシンデレラストーリーから誕生したといわれる慣用句が**「玉の輿《こし》に乗る」**だという俗説があります。「玉」はもちろん「お玉の方」のことで、「輿」は江戸まで「輿に乗った」ことに由来するそうですが、どうやら伝承に過ぎないようです。ただ、お玉の方は出身地近くの今宮《いまみや》神社に多くの寄進を行ったことから、別名「玉の輿神社」といい恋愛成就《じょうじゅ》の聖地として人気を集めています。

さて、家光さんはその他にも、元々は慶光院《けいこういん》（伊勢《いせ》神宮に付属する尼寺《あまでら》）の尼さんだった女性を還俗《げんぞく》させて側室にしたり（お万《まん》の方）、京都の町人の娘で大奥のお湯殿《ゆどの》（入浴時の世話係）を務めていた女中を側室にしたり（お夏《なつ》の方）と、それまでの男色狂いがウソのように女性と奔放《ほんぽう》に関係を持つようになりました。そのキッカケを作ったのが、お振の方といえるわけなんですが、石田三成の血筋の姫が、かつての宿敵である徳川家康が創った江戸幕府を事実上救ったなんて「歴史には不思議な巡《めぐ》り合わせがあるなぁ」と勝手に楽しくなってしまいます。

江戸幕府第四代将軍

徳川家綱

〈とくがわいえつな〉

生没　一六四一（寛永十八）〜八〇（延宝八）
在任　一六五一（慶安四）〜八〇（延宝八）

付いたあだ名は「左様せい様」！
政治スタイルは〝ほぼほぼ人任せ〟？

将軍パラメーター

総合評価	D
統率力	E
政治力	E
人　望	C
知名度	E
優男《やさお》度	A

○キナ臭い世情の中、十一歳で将軍就任

江戸幕府というと、初代（徳川家康《とくがわいえやす》）から三代（徳川家光《いえみつ》）までは有名で、五代の徳川綱吉《つなよし》も「生類《しょうるい》憐《あわ》れみの令」で知られているのでメジャーな将軍ですが、間に挟まれた徳川家綱《いえつな》はあまり知られていないかもしれません。

家綱さんは、一六四一年（寛永十八）に徳川家光の長男として生まれたお方（幼名は「竹千代《たけちよ》」）で、徳川綱吉は弟にあたります。前項にあるように、家綱さんは江戸幕府にとって待望の男子でした。父と同じく生まれつき病弱だったため、生後すぐに大病を患《わずら》ってしまいますが、父が二十人ほどの医師を呼んで、あの手この手で治療したことにより、命に別状はありませんでした。その後は、次期将軍となるために、大奥で大事に大事に育てられています。

ところが、ここで幕府にトラブルが……！

一六五一年（慶応四）に現役将軍である四十八歳の父が病死してしまうのです。これを受けて、

家綱さんは第四代将軍に就任することになるのですが、家綱さんはこの時まだ十一歳でした。ちなみに、家綱さんは江戸城で将軍就任の宣下《せんげ》を受けたのですが、これ以降の将軍は、宣下を江戸城で受けることになっています（初代〜三代は京都の伏見《ふしみ》城で受けていた）。

当然、まだ若い家綱さんは政務を執ることができなかったので、幕政は重臣たちによって執り行われることとなりました。その重臣には、父の時代に「我が右手は讃岐《さぬき》、左は伊豆《いず》」と称された酒井忠勝《さかいただかつ》（官職名が「讃岐守《さぬきのかみ》」）と松平信綱《まつだいらのぶつな》（官職名が「伊豆守《いずのかみ》」）や酒井忠清《ただきよ》などがいました。また、父は異母弟の保科正之《ほしなまさゆき》（家綱にとっては叔父）を枕元に呼んで「宗家《そうけ》（将軍家）を頼みおく」と遺言《ゆいごん》して、可愛《かわい》い我が子の後見をお願いしています。

こうして将軍主導ではなく、重臣主導の家綱さん政権がスタートしました。

ちなみに、父の死の直後に、軍学者の由井正雪《ゆいしょうせつ》と、長宗我部盛親《ちょうそかべもりちか》（土佐の戦国大名）の子という丸橋忠弥《まるばしちゅうや》などによる、江戸幕府の転覆を狙《ねら》ったクーデター未遂事件（「由井正雪の乱」、「慶安事件」）が起きました。黒幕として紀州藩（和歌山県和歌山市）の徳川頼宣《よりのぶ》の名が挙がるなど、政情不穏な雰囲気が漂いましたが、事前に露見したために鎮圧されています。

○「武断」から「文治」への転換は高評価――が、本人は〝お飾り〟？

家綱さんの治世で行われた代表的な政策には「末期養子《まつごようし》（大名が急死した場合に御家《おいえ》断絶を防ぐために急に養子を迎えること）の禁の緩和」、「殉死《じゅんし》（追い腹）の禁止」、「大名の人質の廃止」、「牢人《ろうにん》（浪人）の取り締まりの緩和」などです。また、父の代まで度々行われていた大名や一門の粛清《しゅくせい》（改易《かいえき》や切腹など）を行わずに人道的な政治を行ったことから、それまでの武力を背景にした「武断《ぶだん》政治」から、儒学《じゅがく》をベースにした「文治《ぶんち》政治」へ転換したと評価されています。

また、一六五七年（明暦三）には「明暦《めいれき》の大火」が発生。江戸城を含めて江戸の五十五％が焼失し、十万人以上の死者が出るほどの被害が出ました。家綱さん政権は江戸の復興を行い、火除《ひよけ》地《ち》として広小路《ひろこうじ》（上野広小路、両国広小路など）を設け、非常時の時に江戸から逃れられるように両国橋を建設するなどしました。これを機に、両国には取り壊しや建設に簡単な芝居小屋や土俵などが多く建てられるようになり、両国の繁栄（特に相撲《すもう》！）に繋《つな》がりました。ただこれらの政策は重臣たち（両国橋は酒井忠勝の提案）によって推し進められているので、まだ十七歳だった家綱さんがどこまで関与していたかはわかりません（笑）。

ちなみに、江戸城の天守も明暦の大火で焼失し、再建される計画が立ったのですが、保科正之が江戸の復興に予算を優先しようと提案したため、これ以降は江戸城に天守が建てられることはありませんでした（天守の代わりとなったのは本丸の富士《ふじ》見櫓《みやぐら》。こちらは現存しています）。

その後、一六六二年（寛文二）に父の代から幕府を支えていた松平信綱や酒井忠勝が相次いで亡くなると、家綱さん政権は上野《こうずけ》の厩橋《うまやばし》藩（群馬県前橋市）の藩主で大老《たいろう》に就任した酒井忠清（徳川家康・秀忠・家光に仕えた重臣の酒井忠世《ただよ》の孫）が権勢を振るうようになりました。

酒井忠清は幕政の最高権力者となり、鎌倉幕府で執権《しっけん》を務めた北条《ほうじょう》家のように政権を握り〝下《げ》馬《ば》将軍〟と称されたほどでした。「下馬」は江戸城の下馬札《ふだ》という場所のことで、この下馬札に酒井忠清が屋敷を構えていたことに由来します。下馬札より先は馬を降りて歩かなければならないルールがあったことから、幕府の権威と酒井忠清の権勢を掛けて、下馬将軍とあだ名されるようになったといいます。

この下馬将軍に対して、家綱さんにもあだ名がありました。それが「左様《さよう》せい様」です！　政治に口を出そうとし始めた家綱さんでしたが、結局は酒井忠清らが決定することに従うことしかできなかったため、すべて「左様せい」（そうしなさい）と任せっきりだったことに由来しています。とりあえず「様」とは付いていますが、将軍としては非常に不本意なニックネームです。

ちなみに、家綱さんと似たあだ名を持つ人物が二人います。一人は「そうせい様」と呼ばれた第十二代将軍の徳川家慶《いえよし》（後ほど詳しく御紹介！）。もう一人は「そうせい候《こう》」こと毛利《もうり》敬親《たかちか》、幕末の長州《ちょうしゅう》藩（山口県萩《はぎ》市）の藩主です。二人とも家臣たちの進言に対して「うむ、そうせい」と言いがちだったことにあだ名は由来します。ご存知のように長州藩からは倒幕と明治維新《いしん》を牽引《けんいん》する行動力に溢《あふ》れた志士（桂小五郎《かつらこごろう》、高杉晋作《たかすぎしんさく》、吉田松陰《よしだしょういん》など）が登場していますが、こういった志士たちの活躍はもしかすると毛利敬親の、家臣たちへの放任主義のおかげかもしれません。

さて、家綱さんの家臣任せの放任政治も比較的良い方向に機能しており、結果的に大きな混乱もない安定した政権運営をしています。

家綱さんの政治スタイルに関しては『徳川実紀《じっき》』に残されています。そこには家綱さんがもたらした平穏な時代を讃《たた》えながらも「ただ惜しむべきこと」として次のようなことが記されています。

「体が弱く病気がちであり、**政務はすべて重臣に任せ**て、多くは**自ら聞くこともなかった**。そのため、寛文・延宝の頃《ころ》（家綱政権の後半の時代）になると、権勢を弄《もてあそ》ぶ輩《やから》（おそらく酒井忠清を指す）が思いのままに威勢を張り、下からの意見は塞《ふさ》がれてしまい、上に通されることはほとんどなかった」

将軍親政を断行した父であれば、酒井忠清のような専横《せんおう》の家臣を粛清するところですが、家綱さんがそれをしなかったのは、家綱さんの性格が大きく影響していたようです。どうやら家綱さんは、協調性に溢れた心の柔和な〝優男《やさお》〟だったみたいなんですよ。

○狩野派に弟子入り、画にも長じた〝優男〟

家綱さんの性格を物語る逸話が、その初仕事に残されています。

『徳川実紀』によると、父が存命中の幼少期に、家綱さんは側近から「遠島に流された罪人には食事が与えられない」という話を聞きました。すると家綱さんは、

「命を助けておいて、食事を与えないのは理に合わない」

と、答えたといいます。この聡明ぶりを父は非常に喜び、

「これを竹千代（家綱）の仕置始めにせよ」

と言って、家綱さんが言うように、流人の待遇を改善させたそうです。

また、明暦の大火より前、将軍就任の後のこと。江戸城にまだあった天守に登った家綱さんは、家臣から遠眼鏡を渡されました。すると家綱さんは、次のように言ったといいます。

「幼少ながら私は将軍である。そんな私が天守に登って遠眼鏡で四方を見下ろしているというこ

とを知ったら、庶民は嫌《いや》な気持ちになるだろう」

まさに優男ですね！

ちなみに「優男《やさおとこ》」と読むと『平家《へいけ》物語』にも載っているほど古い言葉になります。「優しい男」だけではなく「風流や芸術を理解する男」という意味もあるようです。実は家綱さんは、政治よりも「絵画」が大好きなアーティスティックな優男《やさおとこ》でした。

当時有名だった画家の狩野探幽《かのうたんゆう》・安信《やすのぶ》兄弟を江戸城に招いては絵を描かせています。また、描かせるだけではなくて自身も頻繁《ひんぱん》に絵を描き、出来上がった絵を家臣たちに与えたりしています。なので、おそらく狩野兄弟に弟子入りして勉強していたんでしょうね。それが家臣にプレゼントするためだと思うと、なんだかホッコリします（笑）。

家綱さんは、はじめはそこまで描くのは上手ではなかったようなのですが、政治は家臣に任せっきりで時間があったためか、数年すると絵がかなり上達しています。

家綱さんの成長ぶりを物語る絵画があるのですが、本書では予算の都合で掲載できませんので（笑）、読者の皆さんは『闘鶏図《とうけいず》』と『雄鶏図《ゆうけいず》』を検索してみてください。前者が成長前、後者が成長後です。ぜひご覧くださいませ。

江戸幕府第五代将軍

徳川綱吉

〈とくがわつなよし〉

生類憐れみ過ぎ！　動物以上に女好き？
治世前半と後半で評価が分かれる〝犬公方〟

生没　一六四六（正保三）～一七〇九（宝永六）
在任　一六八〇（延宝八）～一七〇九（宝永六）

将軍パラメーター

総合評価	B
統率力	C
政治力	B
人　望	G
知名度	A
憐れみ度	S

○「宮将軍」復活の可能性もあった？――性格に難アリ四男坊

「生類《しょうるい》憐《あわ》れみの令」を出して、主に犬を保護したことから〝犬公方《いぬくぼう》〟と称されることもある徳川《とくがわ》綱吉《つなよし》は、徳川家光《いえみつ》（三代将軍）の四男として一六四六年（正保三）に誕生しました。

一番上の兄には徳川家綱《いえつな》（四代将軍）、二番目の兄に徳川亀松《かめまつ》（五歳で夭逝《ようせい》）、三番目の兄に徳川綱重《つなしげ》（甲府城主、別名「甲府宰相《さいしょう》」。１７２ページ参照）、弟に徳川鶴松《つるまつ》（二歳で夭逝）がいます。

将軍職は徳川家綱が継ぐ予定となったので、八歳で元服《げんぷく》（幼名は「徳松《とくまつ》」）をした綱吉さんは、十六歳で上野《こうずけ》の館林《たてばやし》城（群馬県館林市）の城主となって「館林宰相《さいしょう》」と呼ばれるようになりました。

ちなみに、館林城主ではありますが、基本的には江戸の屋敷に住んでいたので、約二十年間城主を務めたものの、館林に立ち寄ったのは日光東照宮《とうしょうぐう》の参拝帰りの一度だけだったそうです。

徳川一族の大名として生涯を終えるはずだった綱吉さんですが、一六八〇年（延宝八）に大きく人生が動きました。現役将軍である長兄の徳川家綱が、後継者がいないまま急死したのです。

次期将軍は誰がなるべきか――。

幕府内では重臣たちによって侃々諤々《かんかんがくがく》の議論が交わされます。長幼《ちょうよう》の序《じょ》（年齢による序列）でいえば、三番目の兄の徳川綱重だったのですが、これより二年前にすでに病死していました。その息子に徳川家宣《いえのぶ》（後の六代将軍、当時の名は「綱豊《つなとよ》」）がいて、後継者に有力視されたのですが、綱吉さんは徳川家光の子どもであることが重視され、五代将軍に就任することとなります。

ところが、綱吉さんの将軍就任に反対した大物がいました。それが前項で度々登場した「下馬《げば》将軍」こと酒井《さかい》忠清《ただきよ》です。

綱吉さんは、性格が悪くワガママで、家臣に冷たいという評判があったようで、『御当代記《ごとうだいき》』によると、酒井忠清は「そのように天下を治める器がない人物が将軍になってしまったら、天下が乱れる」として大反対し、「有栖川宮幸仁親王《ありすがわのみやゆきひと》（後西《ごさい》天皇の皇子）を将軍としよう」と、鎌倉幕府の北条《ほうじょう》家のように、いわゆる「宮《みや》将軍」の擁立《ようりつ》を画策したといいます。

しかし、それに異を唱えた堀田《ほった》正俊《まさとし》（徳川家光に殉死《じゅんし》した堀田正盛《まさもり》の子）が、病で臥《ふ》せる徳川家綱から綱吉さんを後継者とする言質《げんち》を取ったことが決め手となり、酒井忠清の画策は失敗に終わりました。そして、綱吉さんは無事に将軍に就任すると、その五カ月後に酒井忠清の大老《たいろう》を解任して病気療養(本当に病気ではあったが事実上の失脚)を命じます。さらに、翌年に酒井忠清が病死すると、本当に病死かどうかを確認するために墓を掘り起こすことを執拗《しつよう》に命じたり、その弟の酒井忠能《ただよし》を改易《かいえき》にするなど、将軍就任の妨《さまた》げになった下馬将軍の一族に嫌《いや》がらせをしています。

逆に、将軍就任に大貢献をした堀田正俊を綱吉さんは重用し、大老に就任させました。また、側用人《そばようにん》（将軍の命令を老中《ろうじゅう》に伝える側近）を創設して牧野成貞《まきのなりさだ》を起用。礼儀や学問などによって秩序を創り上げる「文治《ぶんち》政治」を確立させたことから、綱吉さんの前半の幕政は「天和《てんな》の治」として讃《たた》えられました。

ところが、江戸城内で起きた殺人事件によって、綱吉さんの政治の歯車は狂っていくのです。

○重用していた大老死後の将軍親政が生んだ〝天下の悪法〟

一六八四年（貞享元）に綱吉さんの政権を支える大老の堀田正俊が、江戸城で稲葉正休《いなばまさやす》（祖父の稲葉正成《まさなり》は春日局《かすがのつぼね》の夫）によって刺殺されてしまいました。暗殺の詳しい理由は不明ですが、堀田正俊は剛直な性格のために敵を作りやすく、稲葉正休と仕事でトラブルになって恨《うら》みを買ったことが原因であるといわれています。

これを機に綱吉さんは将軍親政を推し進めていくのですが、その中で出された法令が「生類憐れみの令」でした。綱吉さんが亡くなるまで何十回にもわたって出されたこの法令は、堀田正俊の死の翌年から発令されています。

極端な動物愛護令である生類憐れみの令は〝天下の悪法〟として名高いわけですが、この法令の制定には綱吉さんのマザコンぶりが影響していたといわれています。

天下を統《す》べるために学問を大切にしていた綱吉さんは、とりわけ儒学《じゅがく》を大切にしていました。そして、「孝《こう》＝親を大切にすべきである」という儒学の教えを徹底的に実践していた綱吉さんは、いわゆるマザコンと化していたのです。

当時、綱吉さんにはまだ跡継ぎが生まれていませんでした。『三王外記《さんのうがいき》』によると、これを心配した綱吉さんの母の「桂昌院《けいしょういん》」（前項に登場した「お玉《たま》の方」。夫の徳川家光が亡くなった後に出家していた）が隆光《りゅうこう》という僧侶に相談したところ、「前世での悪行が原因。殺生を慎みなさい。戌《いぬ》年生まれなのですから、特に犬を大切に」といったことを告げられたといいます。これを母から聞いた綱吉さんが発布したのが「生類憐れみの令」だといわれています。

こちらも拙著『ポンコツ武将列伝』でピックアップしておりますが、法令違反の代表的な処罰には次のようなものがありました。

・台所の井戸にネコが落ちて死んだ→八丈島《はちじょうじま》に島流し
・吹き矢でツバメを撃った武士→切腹
・ほっぺに止まった蚊《か》を叩いた小姓《こしょう》→切腹
・綱吉さんにフンを落としたカラス→伊豆大島に島流し

かなり極端な判決が下されていることがわかります。蚊は許してほしい（笑）。

また、犬に関してですが、一六九五年（元禄八年）に中野（東京都中野区）に「御囲《おかこ》い」と呼ばれる犬屋敷を建築するように命じています。この犬屋敷の大きさは、なんと東京ドーム約二十個分に相当（約三十万坪）するものだったそうです。さらに、そこに収容した犬の数は十万匹で、年間経費は九万八千両（現在の価値で約百二十二億円）に及んだといいます。この犬屋敷は中野の他にも、規模は小さかったものの、大久保や四谷にも造られています。

この法令は、当時から評判は最悪だったようで、綱吉さんが亡くなるとすぐに廃止されました。

○女性トラブルの「お詫び」で家臣を大抜擢？

生類憐れみの令のイメージがかなり強い綱吉さんですが、女性関係でのトラブルも多いお方でした。実は綱吉さんは、家臣の妻や娘に手を付けたといわれているんです。

先ほど登場した牧野成貞。側用人として取り立てられ、当初は二千石《ごく》だったにもかかわらず、最終的に七万三千石を与えられています。この異例の大出世の背景には、綱吉さんの女癖の悪さがありました。牧野成貞には阿久里《あぐり》という正室がいたのですが、『三王外記』などによると、牧野成貞の屋敷を訪れた綱吉さんは阿久里を一目見て気に入って手を付けてしまったというのです。さらに、綱吉さんは牧野成貞の正室だけではなく、その娘（安子《やすこ》）にも手を出してしまいました。これがさらなる悲劇を呼び、安子の夫である牧野成時《なりとき》がショックのあまり自害してしまったといいます。つまり、側用人の牧野成貞は、妻と娘に手を出されて、婿《むこ》が自殺するという綱吉さんによる〝人災〟に遭《あ》っているのです。よって、牧野成貞の大出世は、この補塡《ほてん》であった可能性がありました。

また、一六八八年（元禄元）に側用人に起用された柳沢吉保《やなぎさわよしやす》に関しても似たような話があります。柳沢吉保の側室に飯塚染子《いいづかそめこ》というお方がいたのですが、『翁草《おきなぐさ》』などによると、綱吉さんはこの女性とも関係を持っていたといいます（もしくは元々、綱吉さんの愛妾《あいしょう》だった女性を柳沢吉保が拝領したとも）。出会いのキッカケは、牧野成貞の時と同じく屋敷への訪問でした。初めての訪問は一六九一年（元禄四）だったのですが、そこから十八年間で五十八回も柳沢吉保の屋敷を訪ねています。そして、訪問の後になぜか飯塚染子が懐妊しているのです。実にアヤシイ！　生類憐れみ過ぎですね（笑）。こうして誕生した子どもの中に柳沢吉里《よしさと》というお方がいるのですが、これは綱吉さんの隠し子だったといわれています。柳沢吉里が生まれたのは一六八七年（貞享四）のことなのですが、父である柳沢吉保が側用人に登用され大名になるという異例の出世を遂げたのは、この翌年のことです。これまたアヤシイ！

さらに、後継者がいなかった綱吉さんは、なんと柳沢吉里を養子にして跡継ぎにしようとしてしまいます。跡継ぎがいない場合、御三家《ごさんけ》から迎え入れるのがルールなので周囲はもちろん大反対。特に反対したのが、綱吉さんの正室の鷹司信子《たかつかさのぶこ》でした。後継者を産めなかった鷹司信子は、義母の桂昌院と不仲であり、さらに夫の綱吉さんは別の女性に夢中となって、本当に自分の子かわからない家臣の男子に跡を継がせようとしている状況に怒りを覚えていました。そして、ついには江戸城の大奥《おおおく》にある「宇治《うじ》の間」で綱吉さんを刺殺し、直後に自殺したという「都市伝説」めいたものが残っています。綱吉さんの死因は、表向きには当時流行した麻疹《はしか》とされていますが、その翌月に鷹司信子も急死しているため、綱吉さんは妻に暗殺されたという噂《うわさ》が当時から立てられていたのです。

就任直後の善政と、悪名高き「生類憐れみの令」――綱吉さんは徳川将軍の中でも知名度の高い「メジャー」な将軍といえますが、その実像は、他の徳川将軍に比べるとかなり陰の部分が多かったように思われてなりません。

江戸幕府第六代将軍

徳川家宣

〈とくがわいえのぶ〉

生没　一六六二（寛文二）〜一七一二（正徳二）
在任　一七〇九（宝永六）〜一二（正徳二）

生涯ついて回った“間の悪さ”？
「正徳の治」で名君ぶりを発揮した苦労人

将軍パラメーター

総合評価	C
統率力	C
政治力	A
人　望	B
知名度	F
タイミング	G

○三代・家光の孫ながら、八歳まで認知されずに育つ

歴代の徳川将軍の中で、やや地味な印象を受けるのが徳川家宣《とくがわいえのぶ》です。「何代目？」「何をした人？」と聞かれると、即答に困ってしまう人も多いのではないでしょうか。

知名度はあまりないかもしれませんが、実は家宣さんほどの苦労人の徳川将軍はいません。後に将軍に就任する血筋であるはずなのに、なんと、父から実子として認知されることなく幼少期を過ごしているのです。

家宣さんが生まれたのは一六六二年（寛文二）のこと。父は「徳川綱重《つなしげ》」というお方でした。「誰だっけ？」となると思いますが、前項にも登場したこの人物は徳川家光《いえみつ》（三代将軍）の三男で、甲府城（山梨県甲府市）を与えられたことから「甲府宰相《さいしょう》」と呼ばれたお方です（172ページ参照）。

つまり、家宣さんは徳川家光のお孫さんにあたり、徳川綱重の長男（幼名は「虎松《とらまつ》」）であった

にもかかわらず、父から認知されずに家臣の子どもとして育てられることとなってしまいます。

実は家宣さんが誕生したのは、父が正室を迎える直前のことだったのです。その正室というのが、関白《かんぱく》の二条光平《にじょうみつひら》の娘という超セレブな女性でした。そのお方の輿入《こしい》れの直前に別の女性から男子が生まれてしまっては外聞が悪いということで、父は家宣さんを家臣に預けたというわけです。

こうして、家宣さんは甲府藩の家老の新見正信《にいみまさのぶ》の許《もと》で養子として育てられることとなり、名も「徳川」を使うことなど当然許されず「新見左近《さこん》」と名乗りました。

ちなみに、家宣さんの母は「お保良《ほら》の方」というお方です。このお方は松坂局《まつざかのつぼね》（父の乳母。豊臣秀頼《とよとみひでより》の正室の千姫《せんひめ》に仕え「大坂夏の陣」の時に千姫とともに大坂城から落ち延びた）の侍女を務めていた人物でした。家宣さんの父は、この女性が本当にお気に入りだったようで、家宣さんが誕生した翌年にも、また妊娠させてしまいます。家宣さんの時のドタバタをまったく反省していません（笑）。この時は正室が輿入れ直後だったことから、お保良の方を家臣の越智清喜《おちきよよし》と結婚させ、誕生した赤ちゃんは越智家で育てられることとなりました。この赤ん坊は後に松平清武《まつだいらきよたけ》と名乗って上野《こうずけ》の館林《たてばやし》藩（群馬県館林市）の藩主となり、徳川家継《いえつぐ》（家宣の四男、七代将軍）が危篤《きとく》に陥った際に八代将軍の候補として名前が挙げられています（越智家を継いでいた過去がある、高齢だった、などという理由から将軍にはなれず）。

さて、認知されることなく育った家宣さんですが、父の正室が子どもをもうけることなく一六六九年（寛文九）に亡くなります。これを受けて、二条家などに気を遣う必要がなくなった父は家宣さんを後継者に指名！　翌年、九歳となっていた家宣さんは、実家に戻されることになりました。

そして、一六七六年（延宝四）の十五歳の時に元服《げんぷく》を迎えて、はじめは「徳川綱豊《つなとよ》」と名乗ります。その二年後に父が死去したため、十七歳で家督を相続することとなったのです。

○五代将軍のチャンスを逃し、四十八歳にして〝高齢就任〟

家督相続から四年後の一六八〇年（延宝八）に現役将軍の徳川家綱《いえつな》（四代将軍。家宣にとってはおじ）が危篤《きとく》に陥ると、五代将軍候補として名前が挙がります。しかし、前項にあるように堀田《ほった》正俊《まさとし》が徳川綱吉《つなよし》（家宣にとってはこちらもおじ）を強烈に推したため、将軍にはなれませんでした。

ところが、家宣さんにはまだ将軍になれるチャンスが残っていました。なぜなら徳川綱吉に実子がいなかったためです。徳川綱吉は家宣さんが後継者となることを嫌《いや》がって、「生類憐《しょうるいあわ》れみの令」を出して実子の誕生を願ったり、長女の鶴姫《つるひめ》が嫁《とつ》いだ紀州《きしゅう》藩（和歌山県和歌山市）の徳川綱《つな》教《のり》に男子が誕生するのを待ったりしました。しかし、実子は生まれず、鶴姫も先立ってしまいます。

そのため、後継者として白羽の矢が立ったのが、苦労人の家宣さんでした！

家宣さんは、鶴姫が亡くなった一七〇四年（宝永元）に徳川綱吉の養子となり、正式に将軍の後継者となって「家宣」と名を改めます。

そして、一七〇九年（宝永六）に徳川綱吉が亡くなると、家宣さんはついに六代将軍に就任することになったのです。この時、四十八歳。歴代の徳川将軍だと、徳川家康に次いで二番目に高齢の将軍就任となりました（徳川家康は六十二歳で就任）。長い下積み生活でした。

そんな苦労人の家宣さんが、政治顧問に指名したのも、これまた苦労人の二人でした。

一人は新井白石《あらいはくせき》。父は久留里《くるり》藩（千葉県君津市）に仕えた武士だったのですが、藩主の土屋直樹《つちやなおき》が狂人であったために出仕しなかったことから土屋家を追われて、父とともに浪人となってしまいます。貧乏浪人生活の中で儒学や史学を独学で勉強していた新井白石は、その才覚を買われて大老《たいろう》の堀田正俊に仕えることとなりましたが、前項にある通り、堀田正俊は江戸城で刺殺されてしまい、再び浪人に。

その後、朱子学《しゅしがく》者の木下順庵《きのしたじゅんあん》に弟子入りしたことをキッカケに、甲府藩の徳川家のお殿様に侍講《じこう》（主君に学問を教授する役職）として仕えることになります。当時の藩主は徳川綱豊。そうです、これが後の家宣さんだったのです。そして、将軍になった家宣さんは、新井白石を側近として起用することにしました。

白石は、頭は良いのですが、気性が激しく、眉間《みけん》にシワを寄せて激怒したそうで、そのシワの形が「火」の字に見えたことから、久留里藩時代には「火の児《こ》」と呼ばれたそうです。

もう一人は間部詮房《まなべあきふさ》です。このお方も経歴がだいぶ変わっていまして、なんと元猿楽《さるがく》師だったといいます。父は甲府藩士（西田清貞《にしだきよさだ》）なのですが、幼少期に猿楽師の喜多七太夫《きたしちだゆう》に弟子入りして、猿楽師となっていました。ところが、容姿が優れていて利発だったことから、十九歳の時に四歳年上の家宣さんの小姓《こしょう》に大抜擢《ばってき》！　そして、家宣さんが将軍となると、側用人《そばようにん》に起用されて、政権を担っていくことになりました。ちなみにこれ以降、間部家は幕府の重臣となるのですが、幕末に長州《ちょうしゅう》藩士の吉田松陰《よしだしょういん》が暗殺を企てた老中の間部詮勝《あきかつ》は、間部詮房の子孫にあたります。

さて、家宣さんは新井白石や間部詮房に支えられて政権を運営し「正徳の治《しょうとくのち》」と呼ばれる善政を敷きます。代表的な政策には「生類憐れみの令の廃止」が挙げられます。徳川綱吉は遺言《ゆいごん》として生類憐れみの令の継続を命じたようですが、家宣さんは徳川綱吉が亡くなるとすぐに法令を廃止して、この法令で罰せられた人たちを赦免《しゃめん》しました。また、徳川綱吉の時に起きた「元禄赤穂事件《げんろくあこうじけん》」（『仮名手本忠臣蔵《かなでほんちゅうしんぐら》』のモデルになった赤穂浪士による吉良上野介《きらこうずけのすけ》の殺害事件）によって島流しに処せられていた浪士たちの遺子も赦免しています。

○善政の道を示すも病に倒れ、わずか四年の将軍職

苦労して藩主となり、最終的には将軍となって善政を敷き始めた家宣さんですが、唯一のウィークポイントは**〝生まれ持った間（タイミング）の悪さ〟**だったかもしれません。

父に正室が嫁いでくる直前に望まれぬ子として誕生し、十九歳というタイミングで五代将軍に就任するチャンスがあったもののそれを逃し、先代将軍の徳川綱吉からは後継者としてなかなか認められず、将軍に就任したのは四十八歳という、当時でいえば高齢者に入る年齢でした。家宣さんに関《かか》わる重要なイベントは、すべて〝タイミングが良い〟とは言えない時に起きています。

そして、将軍在任はわずか四年間で終わりを迎えました。家宣さんは一七一二年（正徳二）に急死してしまうのです。死因は当時流行していた感冒《かんぼう》、いわゆるインフルエンザでした。慣れな

い将軍職、先代が残した問題への対処、自身の高齢、いろいろな要因が重なった末の病死でした。

家宣さんは自分の死後に幕政が混乱しないように様々な遺言を残していますが、その中に次のようなものがあります。

「幼君をよく輔《たす》け、政権を担ってほしい。それは鍋松《なべまつ》のためではなく、天下の人々が平穏に暮らせることを一番に考えてのことである」

家宣さんの死後、遺言通り（ちなみに、病床の家宣さんは徳川家光の曾孫《ひまご》にあたる尾張藩の徳川吉通《よしみち》を中継ぎの将軍にしようとも考えましたが、新井白石に反対されて止めています）この鍋松が徳川家継《いえつぐ》と名乗って、わずか五歳で七代将軍となります。それを支えたのが、家宣さんを支えた苦労人上がりの新井白石と間部詮房でした。

家宣さんの跡を継いだ徳川家継の政権も含めて「正徳の治」と呼びます。

江戸幕府第七代将軍

徳川家継

〈とくがわいえつぐ〉

わずか五歳で就任の江戸幕府最年少将軍！
それが原因で大奥に大スキャンダル？

生没　一七〇九（宝永六）〜一六（正徳六）
在任　一七一三（正徳三）〜一六（正徳六）

将軍パラメーター

総合評価	F
統率力	G
政治力	G
人　望	E
知名度	F
将来性	A

○父・家宣の遺志を継ぎ「正徳の治」で名を残す

たった四年の在任で急死した父・徳川家宣《とくがわいえのぶ》（六代将軍）の跡を継いで、一七一三年（正徳三）に七代将軍に就任したのが徳川家継《いえつぐ》です。

家継さんは五人兄弟の四男だったものの、兄も弟も夭逝《ようせい》したため、後継者に決定しました。生まれたのは一七〇九年（宝永六）だったので、将軍就任時はなんと五歳！

江戸幕府の最年少の将軍となりました（ちなみに、歴代幕府の最年少将軍は鎌倉幕府の七代将軍・惟康親王《これやすしんのう》の三歳）。父が、徳川家康《いえやす》に次ぐ四十八歳という高齢の就任となったのとは対照的でした。

数え年で五歳の少年が政務を執ることは当然できなかったため、父の代から仕える新井《あらい》白石《はくせき》と間部詮房《まなべあきふさ》が引き続き幕政の中枢を担うこととなります。

この苦労人上がりの二人の重臣を中心として、家継さんの時代も比較的安定した政権運営が行われたため、当時の政治は父の代と合わせ「正徳の治《しょうとくのち》」として讃《たた》えられています。

家継さんの時代の代表的な政策には、経済と外交の改善があります。「大学受験で日本史を勉強した時に習ったなぁ」と懐かしくなったので、やや固めの内容になりますが、まとめておきます（笑）。

まず、経済政策では**「正徳金銀」**という貨幣の発行が挙げられます。

これ以前は、徳川綱吉の時から勘定奉行を務めた荻原重秀《おぎわらしげひで》によって、金や銀があまり含まれていない悪質な貨幣が発行されていました。そのため、相対的にモノの価値（物価）のほうが上昇してしまい、激しいインフレーションとなっていました。これに危機感を覚えた新井白石によって、このインフレを抑えるために、金や銀の含有率を以前に戻した良質な貨幣の正徳金銀が発行されたのです。

また、外交政策としては**「海舶互市新例《かいはくごししんれい》」（長崎新例、正徳新例とも）**があります。

これは長崎の貿易を制限する法令でした。当時、日本の貿易港の役割があった長崎での決済は、金や銀が使われていました。当時、日本は金や銀がよく採れたため海外に比べて価値が低く、外国で売れば三～四倍になるような状況でした。

すると、外国人は日本に来て商品を販売して、金や銀を手に入れて、再び海外に出てそれを売ればバカ儲《もう》けできるシステムになっていました。これでは日本の金や銀が流出する一方で、それが枯渇してしまえば、日本の経済は大混乱に陥ってしまいます。

そのため、新井白石は貿易を制限して、金や銀の流出を防ぐために、この海舶互市新例を出したのでした。ちなみに、この政策は幕末まで踏襲されています。

以上です。高校で日本史を習った方は懐かしかったのではないでしょうか？

私は高校の時は日本史が苦手だったので、当時はこの辺りのことがよくわかっていませんでした（笑）。お恥ずかしい！

○「義母」VS「実母」のドロドロの争いの中、急逝！

お話をグッと家継さんに戻したいと思うのですが、家継さんは将軍就任から二年後の一七一五年（正徳五）に七歳で婚約をします。お相手は霊元《れいげん》上皇の皇女である八十宮《やそのみや》でした。八十宮は当時、なんと二歳！

まだ八十宮が赤ちゃんだったため江戸に行くことはなかったものの、その翌年の二月には結納《ゆいのう》が無事に済まされます。こうして、史上初めての武家への降嫁《こうか》（皇女が臣下に嫁《とつ》ぐこと）が行われるはずだったのですが、その三カ月後に家継さんが肺炎で急死してしまいました。

そのため、八十宮は江戸に来ることはありませんでした。そして、八十宮は気の毒なことに、三歳で後家となってしまい、四十五歳で亡くなるまで再婚することも許されず、一度も出会うことができなかった夫を弔《とむら》う人生を送っています。

ちなみに、これから百四十六年後の一八六二年（文久二）に仁孝《にんこう》天皇の皇女の和宮《かずのみや》が公武合体《こうぶがったい》の政策のために徳川家茂《いえもち》（十四代将軍）に降嫁していますが、それはまた後ほど。

さて、この八十宮との政略結婚は、もちろん家継さんの意思とは関係ないところで進んでいったのですが、背景には大奥《おおおく》と朝廷のドロドロした政争が関係していました。

まず、大奥では、家継さんの義母（父の正室）と家継さんの実母（父の側室《そくしつ》）の間で派閥《はばつ》争いが起きていました。

家継さんの義母の名は近衛熙子《このえひろこ》。京都の名門の公卿《くぎょう》である近衛家の出身のセレブ女性です。家継さんの父との間に二人の子どもをもうけましたが、どちらも夭逝してしまったため、後継者を産むことはできませんでした。夫が亡くなった後は剃髪《ていはつ》して「天英院《てんえいいん》」と名乗っています。

続いて、家継さんの実母の名はお喜世《きよ》の方。元は浅草の唯念寺《ゆいねんじ》の住職の娘だった女性です。まだ将軍になる前の父の屋敷に出仕して側室となって、家継さんを産みました。夫が亡くなった後は「月光院《げっこういん》」と名乗っています。

次に、朝廷でも派閥争いです。こちらは天皇と上皇の政争でした。

時の天皇は東山《ひがしやま》天皇だったのですが、上皇となって院政を行う父の霊元上皇と対立をしていました。この東山天皇を補佐していたのが、公卿の近衛基熙《もとひろ》でした。「近衛」というと先ほど「近衛熙子」が登場したばかりですし、二人には「熙」という字が共通しています。そうです、この二人は親娘《おやこ》にあたります。

つまり、まとめますと――、
お喜世の方・（八十宮）―霊元上皇　vs　近衛熙子―近衛基熙・東山天皇
というわけです。

八十宮が家継さんに嫁ぐことができれば、この政争は落ち着いたと思うのですが、それが叶《かな》わなかったため、政争は継続していき、家継さんが幼かったことも影響して、後の大奥の大スキャンダルに繋《つな》がっていくこととなるのです！

○少年将軍政権ゆえの一大スキャンダル？――「絵島生島事件」

この当時、大奥の風紀はかなり乱れていたといいます。その原因の一つに、家継さんがありました。

家継さんはまだ幼かったため、中奥《なかおく》（将軍が起居する場所）で暮らさずに大奥で母や女中たちに囲まれて育てられていました。そのため、家継さんに仕える近臣の男たちは、基本的に男子禁制である大奥に出入りすることが増え、いつの間にやら大奥と中奥の境界線が曖昧《あいまい》となって、男女の仲に落ちてしまう者がいたそうです。

中でも、側用人《そばようにん》だった間部詮房がスキャンダルの的となりました。江戸城に缶詰状態になって政務をこなしていた真面目《まじめ》な間部詮房でしたが、家継さんがいる大奥に頻繁《ひんぱん》に訪れていたため、次のような噂《うわさ》が流れてしまいます。

「間部詮房とお喜世の方がデキている！」

さらに、『三王外記《さんのうがいき》』によると、大奥にいる間部詮房がお喜世の方とコタツに入ってくつろいで談笑している様子を見た家継さんは、むじゃきにこう言ったそうです。

「詮房は将軍のようだ！」

こうしたことから、間部詮房は「実は家継さんの父では!?」という噂まで飛び交ってしまうほどでした。ちょっと待ってください……家継さんの幼名は「鍋松《なべまつ》」でした。間部詮房の元々の名字は、実は「間〝鍋〟」……（徳川家宣に仕え始める時に主命で「間部」と改名した）。繋がってしまうのです！

もちろんマユツバのお話ですが、今も昔もやはりゴシップ記事は人気ですね（笑）。

こういった中で、大奥を揺るがす大スキャンダルが起きます。一七一四年（正徳四）に起きた、いわゆる「絵島生島事件《えじまいくしまじけん》」です！

「絵島」というのは、お喜世の方に仕えていた大奥の年寄《としより》（大奥内では上臈《じょうろう》に次ぐ役職）のことで、「生島」というのは、当時人気だったイケメン歌舞伎役者の「生島新五郎《しんごろう》」のことです。

幼い家継さんの代わりとして増上寺《ぞうじょうじ》（東京都港区）に徳川家宣の墓参りに行くことになった（元々は家継さんの代理で、お喜世の方が行く予定だったが、体調不良で参拝できず）絵島は、参拝した帰りに女中たちとともに、以前から贔屓《ひいき》にしていた生島新五郎の芝居小屋である「山村座《やまむらざ》」を観《み》に行くことにしました。芝居が終わった後、二階の桟敷《さじき》席に生島新五郎など役者陣を呼んだ絵島たちは、役者たちと宴会を始め、なんとその場で事に及んだというのです。

ドンチャン騒ぎをし過ぎた結果、絵島たちが江戸城に帰ってきた時に暮六《くれ》つ（午後六時）となっていたため、大奥の門限（七つ刻《どき》：午後四時。早いですね！）には間に合いませんでした。

この絵島の門限破りを大チャンスと捉《とら》えたのが、お喜世の方グループに押され気味だった近衛熙子グループでした。近衛熙子の派閥は、これを問題視して、絵島をはじめ関係者を処罰することとしたのです。大奥の権力を握っていたお喜世の方の派閥でしたが、大奥の風紀の乱れを続々と暴かれていって反論する術《すべ》もなく、次々と関係者が処罰されてしまいます。

主犯者ともいえる絵島は信濃《しなの》の高遠《たかとお》（長野県伊那《いな》市）に送られて幽閉され、生島新五郎は石抱《いしだき》の拷問《ごうもん》の末に自白して三宅島《みやけじま》（東京都三宅村）に島流しとなり、山村座もお取り潰《つぶ》しとなりました。

さらに、それに連座して死罪二名、流罪《るざい》十名、追放六十八名など厳しい処罰が行われ、罰せられた者は合計で千五百人以上に上ったそうです。どう考えてもやり過ぎな判決なのですが、これをもってお喜世の方グループは勢いを失い、近衛熙子グループが優勢となりました。

この大奥の大スキャンダルの二年後に、生まれつき病弱だった家継さんは風邪《かぜ》をこじらして肺炎となり八歳で病死してしまいます。家継さんの死によって、徳川宗家《そうけ》の血統は断絶したことになりました。

その後、家継さんの後継者として名前が挙がったのが紀州藩の藩主だった徳川吉宗《よしむね》なのですが、この後継者決定に際して「徳川家宣の遺言《ゆいごん》である」（おそらくデッチ上げ！）として徳川吉宗を推したのが大奥の権力者に返り咲いた、あの近衛熙子でした。

さて、わずか四年間の在任だった幼き将軍の家継さんですが、『徳川実紀《じっき》』には「生まれつき聡明にして、父・家宣に似て仁慈《じんじ》の心あり。立ち振る舞いは成人も及ばないほど閑雅《かんが》である」というように記されるなど、名君の素質を持っていた心優しき幼君だったようです。しかし、幼すぎたゆえに大奥の権力争いとスキャンダルが起き、その天賦《てんぷ》の才は生かされることなく、薄幸《はっこう》の生涯を閉じたのでした。

江戸幕府第八代将軍

徳川吉宗

〈とくがわよしむね〉

数々の政策を断行したミスター・享保の改革！
"暴れん坊"につきまとう暗いウワサの真相……

生没　一六八四（貞享元）～一七五一（寛延四）
在任　一七一六（正徳六）～四五（延享二）

将軍パラメーター

総合評価	A
統率力	A
政治力	S
人　望	B
知名度	A
ダーティ度	A

○強烈な政治工作を展開！　超ダークホースの将軍就任

一七一六年（正徳六）に徳川家継《とくがわいえつぐ》が跡継ぎのないまま八歳で亡くなります。

これによって徳川宗家《そうけ》が絶えてしまったのですが、初代将軍の徳川家康《いえやす》の遺訓により、尾張《おわり》（愛知県）・紀伊《きい》（和歌山県）・水戸《みと》（茨城県）の御三家《ごさんけ》の内から養子を迎え入れて将軍とすることとしました。

最有力の候補に挙がったのが、尾張藩主の徳川継友《つぐとも》です。御三家にはランクがあるのですが、上から「尾張→紀伊→水戸」の順だったため、将軍後継者に一番近い家格を持っていました。徳川継友は、徳川義直《よしなお》（尾張藩初代藩主。徳川家康の九男）を曾祖父《そうそふ》に持つお方で、正室には安己君《あこぎみ》がいます。安己君は、公卿《くぎょう》の近衛家熙《このえいえひろ》の娘にあたります。前項でも度々「近衛」が出てきましたが、近衛家熙の姉には、あの近衛熙子《ひろこ》がいます。そうです！「絵《え》島《じま》生島《いくしま》事件」を契機として徳川家継の母（お喜世《きよ》の方）の派閥《はばつ》を一斉に粛清《しゅくせい》した、徳川家宣《いえのぶ》の正室です。つまり徳川継友は、

大奥《おおおく》で権力者に返り咲いた近衛熙子の義理の甥《おい》にあたりました。ちょっとややこしいですが——、

近衛家熙…近衛熙子＝徳川家宣＝お喜世の方
┗徳川継友＝安己君　　　┗徳川家継

ということになります。

また、かつて徳川家宣は病床で「将軍を徳川吉通《よしみち》（徳川継友の兄）に譲って、鍋松《なべまつ》（徳川家継）が成長したら将軍職を戻してもらおう」と提案してもいました。その提案は側近の新井白石《あらいはくせき》によって退けられ、徳川吉通は徳川家継が亡くなる前にすでに死去していましたが、徳川家宣のその発言はまだ強い意味を持っていました。

つまり、江戸城で権力を握る大奥の支配者と繋《つな》がりが強い徳川継友は、将軍に一番近い距離にあったのです。

その対抗馬として、〝いちおう〟名前が挙がったのが、紀州藩の藩主だった吉宗さんでした。

圧倒的に不利な状況ではあったのですが、結論はご存知の通り、跡継ぎ争いは吉宗さんが勝利を収めて八代将軍に就任を果たします。

将軍となれた理由には、次のようなものが挙げられています。

・吉宗さんのほうが年上で適齢である（吉宗さん＝三十三歳＞徳川継友＝二十五歳）

・吉宗さんのほうが藩主経験が長い（吉宗さん＝約十年＞徳川継友＝約三年）
・藩主経験が長い上に紀州藩の藩政改革（主に質素倹約による借金返済）に成功している
・徳川家宣が「吉宗さんを後継者にする」と遺言《ゆいごん》した（おそらくデッチ上げ）と近衛熙子が強く主張した

ここで不思議なのは、尾張藩と繋がりが強かった近衛熙子がなぜか吉宗さんを推しているということです。このあたりのことはハッキリとはわからないのですが、吉宗さんや紀州藩による強烈な政治工作があったと考えられています。それに対して尾張藩は、まったくといってよいほどに政治工作を行っていなかったので、結果的に吉宗さんが大逆転勝利を収めたようです。

○幕政改革に大ナタふるい、ついたあだ名は〝米将軍〟

将軍に就任した吉宗さんは「享保《きょうほう》の改革」と呼ばれる、倹約と増税に重きを置いた幕政改革を断行します。その代表的な政策をピックアップしておきましょう！


「倹約令」の制定…倹約を強制する法令。華美な服装や豪華な食事は禁止など。

「目安箱」の設置…「目安」は「訴状」のこと。庶民の直訴《じきそ》を受け付けて吉宗さんが自ら読んで判断を下した。

「小石川《こいしかわ》養生所」の設置…目安箱に入っていた意見を受けて造られた医療施設。

「足高《たしだか》の制」の制定…たとえば、石《こく》〝高《だか》〟（給料）が百石の者が、五百石の役職にいきなり就く場合に、在職中に限って四百石を〝足〟して支給する政策。これ以前にも身分の低い者がいきなり高い石高をもらうことはあり、それが幕府財政を苦しめる原因になっていたが「足高の制」は在職中に限るので、財政の負担が減る利点があった。

「公事方御定書《くじかたおさだめがき》」の制定…江戸幕府の成文法《せいぶんほう》（文章にまとめられた法律）。大岡忠相《おおおかただすけ》（テレビ時代劇の主人公にもなった「大岡越前《えちぜん》」のこと）などが編纂《へんさん》にあたった。裁判や刑罰の基準を定めた。

「新田開発」の推奨…裕福な町人が資金を出して行う「町人請負新田《うけおいしんでん》」の開発を推奨した。幕府は税金（年貢）の増収が見込め、開発した町人は農民から税金（小作料）を得ることができる利点があった。

「上米《あげまい》の制」の制定…幕府が大名から一万石につき百石の割合で米を納めさせる法令。その代わりとして「参勤交代《さんきんこうたい》」で江戸にいる期間を一年から半年に半減させた。

「定免法《じょうめんほう》」の実施…豊作や凶作に関係なく、年貢を安定して徴収するために税率を一定にした法律。これと反対に、収穫高を見て税率を決めるのは「検見法《けみほう》（検見取法《けんみどりほう》）」。

「株仲間」の公認…「株仲間」は幕府から独占的な営業を認められた同じ業種の組織のこと。独占権の代わりに、幕府は冥加金《みょうがきん》（上納金）や運上金《うんじょうきん》（営業税）を徴収した。幕府は商業を統制するとともに、安定した税収を得ることができた。

このような改革を吉宗さんは次々に行っていきました。中でも、新田開発や上米の制、足高の制、定免法など「米」に関わる政策が目立ちました。また、米価が急落（新田開発が成功して米が取れすぎたため）したり、逆に高騰（イナゴの大量発生や打ちこわしの発生など）したりして、米価に悩まされて振り回され続けたことから、吉宗さんは「米将軍」や「八木将軍《はちぼくしょうぐん》」（「八木」は組み合わせると「米」になる）などと揶揄《やゆ》されています。

○女性の好みは〝B専〟？　大奥の美女を大リストラ

また、吉宗さんは倹約の一環として、莫大《ばくだい》な経費が掛かっていた大奥の大改革を行いました。中でも有名な話が「大奥の美女五十人の大リストラ」です。

将軍に就任したての頃《ころ》、吉宗さんは大奥の中でもトップクラスの美女五十人を集めると、いきなり解雇を言い渡しました。なぜわざわざ美女をリストラしたかというと、吉宗さん曰《いわ》く「大奥を出ても、他に貰《もら》い手はいくらでもいる」ということでした。確かにそうかもしれませんが、五十人に選ばれた美女たちは、おそらく側室《そくしつ》になれるかもしれないと思って吉宗さんの招きに応じたと思いますので、非常に残念だったことでしょう。

ちなみに、吉宗さんはB専（ブサイク専門）だった可能性があります。

吉宗さんには、紀州から連れてきたお気に入りの側室に「お古牟《こん》の方」という人物がいますが、この女性に関して『徳川実紀《じっき》』には次のように記されています。

「その形良からず、枕席《ちんせき》に侍《はべ》らすべき様《さま》に非《あら》ず」（外見は美しくなく、枕をともにするべき見た目ではない）

容赦《ようしゃ》ない書き方です（笑）。ちなみに私も「カワイイ」と思った女性を周りに否定されることが時々ありますが、自分がカワイイと思えればそれで良いのです！　ね、吉宗さん‼

○藩主就任、将軍就任……周囲に起こる不審死の数々

吉宗さんは、テレビ時代劇の『暴れん坊将軍』のモデルとなったことで有名ですが、それこそ紀州時代の若い頃は〝暴れん坊青年〟でした。

吉宗さんが将軍になった後に、吉宗さんの御落胤《ごらくいん》であると自称する「天一坊《てんいちぼう》」という田辺（和歌山県田辺市）出身の山伏《やまぶし》が江戸に出てきて「大名になる！」と言うと、浪人たちを集めて大問題になっています。最終的に天一坊は死罪となっている（「天一坊事件」）のですが、この騒動が物語るように、紀州の時の吉宗さんは女性関係に奔放《ほんぽう》な暴れん坊だったようです。

その理由は出自にありました。吉宗さんは徳川家康の曾孫《ひまご》にあたることはあたるのですが、母は百姓の娘ともいわれる身分の低い女性（お由利《ゆり》の方）だったのです。さらに四男であったことから、紀州藩主を継ぐ予定もありませんでした。その後、十四歳で時の将軍の徳川綱吉に謁見《えっけん》をすると、越前の丹生《にゅう》郡に三万石を与えられ葛野《かずらの》藩（福井県丹生郡越前町）の藩主となっています。

こうして、生まれ故郷の紀州から遠く離れた地の殿様として人生を歩んで行く予定だった吉宗さんだったのですが、ここから不思議な出来事が連続で起きていきます。吉宗さんの兄たちが次々と死んでいったのです。

次兄の治郎吉《じろきち》はすでに病死。藩主を継いだ長兄の徳川綱教《つなのり》は一七〇五年（宝永二）五月に死去。

その跡を継いだ三兄の徳川頼職《よりもと》は、同年の九月に死去。また、父の徳川光貞《みつさだ》も同年八月に亡くなっています。こうして吉宗さんは、二十二歳で紀州藩主に幸運な（？）就任を果たしました。

さらに、不思議な出来事はこれだけではありません。将軍就任に際してもライバルとなる徳川一門が次々に死んでいるのです。

吉宗さんのライバルとなった藩といえば尾張藩です。

尾張藩主には、徳川家宣（六代将軍）が一時は将軍職を譲ろうとした徳川吉通がいました。将軍就任は実現しなかったものの、次期将軍となった徳川家継（七代将軍）の後見を務めることになります。そして、徳川家継が病弱だったことから、八代将軍にもっとも近いポジションにいました。

しかし、徳川家継の将軍就任から四カ月後に、徳川吉通は食後に急に血を吐いてもがき苦しみながら死んでしまいます。さらに、その跡を継いだ徳川五郎太《ごろうた》（吉通の嫡男《ちゃくなん》）も、家督相続から二カ月後に三歳で死んでしまうのです。

こうして、尾張藩は先述した徳川継友が継ぐことになるのですが、尾張藩のドタバタの間に吉宗さんは政治工作を着々と進めて差をつけ、将軍に就任することができました。

しかし、どう考えても、やはり人が死に過ぎです。吉宗さんが紀州藩主に就任した年から将軍となるまでのたった十一年で、**七人もの将軍候補者（徳川宗家：徳川家宣、徳川家継、紀州藩：徳川綱教、徳川光貞、徳川頼職、尾張藩：徳川吉通、徳川五郎太）がこの世を去っている**のです。そういう時はどうしても、一番美味《おい》しい思いをした人物を疑ってしまいます。

何も証拠はないのですが、尾張藩士の日記である『鸚鵡籠中記《おうむろうちゅうき》』には、将軍の後継者問題が起きた一七一六年（享保元）に紀州藩士が町人や薬売りに変装して情報収集をしていたということが記されています。つまり、吉宗さんは隠密《おんみつ》を用いていた可能性があるので、やや話を飛躍させると、将軍就任のために各地に隠密を遣わして、将軍候補者を次々に……なんていうのはドラマや小説のお話ですよね（笑）。

また、吉宗さんは御庭番《おにわばん》という将軍直属の隠密を使っていたとドラマなどで描かれることが多いのですが、これは実際は監察官（大目付《おおめつけ》や目付）を補佐する将軍直属の監察官でした。なぜ隠密のように描かれるのかというと、吉宗さんの怪しい将軍就任劇や隠密使用疑惑があったためかなと思われます。

ちなみに、話は少し変わりますが、吉宗さんは御三家とは別に、「御三卿《ごさんきょう》」を作っています。御三卿とは、徳川吉宗の次男の徳川宗武《むねたけ》（田安《たやす》家）、四男の徳川宗尹《むねただ》（一橋《ひとつばし》家）、孫の徳川重好《しげよし》（清水《しみず》家。正確には吉宗の長男で九代将軍の徳川家重によって創設された）に始まる徳川一門の家です。吉宗さんは、将軍家が絶えそうになった場合、自分の血統である御三卿から将軍を輩出するルールに変更しました。

時代劇などによって、爽《さわ》やかで正義感が強くクリーンなイメージがある吉宗さんですが、藩主や将軍就任に際する疑惑（重ねて言いますが証拠はありません！）に、隠密の使用の疑い、御三卿を創設することによって将軍後継者を自分の子孫に限定させるなど、実はダーティでしたたかな一面も持っていたのです。

江戸幕府第九代将軍

徳川家重

〈とくがわいえしげ〉

生没　一七一二（正徳元）～六一（宝暦十一）
在任　一七四五（延享二）～六〇（宝暦十）

言語は不明瞭でも政治手腕は一流――
大奥に引きこもった〝小便公方〟の実像

将軍パラメーター

総合評価	E
統率力	F
政治力	F
人　望	E
知名度	E
ヒッキー度	S

○吉宗の後継者は髪はボサボサ、ヒゲ伸び放題

徳川家重《とくがわいえしげ》というと、その肖像画がかなり特徴的です。徳川記念財団が所蔵している「徳川家重像」のことなのですが、ご覧になったことがない読者の皆さんは、本書ではこれまた予算の関係で掲載できませんので（笑）、お手元のスマホやPCで検索していただければと思います。

肖像画の家重さんの特徴は、アゴを前に突き出して猫背のようになり、おちょぼ口の口元は半開きで曲がり、眉間《みけん》にはギュッとシワを寄せて、両目は寄り目のようになっています。権力者の権威を高めるため美化して描かれることの多い肖像画としては異例のものなのですが、これは家重さんが現代でいう「脳性麻痺《まひ》」だったからで、その症状の特徴を摑《つか》んだものだったからかもしれません。発掘調査によると、家重さんの奥歯はひどく摩耗《まもう》していたそうですが、この特徴は脳性麻痺の症状によく見られるものだといいます。

それを裏付けるように『徳川実紀《じっき》』には、家重さんの特徴が次のように記されています。

「御多病にて、**御言葉さわやかならざりし**故《ゆえ》、近侍《きんじ》の臣といへども、**聞き取り奉る事難《かた》し**」（病気が多く、**言葉が聞き取りづらかったため**、近臣でも**聞き取ることが難しかった**）

また、家重さんは鬢付《びんつ》け油を嫌っていたため髪の毛はいつもボサボサ。ヒゲもまったく剃《そ》らずに伸び放題だったため、小姓《こしょう》たちが機嫌を取ってなんとか剃らせるような有様だったといいます。

生まれつき病弱で言語不明瞭《ふめいりょう》でだらしない家重さんでは、将軍職は務まらないように思えます。さらに、家重さんには二人の優秀な弟（徳川宗武《むねたけ》＝御三卿《ごさんきょう》の「田安《たやす》家」の初代、徳川宗尹《むねただ》＝御三卿の「一橋《ひとつばし》家」の初代）がいました。ところが、父の徳川吉宗《よしむね》は家重さんを後継者に指名します。

本書をはじめから順番に読んでいる方はちょっと思い出していただきたいのですが、徳川秀忠《ひでただ》の跡を継ぐのは誰かということで、女装癖と男色好きの徳川家光《いえみつ》（兄）と容姿端麗で才覚のあった徳川忠長《ただなが》（弟）が争ったことがありました。結果的に兄が将軍となって、弟は後に自害に追い込まれるという悲劇になっています。徳川吉宗は、その悲劇を再び招かないために、長幼《ちょうよう》の序《じょ》（年齢による序列）を重んじて長男である家重さんを後継者に決定したといわれています。しかし、この決定が家重さんを精神的に苦しめ、政治ではなく酒色の道に走らせてしまったのです。

○人は見た目じゃない？　才能ある若手抜擢の政権運営に手腕を発揮

さて、今回の主人公である家重さんは、一七一二年（正徳元）に、まだ紀州《きしゅう》藩主を務めていた徳川吉宗と紀州藩士（大久保《おおくぼ》忠直《ただなお》）の娘・お須磨《すま》の方《かた》との間に、江戸の紀州藩邸に生まれました。父・吉宗が将軍となってから九年後の一七二五年（享保十）に家重さんは十五歳で元服《げんぷく》。それから二十年後の一七四五年（延享二）に三十五歳で父から将軍職を譲られ、九代将軍に就任を果たします。しかし、将軍となったものの、鷹《たか》狩りなどが大好きな体育会系の父（六十二歳）はまだまだ現役バリバリで「大御所《おおごしょ》」となって実権を握ったため、形だけの将軍となりました。

その後、父は一七五一年（寛延四）に亡くなるまでの六年間、大御所を務めていますので、家重さんが名実ともに将軍となったのは四十一歳の時のことでした。

ところが、ここからまた家重さんの苦労が始まります。言語不明瞭である家重さんは〝暗愚《あんぐ》〟のレッテルを貼《は》られることが多く、重臣たちとのコミュニケーションも上手《うま》く取ることができませんでした。

しかし、その中で家重さんの言葉を理解できる側近が一人だけいました。その側近の名を大岡《おおおか》忠光《ただみつ》といいます。「大岡」というと、テレビ時代劇の主人公にもなった「大岡越前《えちぜん》」（実名は忠相《ただすけ》、徳川吉宗の代に町奉行を務めた）が有名ですが、大岡忠光とは先祖を同じくする遠い親戚で同時代に生きて交流もあったそうです。この大岡忠光は、幼少期から家重さんに小姓として献身的に仕えていたため、家重さんの言語をすぐに理解できたようです。『続三王外記《ぞくさんのうがいき》』によると、ある時、外出していた家重さんが家臣たちに何かを伝えたそうなのですが、その場に大岡忠光がいなかったため、家重さんが何を言いたいのかわからなかったといいます。そこで使いを飛ばして大岡忠光に家重さんの不明瞭な言葉をそのまま伝えると、すぐさま「上様は寒いから上着が欲しいのだ」と答えました。その答え通りに家臣が上着を渡すと、家重さんは大いに喜んだそうです。

家重さんは、自身を唯一理解してくれる大岡忠光を側用人《そばようにん》（徳川吉宗が廃止していたが復活させた）に大抜擢《ばってき》。大岡忠光は、家重さん政権の中枢を担うこととなりました。また、家重さんは小姓として十六歳の田沼意次《たぬまおきつぐ》（父の田沼意行《おきゆき》は徳川吉宗の紀州藩時代からの家臣）を起用します。その後、御側御用取次《おそばごようとりつぎ》（将軍の側近）から大名に抜擢され、家重さんの死後に徳川家治《いえはる》（十代将軍。家重の嫡男《ちゃくなん》）の政権で側用人に起用されて辣腕《らつわん》を振るうことになります。

当時だけでなく現代でも〝暗愚〟と評価されることがある家重さんですが、才能のある若手の側近を抜擢して政権運営を行うなど、人事の能力は優れていたと見ることもできます。

○〝暗愚〟それとも〝イケメン〟？　対照的な二つの肖像

しかし、その反動として家重さんは表に出てくることはほとんどなく、大岡忠光などの重臣に政権をお任せしてしまいます。そして、幕府のイベント事以外は、ほぼほぼ大奥《おおおく》に入り浸《びた》って、女に酒に遊芸に溺《おぼ》れてしまったといいます。

家重さんには脳性麻痺以外に、排尿障害もあったといわれていて、厠《かわや》に頻繁《ひんぱん》に訪れていました。外出する時は各所に臨時の厠を設置しなくてはならないなど、外出もままなりませんでした。死因もその障害による尿毒症、もしくは尿路感染とされています。そのため、家重さんには〝小便公方《しょうべんくぼう》〟という不名誉なあだ名が付けられています。ということは、伝えたいことはほとんど伝わらず、ただただ暗愚と決めつけられてしまうという現状に嫌気《いやけ》が差し、頻尿から引きこもりがちとなり、欲求を満たすだけの生活に陥ってしまったのかもしれません。

『徳川実紀』には次のようなことが記されています。

「近習の臣といえども、**常に見え奉《たてまつ》る者、稀《まれ》なり**しかば、**御言行《げんこう》の伝う事、いと少なし**」（近臣の者でも家重さんに**常にお目にかかる者は珍しく、言動が伝わることは、ほとんどない**）

大奥には家重さんが手を付けた女性が多くいたようですが、中でも寵愛《ちょうあい》された女性に、「お幸《こう》の方」と「お遊喜《ゆき》の方」がいました。お幸の方は後継者の徳川家治を、お遊喜の方は徳川重好《しげよし》を産んでいます。重好は、御三卿の一家である「清水《しみず》家」の初代となっています。

さて、家臣任せの政治だったものの、比較的安定した政権だったため『徳川実紀』には、家重さん政権について次のような記載があります。

「**万機《ばんき》の事ども、よく大臣に委任**せられ、御治世十六年の間、**四海《しかい》波静かに万民無為《むい》によくしける**は、有徳院《ゆうとくいん》（徳川吉宗）殿の御余慶《よけい》といえども、しかしながら、よく守成《しゅせい》の業をなし給う」（**政治の重要なことは、ほとんど重臣に任せていた。**在任十六年の間、**世の中が落ち着いていた**のは父のおかげといえるが、後継者としてよくやった）

しかし、家重さんの政権時の一七五八年（宝暦八）には「宝暦《ほうれき》事件」が起きています。これは竹内式部《たけのうちしきぶ》という神道《しんとう》家の学者が、若い公家たちに「朝廷は武家に政権を奪われている」ということと、「朝廷の政権回復」を説いたために、幕府から処罰された事件でした。これから約百年後「尊王攘夷《そんのうじょうい》」活動が活発となって「倒幕」思想に繋《つな》がり、結果的に幕府は倒されるわけです。家重さんの時代にその根源となる事件が起きていたのですが、この時は誰もそうなるとは思わなかったことでしょう。

先ほど髪はボサボサ、ヒゲ伸び放題と書きましたが、実はイケメンだったという話もあります。発掘調査によると、家重さんは鼻筋が通った面長《おもなが》のフェイスで、歴代徳川将軍の中でもトップクラスに整った顔立ちだったそうです。ヒゲを剃ろうとせずに、髪の毛もボサボサだったのは先述した通りですが、キチンと身なりを整えれば、その容貌《ようぼう》は気高《けだか》く堂々としたもので、大名たちはその雰囲気に畏服《いふく》したといいます。確かに徳川記念財団が所蔵する肖像画は残念な仕上がりになっているのですが、長谷寺《はせでら》（奈良県桜井市）の寺宝として伝わる、同時代に描かれた家重さんの肖像画は、まるで別人のように凛々《りり》しい顔立ちとなっています。こちらも予算の関係で載せられないので、各自で検索していただければと思います（笑）。

また、家重さんは将棋がかなり強かったそうです。暗愚な人物だったらできないことですので、知能はやはり優れていたと思われます。さらに、家重さんは一七六〇年（宝暦十）に大岡忠光が亡くなったことを機に隠居、将軍を長男の家治に譲っています。権力にしがみつくことが当然の中、すっぱりと自分の身を引くタイミングを弁《わきま》えている家重さんに名君の影を見ることができます。

その翌年、大岡忠光の後を追うように家重さんは病死するのですが、遺言《ゆいごん》として徳川家治に次のように伝えたといいます。

「田沼意次は全人《まとうど》（正直者、律儀者）の者だから、ゆくゆく目を掛けて用いよ」

息子はその遺言を守り、家重さんが取り立てた田沼意次を側用人として起用して、「徳川家治―田沼意次」政権が誕生することとなったのです。

江戸幕府第十代将軍

徳川家治

〈とくがわいえはる〉

影は薄いが、〝いいひと〟度は歴代将軍屈指！
政治は田沼意次に任せ、自分は将棋に没頭!?

生没　一七三七（元文二）～八六（天明六）
在任　一七六〇（宝暦十）～八六（天明六）

将軍パラメーター

総合評価	D
統率力	F
政治力	F
人　望	C
知名度	E
善人度	S

○豪快な一面も持つ素直で謙虚な将軍

徳川家治《とくがわいえはる》は、徳川吉宗《よしむね》（八代将軍）の孫、徳川家重《いえしげ》（九代将軍）の長男にあたるお方です。家治さんの政権は側用人《そばようにん》から老中《ろうじゅう》を務めた田《た》沼意次《ぬまおきつぐ》が握ったため、日本史の教科書ですと「田沼時代」や「田沼政治」などと呼ばれているので、かなり影が薄い将軍のひとりとなっています。

鎌倉・室町・江戸の各幕府の将軍で、重臣に政権を掌握されてしまうパターンはいくつもありましたが、その多くが将軍が幼少だったり、その重臣の権力によって擁立《ようりつ》されたりしたことが原因でした。しかし、家治さんが将軍に就任したのは政務を行うことができる年齢の二十四歳。しかも、父が将軍の嫡流《ちゃくりゅう》にあたったので、誰かに擁立されたという背景もありませんでした。

では、なぜ「田沼」のイメージしか残らない政権となったのか？　実は家治さんが〝いいひと〟過ぎたからだと思われるのです！

家治さんが生まれたのは、祖父の徳川吉宗が将軍時代の一七三七年（元文二）のことです。祖父は鷹《たか》狩りなどを愛したスポーツマンで、身長も六尺（約百八十センチ）ほどあったというお方でした。家治さんも、父よりも祖父の血を受け継ぎ、健康体で生まれて健《すこ》やかに育ちます。

そのため祖父・吉宗も、息子より孫に大きな期待を抱いたらしく、家治さんは幼少期から将軍となるために学問や武術、帝王学を徹底的に叩《たた》き込まれたようです。

ある時のこと、祖父が幼い家治さんに習字を教えていると、家治さんは紙に「大」という字を書き始めました。しかし、あまりに大きく書き出してしまって、紙に収まりそうにありません。すると家治さんは、そのまま紙を飛び出して、畳にも書いて「大」を完成させたといいます。これを見た祖父は、家治さんの大胆さに大喜びをしたそうです。

そんな家治さんは、一七六〇年（宝暦十）に父から将軍職を譲られて、十代将軍に就任しました。しかし、ここから家治さんの将軍親政がスタート！……とはなりませんでした。

『徳川実紀《じっき》』によると、将軍就任直後、家治さんは祖父の代から仕える老中の松平武元《まつだいらたけちか》（祖父は六代将軍家宣の弟にあたる松平清武《きよたけ》。「徳川家宣」の項参照）を招いて次のように言ったといいます。

「私はまだ若く、国の政治のことに習熟していない。武元は祖父の代から政務に参加し、祖父の薫陶《くんとう》を受けて、数年老中を務めているので、今日からは思ったことはすべて言上《ごんじょう》し、**私に過《あやま》ちがあれば、諫言《かんげん》して欲しい。私は素直にその言葉を聞こうと思う**」

将軍でありながら、なんと謙虚で〝いいひと〟なんでしょう！

家治さんには、このような人格者のエピソードが多く残されています。

○田沼意次を重用したのは律儀な性格ゆえ？

これまた『徳川実紀』にある、江戸で火事が起きた時の逸話です。

火事で江戸の町の多くが焼失していく中、家治さんは側近の家臣たちに火の様子を見てくるように命じました。当時は「火事と喧嘩《けんか》は江戸の花」と謳《うた》われるほど江戸の火事は多く、火消しの活躍が持て囃《はや》されたことから、不謹慎ながら火事はエンターテインメントの側面を持っていました。そのため、家治さんから命じられた若い側近たちは、喜び勇んで我先に向かおうとしました。

すると、家治さんは「しばし待て！」と止めて、次のように諭《さと》したといいます。

「**火災は民の憂《うれ》い**の大きなものである。**民の憂いは、私の憂いである。**興のあることだと思ってはならない。私は民のために何かできることがないかと思って命じたのである。そなたたちは、そういう気持ちで見て参れ」

なんて〝いいひと〟〜！

また、歴代の徳川将軍では珍しく愛妻家の一面を持っていました（十三代将軍家定《いえさだ》や十四代将軍家茂《いえもち》も同様です）。家治さんは、祖父と同じく大奥《おおおく》の経費を大幅にカットして側室《そくしつ》をもうけようとせず、正室の「五十宮倫子《いそのみやともこ》」（閑院宮直仁親王《かんいんのみやなおひと》の王女）との夫婦仲は非常に良いものでした。正室とは二人の子どもをもうけたのですが、どちらも女子でした。これを受けて、側近の田沼意次は「後継者をつくるために側室を迎えてください」と家治さんに進言します。しかし、家治さんは〝いいひと〟ゆえに側室を迎えることに罪悪感があったのでしょうか、「主殿《とのも》（田沼意次。「主殿」は官職名）も側室がいないではないか」と言って断りました。そのため、田沼意次は仕方なく自分も側室を取ることを条件に家治さんにも側室を迎えさせています。

この田沼意次と深い関係性になったのも、家治さんの〝いいひと〟が影響していました。

祖父のように名君であろうとした家治さんは、変わった食べ物が出ると「これは先々代（徳川吉宗）も召し上がったか？」と確認するほどでしたが、祖父だけでなく父のことも慕《した》っていました。

その父が遺言《ゆいごん》で、「田沼意次は全人《まとうど》（正直者、律儀者）であるから将来重用するように」言ったということは前項にも書きましたが、その遺言通りに田沼意次を側用人に大抜擢《ばってき》して、後に老中に取り立てています。律儀者なのは田沼意次よりも、むしろ家治さんですね（笑）。

ところが、先ほど触れた老中の松平武元などの重臣たちが亡くなっていくと、いつの間にか幕政は田沼意次を中心に回されていくことになります。そのため、田沼意次の許《もと》には、登用や昇進を狙《ねら》う諸大名や幕府の役人たちから賄賂《わいろ》が送られるようになり、家治さんを差し置いて田沼意次が事実上の最高権力者となったため、世間では次のような歌が流行《はや》ったといいます。

「田沼様（田沼意次）には及びもないが、せめてなりたや公方様《くぼうさま》（家治さん）」

つまり、「田沼意次には及ばないけれども将軍にはなってみたい」と皮肉を言われるようになり、政権内だけでなく庶民にも「田沼意次＞家治さん」という図式が定着してしまったようです。

ただ、家治さんは父の遺言を守るためか、田沼意次を排除しようとはせずに政権運営をお任せし続けました。その間に家治さんがやっていたのが「将棋」でした。

父も将棋好きだったためか、家治さんは早くから将棋にハマり、かなりの腕前だったといいます。その段級は、なんと七段！　最高段位は九段ですから、相当な実力です。中でも詰将棋が得意で『御撰象棊攷格《ぎょせんしょうぎこうかく》』という詰将棋の百番勝負を収録した書を残しました。ちなみに、将棋の時に限っては、あまり〝いいひと〟だったようではなく、自分が追い込まれると急に「待った」をして駒《こま》を戻すこともあったそうです。普段良い人なのに、趣味の時だけ（例：車の運転）オラつく人ってたまにいますけど、家治さんはそういったタイプだったのかもしれません（笑）。

○自由な気風の治世下、多くの才能が開花

家治さんの政権（田沼時代）では**「株仲間《かぶなかま》」**（幕府から販売の独占権を与えられた同業種の集団。権利の代わりに幕府に税金を納めた）の結成や**「専売《せんばい》」**（幕府直営の座を作って貿易品の統制と税の増収を図った）によって税収を安定させたり、新田《しんでん》開発のために下総《しもうさ》（千葉県）の印旛沼《いんばぬま》や手賀沼《てがぬま》の干拓《かんたく》を計画（利根川の大洪水で失敗）したり、**「南鐐二朱銀《なんりょうにしゅぎん》」**を鋳造《ちゅうぞう》したりしました。

学生の時に日本史を勉強したことがある方なら「南鐐二朱銀」に聞き覚えがあると思います。当時は私もわかっているようなわかっていないような感じでしたが、端的に言いますと、この銀貨は東日本でも西日本でも使える「統一貨幣《かへい》」でした。当時は、東日本では計数貨幣（枚数を数えて使う貨幣）の金貨、西日本では秤量《ひょうりょう》貨幣（重さを計って使う貨幣）の銀貨が一般的に使われていました。この相場レートはかなり変動し流通に支障が出ていたので、田沼意次は流通を促進させるために、二朱の価値がある金貨と交換できる計数貨幣の銀貨をはじめて発行したのでした。

また、俵物《たわらもの》（いりこ、ほしあわび、ふかのひれ）を清《しん》（中国）に輸出するなど、まだ鎖国《さこく》政策な

がら、メイドインジャパンの良品を輸出して海外貿易を促進。ロシアの南下政策に対応するために蝦夷地《えぞち》（北海道）の開拓を始め、最上徳内《もがみとくない》（出羽《でわ》の農民出身。天文学や測量術を学んで幕府の蝦夷探検に抜擢された）らを派遣して千島などの調査を行い、ロシアとの貿易の可能性も探りました。

「田沼政治」は一般的に「賄賂政治」と言われて批判を受けることが多いのですが、これまでの方針（鎖国など）とは異なる新政策を続々と打ち出している開明的な一面がありました。そのため、国内では国学や蘭学《らんがく》が盛んになり、身分に関係なく学問に興味を持つ人たちが増えました。

この時代に活躍した市中の文化人には、平賀源内《ひらがげんない》（エレキテルの復元で知られる）や杉田玄白《すぎたげんぱく》（『解体新書』の刊行で知られる）などがいますが、これは家治さん（というか田沼政治）の自由な気風があったからこそ、世に出てきたといえます。

しかし、革新的な田沼政治は保守的な者たちの強い反発を受け始め、また賄賂の話も絶えずに評判は良くありませんでした。

さらに、一七七二年（明和九）に「江戸三大大火」の一つである**「明和《めいわ》の大火」**（別名「目黒行人坂《めぐろぎょうにんざか》の大火」）が起きて江戸の三分の一が焼失ます。一七八三年（天明三）の**「浅間《あさま》山《やま》大噴火」**では約二千名の死者が出て、江戸にも約三センチの火山灰が積もるほどの被害が出ます。噴火は冷害をもたらし、**「天明の飢饉《ききん》」**と呼ばれる大飢饉が全国規模で発生、多くの餓死者が出てしまいます。

こうして、世情が非常に不安定となった一七八四年（天明四）のこと。田沼意次の嫡男《ちゃくなん》の田沼意知《おきとも》が江戸城内で佐野政言《さのまさこと》という旗本《はたもと》に殺害される事件が起きてしまいます。これは佐野政言の私怨《しえん》によるものだったのですが、天下に嫌われていた「田沼」を斬《き》ってくれたことから、佐野政言（事件後に切腹）は「世直し大明神」として持て囃されることとなりました。

○田沼意次との間に吹くすきま風……さびしい晩年

世の中がてんやわんやな状況の時に、家治さんはどうしていたかといいますと、一七七九年（安永八）にひとり息子を失って打ちひしがれていました。ひとり息子の名は徳川家基《いえもと》。

家基は幼い頃《ころ》から優秀で、家治さんは後継者として考えていました。ところが、この年の二月二十一日に品川に鷹狩りに出かけた時に急に腹痛を催《もよお》し、その三日後に十八歳で亡くなってしまったのです。家治さんはひどく悲しみ、食事がまったくノドを通らない有様だったといいます。

しかも、その死があまりに突然だったことから暗殺説が飛び交い、その犯人として名前が挙がったのが、誰《だれ》よりも信頼していた田沼意次だったのです。田沼意次が将軍職を狙う御三卿《ごさんきょう》の一つ、一橋《ひとつばし》家の一橋治済《はるさだ》と手を組んで、徳川家基を暗殺したという噂《うわさ》が出ました。確かに田沼意次の弟（田沼意誠《おきのぶ》）や甥《おい》（田沼意致《おきむね》）は一橋家の家老を務めていたため、田沼意次と一橋家の繋《つな》がりは強かったです。しかし、田沼意次はこのまま家治さんの政権を握れば、跡を継ぐ徳川家基の時にも、おそらく権力を振るうことができたはずなので、わざわざ殺《あや》める必要はないと思われます（ただ、田沼意次は限りなく〝シロ〟に近いとしても、一橋治済はニオイます……）。

この黒い噂を家治さんがどこまで信じたかはわかりませんが、〝いいひと〟だということを考えると、ウソだとわかっていても心をひどく痛めていたかもしれません。

結局、徳川家基の死から二年後の一七八一年（天明元）に一橋家から養子をもらい、後継者とすることにしました。この養子が後の十一代将軍・徳川家斉《いえなり》ということになります。

この後の一七八六年（天明六）に家治さんは重度の脚気《かっけ》となってしまいます。田沼意次は主君を救おうと名医を呼びますが、逆に症状が悪化してしまいました。すると、家治さんに田沼意次が毒を盛ったという噂が流れてしまいます。もちろん、田沼意次が家治さんを殺めて良いことなどありませんのでデマだと思われます。

再び流れた信用する田沼意次の黒い噂に、病床の家治さんは何を思ったでしょうか。

不思議なことに、家治さんの死（九月八日）の直前（八月二十七日）に、家治さんの命令によって田沼意次は老中を罷免《ひめん》されています。家治さんが田沼意次を黒幕として見捨てたように見える処置ですが、実はこれはアンチ田沼意次のグループが、田沼意次を陥れるために行った謀略だといわれています。つまり、家治さんの死（将軍の死を秘匿《ひとく》することは慣習でした）は実際にはもっと早く、死亡日をずらすことによって遺言と称して田沼意次を失脚させたというのです。

今も昔も〝いいひと〟というのは振り回されがちで損をする役回りが与えられてしまいます。

ちなみに、家治さんには将棋以外に絵の趣味もありました。自分が描いた絵には落款《らっかん》（作者の印）を押していたのですが、あまり出来栄えが良くなかった作品には「梅風薫四方」という落款を、良く出来たお気に入りの作品には「政事之暇」という落款を押していました。

この「政事之暇」は政治に携《たずさ》われない不満の表れなのか、それとも優秀な田沼意次に政治を任せることで自分は趣味に没頭できる幸せを込めたものなのかは、今となっては〝いいひと〟家治さんのみぞ知ることです。

江戸幕府第十一代将軍

徳川家斉

〈とくがわいえなり〉

生没　一七七三（安永二）～一八四一（天保十二）
在任　一七八七（天明七）～一八三七（天保八）

将軍在任半世紀、その後も大御所として君臨！
子ども五十五人の絶倫ビッグダディ⁉

将軍パラメーター

総合評価	C
統率力	C
政治力	C
人　望	D
知名度	D
絶倫度	S

○陰謀渦巻く後継争い？　アヤしすぎる将軍就任

江戸時代も後半に差し掛かってきました！

十代将軍の徳川家治《とくがわいえはる》の養子となって跡を継ぎ、十一代将軍となったのが徳川家斉《いえなり》です。

徳川吉宗《よしむね》の時もそうでしたが、家斉さんの将軍就任劇にもダーティな噂《うわさ》があります。

家斉さんはもともと御三卿《ごさんきょう》の一橋《ひとつばし》家に生まれました。

御三卿には序列がありまして、田安《たやす》家（徳川吉宗の次男に始まる）、一橋家（吉宗の四男に始まる）、清水《しみず》家（吉宗の長男である家重《いえしげ》の次男に始まる）の順です。そのため、徳川家治の跡は、家斉さんの一橋家ではなく、田安家が継ぐのが道理でした。しかし、結果として家斉さんが将軍後継者となったわけなのですが、これには家斉さんの父である一橋治済《はるさだ》（吉宗の孫）の暗躍があったのです。

いったん系図をまとめてみますと――、

徳川吉宗
- （徳川将軍家）徳川家重―徳川家治―徳川家基《いえもと》
- （田安家）徳川宗武《むねたけ》
  - 田安治察《はるあき》（生まれつき病弱。後に病死）
  - 松平定国《まつだいらさだくに》（伊予松山藩・松平家に養子に出される）
  - **松平定信《さだのぶ》**（陸奥《むつ》白河《しらかわ》藩・松平家に養子に出される）
- （一橋家）徳川宗尹《むねただ》―一橋治済―**徳川家斉**

こんな感じです！

松平定信は「寛政《かんせい》の改革」を行なった老中《ろうじゅう》として教科書に登場する比較的知名度が高い人物です。このお方はもともと田安家に生まれたのですが、兄（田安治察）が生まれつき病弱だったため、後々は定信が田安家を継ぐと考えられていました。さらに、もし将軍後継者である徳川家基に大事が起これば、松平定信が次期将軍になるということもありえました。

「これでは自分の息子が将軍になれない……」と考えたのが家斉さんの父でした。当時の政権を牛耳《ぎゅうじ》っていたのは前項で紹介した田沼意次《たぬまおきつぐ》ですが、一橋家では田沼意次の弟と甥《おい》が家老を務めていたこともあり、家斉さんの父は松平定信を田安家から別の家に養子に出させるように幕府に働きかけます。すると、その謀略通りに物事は進み、松平定信は白河《しらかわ》藩の松平家の養子になることが決まりました。

そして、松平定信が一七七四年（安永三）に白河藩の松平家を継ぐことになると、奇《く》しくも同年に兄の田安治察が病死してしまいます。これに対して、田安家は松平定信に家督を継がせようと幕府に懇願《こんがん》しますが、許されることはありませんでした。

そして、これから十三年後に家斉さんの弟（徳川斉匡《なりまさ》）が田安家を継ぐまで、田安家は当主不在という非常事態となり「明屋形《あきやかた》」と呼ばれるようになりました。松平定信は黒幕の家斉さんの父よりも、その意を汲《く》んだ田沼意次を深く恨《うら》むようになったといいます。

家斉さんの父としては、息子のライバルとなる松平定信を後継者争いから振り落とすことができ、さらに後に田安家に養子を送り込んで乗っ取っているので、謀略は大成功です！

御三卿のライバルを蹴落《けお》とすことができた父ですが、まだ最強のライバルがいます。それは現役将軍の徳川家治の嫡男《ちゃくなん》である徳川家基でした。すでに徳川家治は、徳川家基を後継者として扱っており、さすがの謀略家の父も万策尽きたように見えました。

ところが、一七七九年（宝永八）に大事件が起きます。品川に鷹《たか》狩りに向かった徳川家基が急に腹痛を患《わずら》い、江戸城へ戻るとそのまま急死してしまったのです。

果たして、本当に病死だったのか……アヤしい、実にアヤしいのです！　こうして、徳川将軍家の後継者が不在となったため、そこにスッポリ収まったのが家斉さんだったというわけです。

○「寛政の改革」から一転、将軍親政で政治腐敗

一七八一年（天明元）に九歳で徳川家治の養子になった家斉さんは、その六年後の一七八七年（天明七。前年に徳川家治が病死）、十五歳で十一代将軍に就任を果たします。

その後の、家斉さんの政権は大きく三つに分かれます。それらの時代の政権を担ったのが「松

平定信（寛政の改革）」、「寛政の遺老」、「家斉さん（将軍親政・大御所《おおごしょ》時代）」でした。

就任当初は家斉さんがまだ若かったため、実権は老中首座の**松平定信**（当時二十九歳）が握ります。かつては敵対関係でしたが、松平定信は白河藩で名君としての評判が上がっていて、自身も幕政に参加することを望んだため『家斉さん―松平定信』政権が生まれました。

自らを将軍後継者候補から外した田沼意次を恨んでいた松平定信は「田沼政治」を批判して、祖父の徳川吉宗の「享保《きょうほう》の改革」を模範とした**「寛政の改革」**を行います。

しかし、この改革は質素倹約を強制して、風俗の取り締まりを強化するなどしたため、庶民からの評判は最悪でした。そのため文人《ぶんじん》の大田《おおた》南畝《なんぽ》に、次のような狂歌で風刺されています。

「白河（白河藩主の松平定信）の清きに魚も住みかねて、元の濁りの田沼（田沼意次）恋しき」

ウマイ！　つまり、松平定信の統治は息苦しく、以前の田沼意次の頃《ころ》が懐かしいと詠《よ》まれてしまったわけです。庶民だけでなく、幕府の重臣や朝廷とも仲違いして孤立した松平定信は一七九三年（寛政五）に老中を辞職して、改革は約七年間で終わりを迎えました。

松平定信は失脚したものの、まだ家斉さんは若かった（当時二十一歳）ために松平定信の時代から幕府の重臣だった「寛政の遺老」と呼ばれる者たち（松平信明《のぶあきら》、牧野《まきの》忠精《ただきよ》など）が続いて政務を行うこととなります。

ところが、寛政の遺老が亡くなったり、高齢のために隠居を申し出てくると、家斉さんは側用人《そばようにん》だった**水野《みずの》忠成《ただあきら》**を老中首座に起用して**「将軍親政」**を行い始めました。水野忠成は「寛政の改革」で禁止された収賄《しゅうわい》を公認したため、「田沼政治」で叩《たた》かれた賄賂《わいろ》政治が復活してしまいます。

そのため、次のような狂歌が詠まれました。

「水の出て、もとの田沼に、なりにける」（水野忠成が登場して、元の田沼意次の政治に戻った）

これまたウマイ！　賄賂の横行に伴って、家斉さんをはじめとする家臣や大奥《おおおく》などでは贅沢《ぜいたく》三昧《ざんまい》の派手な生活が送られるようになり、政治は腐敗していきました。ちなみに、水野忠成の後釜《あとがま》として老中を引き継いだのが、家斉さんの後継者の徳川家慶《いえよし》が将軍を務めている時に「天保《てんぽう》の改革」を行う水野忠邦《ただくに》です。水野忠成とは親子などではないものの、遠～い親戚にあたります。

さて、水野忠成の他に政権で重きを成した「三翁《さんおう》」と呼ばれる三人もいました。この三人は家斉さんの父である一橋治済（家斉さんの父）と島津重豪《しまづしげひで》（正室の「近衛寔子《このえただこ》」の父）、中野碩翁《なかのせきおう》（側室《そくしつ》の「お美代《みよ》の方」の養父）を指し、三人は「天下の楽に先んじて楽しむ」（世の中が楽しむ前に楽しんでいる）と、その贅沢な暮らしを批判されています。

その後、一八三七年（天保八）に家斉さんは将軍在任五十年を区切りとして、嫡男の徳川家慶《いえよし》に将軍職を譲りました。この在任期間は江戸幕府に限らず歴代将軍で最長記録となっています。将軍職は譲ったものの家斉さんは実権を握り続け「大御所《おおごしょ》」と称しました。そのため、一八四一年（天保十二）に家斉さんが亡くなるまでは**「大御所時代」**と呼ばれています。

頼山陽の『日本外史《にほんがいし》』には家斉さんが政権を握った時代に関して次のように書いてあります。

「武門、天下を平治する。ここに至って、その盛りを極む」

つまり「家斉さんの治世は、武家政権のピークだ！」というわけです。

確かに、家斉さんの時代には、庶民たちもその自由な気風を楽しみ、江戸の町人を中心とした

「化政《かせい》文化」が花開きました。この時に活躍した文化人には、次のような人たちがいます。

浮世絵《うきよえ》師：鈴木春信《すずきはるのぶ》、喜多川歌麿《きたがわうたまろ》、東洲斎写楽《とうしゅうさいしゃらく》、葛飾北斎《かつしかほくさい》、歌川広重《うたがわひろしげ》　俳人：与謝蕪村《よさぶそん》、小林一茶《こばやしいっさ》

滑稽本《こっけいぼん》作者：十返舎一九《じっぺんしゃいっく》　読本《よみほん》作者：曲亭《きょくてい》（滝沢《たきざわ》）馬琴《ばきん》

実に錚々《そうそう》たるメンバーです！　家斉さんの締め付けない自由で享楽《きょうらく》的な政権は、現代に繋《つな》がる日本文化に大きく貢献していたといえます。ところがその享楽は、実は日本に迫っていた内憂外患《ないゆうがいかん》の危機から目を背《そむ》けるための一時的な慰《なぐさ》めに過ぎなかったのです。

○鎖国揺るがす国際情勢をよそにせっせと子作り!?

家斉さんの時代には、日本の国内外でトラブルが起きていました。

国内では「天保の飢饉《ききん》」が発生して各地で餓死者が続出、この飢饉に対する幕府の対応に不満を抱いた大塩平八郎《おおしおへいはちろう》（元は大坂町奉行の与力《よりき》）が幕府へ反乱（「大塩平八郎の乱」）を起こしています。

海外からは列強諸国の船が次々に日本の近海に現れ、鎖国《さこく》体制を揺るがす事態に陥りました。

当初の幕府は一八〇六年（文化三）に「薪水給与令《しんすいきゅうよれい》」を出して外国船に燃料や食料を支給する対応を命じましたが、一八二五年（文政八）には「異国船打払令《いこくせんうちはらいれい》」が出されて、日本の海岸に近づいた外国船は有無を言わさずに砲撃するという措置がとられます。

ところが、一八三七年（天保八）に日本の漂流民を送り届けようとしたアメリカのモリソン号

が砲撃される事件（「モリソン号事件」）が起き、幕府の対応は国内外から批判されます。これに対して、国内で幕府を批判した蘭学者の高野長英《たかのちょうえい》や渡辺崋《わたなべか》山《ざん》らが処罰される事件（「蛮社《ばんしゃ》の獄《ごく》」）が一八三九年（天保十）に起きました。また、この翌年の一八四〇年（天保十一）には「アヘン戦争」が勃発《ぼっぱつ》して、大国の清《しん》が敗北するという日本にとって衝撃的な事件も起きています。

そのような内憂外患の危機に瀕《ひん》して、将軍・大御所だった家斉さんが熱心に取り組んでいたのが子作りでした。

家斉さんは、絶倫《ぜつりん》の将軍として知られていますが、十七歳で初の子ども（長女）が生まれてから毎年のように子どもが誕生し、合計でなんと**五十五人の子ども**をもうけています。もちろん歴代将軍で最多の数です。ちなみに、**側室は四十人前後**いたそうです。実にタフネスです！

子どもは半分以上が成年になる前に亡くなっていますが、成人した子どもたちは大名の養子や嫁に送られました。代表的な娘は「溶姫《ようひめ》」です。溶姫は家斉さんの〝二十一女〟にあたります。聞いたことない、二十一女って（笑）。溶姫が嫁《とつ》いだのは、加賀藩主の前田斉泰《まえだなりやす》なのですが、この輿入《こしい》れの際に前田家の屋敷には朱《しゅ》塗りの御守殿門《ごしゅでんもん》が建てられました。この門は現存しており、現在は東京大学本郷キャンパスの「赤門《あかもん》」として知られています。

さて、これだけの子どもを作るためには、かなりの馬力がないと無理だと思われますが、家斉さんはオットセイの陰茎《いんけい》や睾丸《こうがん》の粉末や白牛酪《はくぎゅうらく》（バターのような高タンパク乳製品）を日常的に食べて精力を付けていたそうです。私はオットセイのアソコの粉末が気になったので、ネットで検索してみたら「海狗《かいく》腎《じん》」と呼ばれる漢方がヒットしました。一番上に登場した「中屋彦十郎薬局」

さんのホームページ（二〇一八年八月現在）によると、三十五センチ、百十グラムで約六万円だそうです。うーむ、高い！　当時もかなり貴重なものですから、わざわざ取り寄せて服用していたことを考えると、やはり家斉さんは健康や子作りを強く意識していたのでしょう。

ちなみに、絶倫の家斉さんでしたが、唯一ともいっていい健康面の弱点がありました。それが長年ずっと悩まされていた「偏頭痛《へんずつう》」です。これはある人物の祟《たた》りを恐れていたからだといいます。その人物というのが、将軍家を継ぐはずであったにもかかわらず、十八歳で謎《なぞ》の死を遂げた徳川家基です。家斉さんがその祟りを恐れていたということは、徳川家基はひょっとすると、やはり家斉さんの父によって葬《ほうむ》られ、家斉さんもそのことを知っていたのかもしれません。

ちなみに、側室のお美代の方の実父といわれる法華経《ほけきょう》の智泉院《ちせんいん》（千葉県市川市）の僧侶の日啓《にっけい》は、家斉さんに寵愛《ちょうあい》される娘とともにこの弱みに付け込んでいます。家斉さんが頭痛などの病気に悩まされた時、「これは徳川家基の祟りである！」と断言して信用を得た日啓は、寵愛するお美代の方のオネダリもあって、雑司ヶ谷《ぞうしや》（東京都豊島区）に新たに建立《こんりゅう》された感応寺《かんのうじ》の住職にまで登りつめました。ところが、このお寺に大奥の女中たちが頻繁《ひんぱん》に出入りして僧侶たちと密通しているという噂が流れたため、家斉さんの死の直後から行われた水野忠邦の「天保の改革」の取り締まりの対象とされて即時に破却され、日啓は女犯《にょぼん》の罪で捕らえられ獄死しています。

家斉さんは、自分を将軍にしたてあげた父の謀略によるライバルの急死、迫り来る内憂外患から目を背けたくて、自分の欲求のままに人生を謳歌《おうか》した将軍だったのかもしれません。しかし、そのシワ寄せは次期将軍の徳川家慶に及んでいくのでした。

江戸幕府第十二代将軍

徳川家慶

〈とくがわいえよし〉

父・家斉を見習ったのは「子作り」だけ？
開国を見届けず逝った黒船来航時の将軍

生没　一七九三（寛政五）～一八五三（嘉永六）
在任　一八三七（天保八）～五三（嘉永六）

将軍パラメーター

総合評価	E
統率力	F
政治力	F
人望	B
知名度	E
他人任せ力	A

○大御所没後も実権握れぬ「そうせい様」

日本史の中でも人気の時代なのが「幕末」です！　幕末はいつから始まるかというと、一八五三年（嘉永六）にペリーがアメリカの軍艦を率いて日本に訪れた「黒船《くろふね》来航」からだと一般的にいわれています。その歴史的大事件の時の将軍だったのが、今回の主人公の徳川家慶《とくがわいえよし》です。

家慶さんは一七九三年（寛政五）に徳川家斉《いえなり》の次男として誕生しました。父はかなりの絶倫《ぜつりん》ビッグダディで、四十人前後の側室に五十五人の子どもがいたといいます。家慶さんには兄（竹千《たけち》代《よ》）がいたのですが、家慶さんが誕生した年にわずか二歳で亡くなってしまったため、生まれて早々に将軍後継者に内定しました。一七九七年（寛政九）には五歳で元服《げんぷく》をして家慶（幼名は「敏次《としじ》郎《ろう》」）と名を改めています。

その後は、父の政権が長く続き（将軍在任五十年は歴代最長）、将軍職を譲られたのは一八三七年（天保八）の四十五歳のことでした。しかし、将軍就任後も家慶さんが政治を取り仕切ることはできません。まだまだ健在の父は「大御所《おおごしょ》」と称して政権を掌握、「大御所時代」に入ったため、名実ともに家慶さんの治世となったのは、父が亡くなった一八四一年（天保十二）です。ところが、家慶さんは父の死後も事実上、政権を握ることはできず、ある人物が幕政を担うことになりました。その人物というのが**水野忠邦《みずのただくに》**です。

肥前《ひぜん》の唐津《からつ》藩（佐賀県唐津市）の藩主の息子として生まれた水野忠邦は、幕政に参画したい志があったため、賄賂《わいろ》やコネを使って幕府の重臣となるための登竜門といえる遠江《とおとうみ》の浜松藩（静岡県浜松市）の藩主となります。その後、大坂城代などの重職を経て、老中《ろうじゅう》を務めていた同族の水野忠成《ただあきら》の死を受けて、代わりに老中となり、一八三九年（天保十）に老中首座となっていました。そして、家慶さん政権で**「天保《てんぽう》の改革」**をスタートさせるのです。

ちなみに、水野忠邦が一時期城主を務めた浜松城は、水野忠邦をはじめ歴代城主の多くが幕府の重役となったことから「出世城」と称されました。

さて、一八四三年（天保十四）に水野忠邦が失脚して天保の改革が終わりを迎えると、代わって阿部正弘《あべまさひろ》が老中首座となって政務を取り仕切りました。そのため、家慶さんは将軍就任からずっとリーダーシップを発揮することはほとんどなく、家臣からの提案には「そうせぇ」と言って政治を任せていたことから**「そうせい様」**というニックネームが付けられました。

似たようなあだ名を持つ将軍に、四代将軍の徳川家綱《いえつな》（左様《さよう》せい様）がいますが、徳川家綱は流罪《るざい》となった罪人に心配りをするような優しい性格の持ち主でした。家慶さんもまた心優しき将軍だったようです。『遠近橋《おちこちばし》』には、次のような家慶さんの発言が残されています。

「私が将軍になってから、一つとして良いことがない。丙丁《へいてい》（一八四六〜四七：弘化三〜四）の厄《やく》年《どし》ではあるが、地震や大火や洪水で、民の命をおびただしく失い、近頃《ちかごろ》は異国船への対応も容易ではなく、天に対して恐れ入ることである。**天下津々《つつ》浦々《うらうら》の者は、みな私の百姓**である。**たくさんの者が死ぬのを見ることを耐え忍ぶことができるだろうか**」

名君とはかくあるべしというような素晴らしいコメントです！

さらに家慶さんは、なぜ天災が起きてしまうのかということを、続けて次のように分析しています。

「結局は、下のことが上に通じず、物の滞《とどこお》りがあるために天の憎しみを受ける（天災が起きてしまう）のだろう。私の行き届かないところは、役人の者たちが何重にも補助して、下の言いたいことが上に達するように、**思ったことは憚《はばか》りなく言上《ごんじょう》せよ**」

つまり、将軍と役人の間での意思疎通ができていないことが天災の原因だと考えた家慶さんは「俺になんでも言ってくれ！」と役人たちに伝えたのです。

しかし、徳川家綱の時には〝下馬《げば》将軍〟の酒井《さかい》忠清《ただきよ》が、〝いいひと〟の徳川家治《いえはる》（十代将軍）の時には側用人《そばようにん》の田沼意次《たぬまおきつぐ》がいたように、家慶さんと役人の間には水野忠邦や阿部正弘などの強権を振るう老中たちがいたため、そういった家慶さんの考え方は役人たちにキチンと伝わることはありませんでした。

家慶さんは『続徳川実紀《じっき》』に「性質沈静謹粛《ちんせいきんしゅく》にして、才良にましまし」（生まれつき落ち着いていて慎み深く、優れた才覚の持ち主である）と記されるなど、名君の素養を持っていたようですが、松平春嶽《しゅんがく》（越前《えちぜん》藩主。「幕末の四賢侯《しけんこう》」の一人）に「**凡庸**《ぼんよう》（優れたところがない普通）の人」と呼ばれてしまうなど、表立って活躍することはありませんでした。

○水野忠邦登用で綱紀粛正をはかるも失敗……

さて、家慶さんの政権下で行われた「天保の改革」は「江戸三大改革」の一つに数えられます。他の二つは「享保《きょうほう》の改革」（八代将軍徳川吉宗《よしむね》による改革）と「寛政《かんせい》の改革」（父・徳川家斉の時代の老中首座の松平定信《まつだいらさだのぶ》による改革）なのですが、天保の改革はこの二つの改革を模範として行われました。代表的な政策には、次のようなものがあります。

・父（徳川家斉）の側室《そくしつ》の嘆願によって建立《こんりゅう》された**感応寺**《かんのうじ》**の破却と中野碩翁**《なかのせきおう》**の粛清**《しゅくせい》（前項参照）。

・**父の側近の「天保の三佞人**《ねいじん》**」**（水野忠篤《ただあつ》、美濃部茂育《みのべもちなる》、林忠英《はやしただふさ》）**の粛清**…家慶さんは贅沢三昧《ぜいたくざんまい》で政治を顧《かえり》みない父の言動を好んでいなかったようで、父の死の直後に政治カラーを一新するために父の派閥《はばつ》の粛清を行なっています。

・**倹約令**…かつてない厳しさの倹約令。贅沢品（豪華な食事や派手な衣服や金銀が使われたアクセサリー系の使用など）を禁じたため、家慶さんの好物で、食卓の楽しみであった焼き魚に添えられた「芽生姜《めしょうが》」ですらその対象とされて、普段は穏やかな家慶さんも「これも倹約の対象か！」とさすがに怒ったとか。ちなみに、父も生姜が好物だったそう。

- **風俗の取り締まり**…娯楽（相撲《すもう》や歌舞伎《かぶき》、花火、お祭りなど）を禁止するなど市中の風紀の乱れを厳しく取り締まった。取り締まりの中心は南町奉行の鳥居耀蔵《とりいようぞう》。おとり調査を常套《じょうとう》手段とする卑怯《ひきょう》な取り締まり方法で庶民から恐れられ、「妖怪《ようかい》」（下の名前の「〃耀〃蔵」と、官職名の「〃甲斐《かい》〃守《のかみ》」を合わせて略したもの）というあだ名を付けられて嫌われていた。
- **人返《ひとがえ》し令**…幕府の財源である年貢が減少していたため、農村出身者を強制的に帰郷させて財源の増加を狙《ねら》った政策。
- **株仲間《かぶなかま》の解散**…幕府から販売の独占権を与えられた株仲間を解散させ、経済を自由化することによって、高騰《こうとう》した物価を落ち着かせようとした政策。しかし、株仲間によって構築されていた流通システムが停滞して、逆に景気は悪化したといいます。
- **天保の薪水給与令《しんすいきゅうよれい》**…一八二五年（文政八）に「異国船打払令《いこくせんうちはらいれい》」が出ていたが、一八四〇年（天保十一）の「アヘン戦争」で清《しん》（中国）がイギリスに敗れたことを受けて、一八四二年（天保十三）に燃料や食料を提供する外交方針に転換。
- **上知令《あげちれい》**…江戸や大坂の周辺の土地を幕府に返上させて、代地を与えようとした法令。反対意見が多かったため、実施されず。

といった感じです。ご覧になればおわかりの通り、庶民の自由や娯楽を奪う政策だったため評判はかなり悪いものでした。そして、上知令によって武家からも多くの批判が噴出したため、家慶さんはついに水野忠邦を老中首座から解任（その後、老中に一度復帰）することを決定します。

こうして天保の改革は、わずか四年で終焉《しゅうえん》を迎えました。

ちなみに、天保の改革に反対して庶民の生活を守ろうとした「遠山景元《とおやまかげもと》」という北町奉行がいました。この遠山景元をモチーフにした時代劇が、あの有名な『遠山の金《きん》さん』です。当時から遠山景元をモデルとした芝居などが密《ひそ》かに上演されていたため、残念ながら（自業自得《じごうじとく》な部分はありますが）、水野忠邦や鳥居耀蔵は悪役として定着してしまっています。

○父・家斉とは不仲――でも争えない〝子だくさんの血〟

発掘調査によると、家慶さんの身長は当時でも小柄の百五十四・四センチ（当時の平均は百五十七・一センチといわれる）で、頭が非常に大きくてアゴが長く、ようやく六等身となる見た目だったそうです。また、右頬《ほお》から左頬の幅が十二・六センチ、かなりの受け口、歯並びが悪い非常に特徴的な顔だったようです。幕府の御用《ごよう》絵師の狩野雅信《かのうただのぶ》が描いた肖像画は、まさにその特徴を摑《つか》んだ仕上がりになっています。天保の改革ではありませんが、一種の倹約令によってこちらも載せられませんので、読者の皆さんはぜひお手元で検索してみてください（笑）。

さて、そんな個性的な外見をしていた家慶さんは父の死後に、その側近を粛清するなど、父とは不仲だったといわれていますが、やはり血は争えません。二人には似ている点がありました。それが〝ビッグダディである〟というところです。

父には五十五人の子どもがいましたが、それに対して家慶さんには二十七人（十四男十三女）がいました。

ところが、その二十七人はほとんどが十歳に満たない年齢で夭逝《ようせい》してしまい、十六歳を超えて生きたのはなんと、後に十三代将軍となる徳川家定《いえさだ》（成人したものの脳性麻痺《まひ》の障害があったといわれる）だけでした。医療が未発達で幼児が亡くなる確率が高かった時代とはいえ、これほどまでに子どもたちが早くにこの世を去るのは不運としか言いようがありません。家慶さんの子どもで徳川家定以外にちゃんと育った子どもは二人だけだったのですが、その内の一人である五男の徳川慶昌《よしまさ》は御三卿《ごさんきょう》の一橋《ひとつばし》家の養子となったものの十四歳で死去。もう一人である六女の暉姫《てるひめ》は御三卿の田安《たやす》慶頼《よしより》と婚約していましたが十五歳で死去しています。「そうせい様」が「早世《そうせい》様」とも掛かっているように思えて、なんだか寂《さび》しい気持ちになります。ちなみに、徳川慶昌の遊び相手として仕えたのが、幼き日の勝海舟《かつかいしゅう》だったそうです。

さて、父譲りの健康体だった家慶さんですが、一八五三年（嘉永六）の六月二十二日（発表は七月二十二日）に暑気あたり（熱中症）で急死してしまいます。この時、日本は揺れに揺れていました。なぜなら、この十九日前に浦賀《うらが》（神奈川県横須賀市）にペリー率いるアメリカの黒船四隻《せき》が来航していたのです。これをもって、ついに歴史は「幕末」に突入することとなりました。

江戸幕府第十三代将軍

徳川家定

〈とくがわいえさだ〉

生没　一八二四（文政七）〜五八（安政五）
在任　一八五三（嘉永六）〜五八（安政五）

開国の動乱期に将軍がいた場所は台所？
菓子作りが趣味の〝イモ公方〟！

将軍パラメーター

総合評価	E
統率力	F
政治力	F
人　望	E
知名度	C
お菓子作り	A

○病弱で引っ込み思案、歓迎されなかった将軍就任？

一八五三年（嘉永六）の「黒船《くろふね》来航」によって、時は「幕末」に突入！　しかし、その直後に十二代将軍の徳川家慶《とくがわいえよし》が急死……その跡を継いで将軍となったのが徳川家定《いえさだ》です。

家定さんの父・家慶には二十七人の子どもがいたものの、成年となったのは四男の家定さんだけでした。ところが、家定さんも生まれつき病弱で幼少期に疱瘡《ほうそう》にかかって顔にはアバタが残っていたといいます。また、精神的な障害や言語障害（九代将軍の家重《いえしげ》と同様の脳性麻痺《まひ》だったとも）があって、身体が痙攣《けいれん》してしまう症状が出ていたため、幼い頃《ころ》から人前に出ることを極端に嫌っていたそうです。そのため、実は父は家定さんを後継者にすることを躊躇《ためら》っていて、一時は一橋《ひとつばし》慶喜《よしのぶ》（後の十五代将軍・徳川慶喜）を次期将軍にしようと思っていたほどでした。

幼名を「政之《まさの》助《すけ》」といった家定さんは、一八二七年（文政十）に「徳川家祥《いえさち》」と名乗ります。

この後、一八五三年（嘉永六）に父が病死すると、その跡を継いで十月に将軍となりますが、その翌月の十一月に「徳川家定」と名を改めています。これは「祥」が縁起の悪い字だとされたためでした。歴代の徳川将軍の中で、名に偏《へん》が入っている人物（四代・家綱、五代・綱吉、七代・家継、十代・家治）には実子がいないか、いたとしても夭逝《ようせい》している事実があったのです。しかし、結果的にこの改名の効果はなく、家定さんにも実子が誕生することはありませんでした。

それでも家定さんは正室との夫婦仲はとても良かったようです。家定さんは三度の結婚をしていますが、最初は十八歳の時でした。お相手は前関白《かんぱく》の鷹司政熙《たかつかさまさひろ》の十九歳の娘（有君《ありぎみ》）で、とても美人な、鼓《つづみ》の名手だったそうです。家定さんは「自分には過ぎた（もったいない）妻」だとラブラブでしたが、家定さんが二十五歳の時、日本中で流行していた疱瘡で亡くなります。

二度目の結婚は、その翌年でした。お相手は左大臣《さだいじん》の一条忠良《いちじょうただよし》の二十四歳の娘・秀子《ひでこ》でした。秀子は非常に身長が低い女性だったそうで「襖《ふすま》の引き手よりも、首が下にあった」といわれ、足に障害があったのかもしれません。家定さんは子どものような秀子をとても可愛《かわい》がったそうですが、秀子もまた結婚の翌年に亡くなってしまいました。

二人の愛妻を相次いで失った家定さんは心を痛め、正室を迎える意欲を失い、当面は側室《そくしつ》の「お志賀《しが》」が一人で家定さんの身の回りの世話をしていたそうです。お志賀は「さほど美人ではなかったが、ちょっと奇麗に見えた」女性だったといいます。雰囲気美人ということでしょうか（笑）。

側室との間にも子どもは生まれなかったため、次なる正室は誰を据《す》えるべきかという問題が起こり、にわかに大河ドラマの主人公になったあの女性が歴史上に登場するのです！

家定さんの三人目の正室となったのは、薩摩《さつま》藩主の島津斉彬《しまづなりあきら》の養女だった「お一《かつ》」でした。お一は家定さんに嫁《とつ》ぐ際に「近衛敬子《このえすみこ》」と名を改め、「篤姫《あつひめ》」と呼ばれるようになるのです。

将軍の正室というと公家《くげ》出身が多いのですが、なぜ薩摩藩の女性が輿入《こしい》れすることになったのかというと、家定さんの祖父の徳川家斉《いえなり》（十一代将軍）が影響していました。実は祖父の正室は、薩摩藩から迎えられていた女性で名前を「篤姫」といいました。家定さんに嫁いだ篤姫も、これにあやかって名付けられたといいます。

初代・篤姫は、外様《とざま》大名から将軍家への初の輿入れをした女性だったのですが、初代・篤姫の父である薩摩藩主の島津重豪《しげひで》が豊富な経済力を背景に大奥《おおおく》を動かしたことが大きく影響していました。二代目・篤姫も初代と同じく、近衛家の養女となって、一八五六年（安政三）に家定さんに嫁いでいます。家定さんが三十三歳、篤姫が二十一歳の時でした。

篤姫が正室に選ばれたのは、公家出身の女性と異なり武家出身の健康体であることと、子孫をたくさん残した徳川家斉の正室が島津家出身だったことにあやかってだったそうです。二人にも子どもは生まれませんでしたが、仲睦《むつ》まじい夫婦だったといいます。

○国家存亡の危機でも〝料理男子〟の看板は下ろさず

家定さんの三度目の結婚の三年前に浦賀に訪れたペリーは、アメリカ大統領フィルモアの国書を幕府に渡します。幕府が翌年の回答を約束すると、ペリーは日本を離れました。この時、幕政を取り仕切っていたのは病気がちだった家定さんではなく、老中首座《ろうじゅうしゅざ》の阿部正弘《あべまさひろ》でした。晩年は肥満体だったのですが、整った顔立ちで幕府の人事に大きな影響を与える大奥でも人気があったそうです。阿部正弘は黒船来航を受けて、異例の対応をしました。ペリーが持ってきた国書を和訳したものをなんと情報公開！　大名だけでなく幕府の下々の家臣にも、町人や吉原《よしわら》の遊女にまで回覧させて、広く意見を求めたのです。ちなみにこの時、意見書が阿部正弘に評価されて役付の幕臣に取り立てられた中に勝海舟《かつかいしゅう》がいました。

また、海防に関する知識が少なかった阿部正弘は、過激な尊王攘夷《そんのうじょうい》派だったために謹慎《きんしん》となっていた水戸《みと》藩の元藩主の徳川斉昭《なりあき》（徳川慶喜の父）を海防参与《かいぼうさんよ》として幕政に復帰させています。

さて、一八五四年（嘉永七）に再びペリーが訪れると、幕府は「日米和親条約《にちべいわしんじょうやく》」をアメリカと締結します。この条約によって下田（静岡県伊豆下田市）と箱館《はこだて》（北海道函館市）の港を開港したことで、二百年以上続けられた「鎖国《さこく》」体制が終焉《しゅうえん》、「開国」を迎えることになりました。

ちなみに、この条約を推し進めた阿部正弘は一八五七年（安政四年）に亡くなってしまい、その跡は堀田正睦《ほったまさよし》が継ぐことになります。堀田正睦は、三代将軍の徳川家光《いえみつ》の重臣（元男色《だんしょく》相手）で殉死《じゅんし》（主君の後を追って自害すること）した堀田正盛《まさもり》や、その息子で四代将軍になった徳川家綱《いえつな》の重臣の堀田正俊《まさとし》（江戸城で稲葉正休《いなばまさやす》に暗殺された）の子孫にあたります。

黒船来航に対する国内の反応は「泰平《たいへい》の、眠りを覚ます上喜撰《じょうきせん》、たった四杯で、夜も眠れず」という狂歌に残されています。「上喜撰」は高級なお茶のことで「蒸気船」とかけられており、「四杯」は蒸気船の「四隻《せき》」（実際は蒸気船は二隻、残り二隻は帆船）とかけられています。

さて、国家存亡がかかったこの緊急事態に、家定さんがしていたことといえば、なんと江戸城の台所《キッチン》で料理《クッキング》でした。

実は家定さんは、武家では非常に珍しい〝**料理男子**〟であり、特に菓子作りが趣味だったといわれています。カステラ、饅頭《まんじゅう》、煮豆、炒《い》り豆、ふかし芋などを作ると、自分で食べずに家臣たちに振る舞うのが生き甲斐《がい》だったそうです。そのため、松平春嶽《まつだいらしゅんがく》（越前《えちぜん》藩主）は「**イモ公方《くぼう》**」というあだ名を付けて批判していたみたいです。「カステラ公方」「饅頭公方」「煮豆公方」「炒り豆公方」でも良いと思うんですが、松平春嶽からすると、ふかし芋の印象が強かったんでしょうかね（笑）。また、松平春嶽は家定さんのことを「**凡庸《ぼんよう》中で最も下等**である」とも酷評しています。

また、料理以外にも家定さんには趣味がありました。それは江戸城の庭園にいる鳥を追いかけることです。特にガチョウが大好きだったそうです。確かに松平春嶽が批判したくなるのも、わからなくもないです（笑）。

〇不自由な体でハリスと対面、将軍の務めを果たす

そんな家定さんに大仕事が待っていました。アメリカ総領事のハリスとの会見です！

一八五七年（安政四）七月に再び下田にアメリカの砲艦が来航すると、家定さんは幕府から江戸城に招かれたハリスと、十月二十一日に会見を行うこととなりました。家定さんと面会したハリスの日記には、ハリスが「日本との友好関係を親密にしていきたい」という願いを丁寧に述べた後の家定さんの様子が次のように残されています。

「短い沈黙の後、大君《たいくん》（家定）は自分の頭を、その左肩よりも後方へグイッと反《そ》らし始めた。同

時に右足を踏み鳴らした。これが三、四回繰り返された」

これは脳性麻痺の症状といわれています。国の将来を左右する重要な会見で持病の症状が出てしまった光景を見て、そこに居合わせた幕府の重鎮たちはどのような心情だったでしょうか。まだ病気に関する理解も少ない時代ですので、国際関係に悪影響が出てしまうかもしれないと、おそらく生きた心地がしなかったのではないかと思います。しかし、この後に家定さんは「**よく聞こえる、気持ちの良い、しっかりした声**で、次のような意味のことを言った」そうです。

「遠方の国から使節をもって送られた書翰《しょかん》に満足する。同じく、使節の口上に満足する。**両国の交際は、永久に続くであろう**」

そして、書翰を家臣が受け取ると、家定さんはハリスに深いお辞儀《じぎ》をして退室しました。

私はこの歴史的なシーンを、見守っている家定さんの側近の気持ちになって書いているのですが、いま鳥肌がブワーッと立っています。ちょっと目頭が熱くなっているくらいです（笑）。この場面は個人的に痺《しび》れるのですが、読者の皆さんはいかがでしょう？


ハリスとの会見で将軍としての仕事を果たした家定さんですが、この頃から病気がちになり、いよいよ後継者問題が表面化してきます。そして、家定さんの養子となる候補者は二人挙げられました。一人は紀州《きしゅう》藩主の徳川慶福《よしとみ》、もう一人が一橋慶喜でした。

徳川慶福の実父は御三卿《ごさんきょう》の清水《しみず》家の出身で、後に紀州藩主となった徳川斉順《なりゆき》です。徳川家斉の七男なので、徳川慶福は徳川家斉の孫で、家定さんの従兄弟《いとこ》にあたります。

一橋慶喜は、ご存知の通り、後に「徳川慶喜」として十五代将軍となるお方です。この時は御三卿の一橋家に養子に入っていましたが、元々は水戸藩の元藩主の徳川斉昭（阿部正弘によって幕政に参画した重鎮）の七男でした。一橋慶喜の母（登美宮吉子《とみのみやよしこ》。徳川斉昭の正室）と、前将軍の徳川家慶の正室（喬子《たかこ》。登美宮吉子の姉）は姉妹という関係だったので、一橋慶喜は前将軍の義理の甥《おい》にあたる関係でした。

この候補者にそれぞれバックアップする大名たちが付いて、後継者争いとなります。徳川慶福を推すグループを「南紀派《なんきは》」、一橋慶喜を推すグループを「一橋派」と呼ぶのですが、その対立関係をまとめると次のようになります。

【南紀派】徳川慶福（前々将軍の孫、現将軍の従兄弟）
井伊直弼《いいなおすけ》、田安慶頼《たやすよしより》（松平春嶽の異母弟）、大奥《おおおく》など（その他に多くの譜代《ふだい》大名が支持）

vs

【一橋派】一橋慶喜（前将軍の義理の甥）
阿部正弘　徳川斉昭　島津斉彬　松平春嶽など（親藩《しんぱん》〈徳川家康の男系子孫に始まる藩〉や雄藩《ゆうはん》〈影響力が強い藩〉が中心）

○将軍を軽んじる周囲に激怒！　一橋派を粛清後急逝

まず血筋でいえば、明らかに南紀派が有利となっています。また、後継者を決定する際に、大奥の意思が大きな影響を与えますが、その大奥では徳川斉昭はかなり嫌われ者で、さらに同じく一橋慶喜も嫌われていたので、大奥は南紀派に属しています。

何よりも決め手となったのは、家定さんの発言です。義父の島津斉彬から「一橋慶喜を養子にどうか」という意見書を受けた家定さんは、『昨夢紀事《さくむきじ》』によると次のように返したといいます。

「一橋（慶喜）は嫌《いや》だ。奥向き（大奥）が皆々一橋慶喜を嫌っているので、この儀はかないがたい。まず諸大名が申し合わせ、表向き（政府）に一封《いっぷう》（意見書）を提出することは、けしからぬことだ。また、薩摩守《さつまのかみ》（島津斉彬）までこのように申してくるとは、新御殿（篤姫）もあるのに、**上（将軍）を侮《あなど》っているようなものだ。どうしてくれよう**」

家定さん、かなりお怒りです。つまり「男子誕生を願って篤姫を嫁がせてきたのに、それを差し置いて養子を取ったほうが良いというのはどういうことだ」という完全論破です。ちなみに、家定さんはかつて父の跡を巡《めぐ》ってライバルとなった一橋慶喜のことを嫌っていたそうです。理由はアバタが残っている自分と違って、一橋慶喜が「御美麗（イケメン）」だったからだとか。

また、これに加えて阿部正弘が亡くなったこともあって一橋派はかなり劣勢になったのですが、なんとか挽回《ばんかい》しようと一八五八年（安政五）四月に「松平春嶽を大老《たいろう》に就任させてみてはどうか」と家定さんに提案しました。病に臥《ふ》せることが多かった家定さんですが、『公用方秘録《こうようがたひろく》』によると、この提案に対して次のように答えています。

「家柄といい、人物といい、彦根（井伊直弼）を差し置いて、**越前（松平春嶽）へ大老を仰《おお》せ付ける筋はない。掃部頭《かもんのかみ》（井伊直弼）へ仰せ付けよ**」

これが決定打となって井伊直弼は大老に就任。そして、翌五月には家定さんが幕閣《ばっかく》（大老や老中など）を集めて後継者を徳川慶福にすることを発表して、将軍継嗣《けいし》問題にも終止符が打たれます。六月十九日には井伊直弼が周囲の反対を押し切って、勅許《ちょっきょ》（天皇の許し）を待つことなく日米修好通商条約の調印を許可。その六日後に諸大名に対して徳川慶福が後継者となることをオフィシャルに発表して、徳川慶福は「家茂《いえもち》」と名を改めました。

さらに、七月五日には一橋派のアンチ井伊直弼の面々を家定さんの命令として粛清《しゅくせい》。徳川斉昭、松平春嶽には謹慎を、一橋慶喜には江戸城への登城禁止を命じています。

ところが、この翌日の七月六日に家定さんは死去しました。死因は脚気衝心《かっけしょうしん》（ビタミンＢ１不足による心臓機能の不全）だったとされています。享年は三十五でした。

ちなみに、家定さんの死に関して毒殺説が噂《うわさ》されています。当時、大奥に奉公していた女中の藤波《ふじなみ》が弟に宛《あ》てた手紙には「旦那様（家定さん）は御毒薬でお悪くなった」「水戸（徳川斉昭）、一橋（一橋慶喜）、越前（松平春嶽）らが共謀している」などと記されています。

この毒殺説が生まれたキッカケは、家定さんの医師（伊東玄朴《いとうげんぼく》）が家定さんの脈を取った時に「毒廻《まわ》り候《そうろう》」と言ったことだったそうです。実際はこの「毒」は「脚気の毒」を表す言葉だったのですが、いつの間にか違う意味で捉《とら》えられて噂されてしまったといいます。また、この手紙を書いた女性は家定さんにお目見えできる立場ではないので、キチンとした裏付けはなく、単なる噂話を手紙にしただけのようです。

江戸幕府第十四代将軍

徳川家茂

〈とくがわいえもち〉

心のよりどころは「愛妻」と「甘い物」？幕末の激流に翻弄されたお気の毒な将軍

生没　一八四六（弘化三）〜六六（慶応二）
在任　一八五八（安政五）〜六六（慶応二）

将軍パラメーター

総合評価	B
統率力	B
政治力	C
人望	A
知名度	B
甘党	S

○動乱の幕末期、「蚊帳の外」に置かれ続けた若き将軍

病弱な徳川家定《とくがわいえさだ》（十三代将軍）に実子が誕生しなかったため、「将軍継嗣《けいし》問題」（南紀《なんき》派vs一橋《ひとつばし》派）を経て、その後継者となったのが徳川家茂《いえもち》です。ドラマや小説などで人気の時代である「幕末」ど真ん中で将軍を務めたため、ご存知の方も多いかと思います。

家茂さんの出身は紀州《きしゅう》藩（和歌山県和歌山市）です。といっても、生まれも育ちも江戸の紀州藩邸なので、成年まで領地である紀州に訪れたことはありませんでした。

父は紀州藩主の徳川斉順《なりゆき》。徳川家斉《いえなり》（十一代将軍）の七男にあたるお方で、御三卿《ごさんきょう》の清水《しみず》家を継いだ後に紀州藩の藩主に就任していました。つまり、家茂さんは徳川家斉の孫にあたります。

ちなみに家茂さんは、一八四九年（嘉永二）に実父ではなく徳川斉彊《なりかつ》から紀州藩を継いでいます。

徳川斉彊は徳川家斉の二十一男で、徳川斉順の弟にあたるお方です。

四歳で家督を継いだ家茂さんは、二年後に元服《げんぷく》、「徳川慶福《よしとみ》」（幼名は「菊千代《きくちよ》」）と名乗ります。

幼年ながら紀州藩主を務めた家茂さんは、先祖にあたる「吉宗公（八代将軍）の再来」と称えられ、将来を期待されました。そして、一八五八年（安政五）の一橋慶喜《よしのぶ》（後の徳川慶喜）との後継者争いに大老《たいろう》・井伊直弼《いいなおすけ》の支援もあって勝利を収めて、十四代将軍に就任！　十三歳の若き将軍の誕生でした。この時に名を「家茂」と改めています。

将軍となったものの、家茂さんはまだまだ政務を取り仕切ることができる年齢ではなかったため、家茂さんを将軍に押し上げた南紀派の中心人物である井伊直弼が政権を運営しました。直弼は自分の政策に反対する勢力の大弾圧を行っていきます。将軍継嗣問題で一橋派となった大名たち（一橋慶喜、徳川斉昭《なりあき》、松平春嶽《まつだいらしゅんがく》など）を政権から追い出し、さらに日米修好通商条約に反対する勢力を捕縛して処分を加えていきました。処罰された代表的な人物には、長州《ちょうしゅう》藩士の吉田松《よしだしょう》陰《いん》や越前《えちぜん》藩士の橋本左内《はしもとさない》などがいました。この大弾圧は「安政《あんせい》の大獄《たいごく》」と呼ばれています。

さて、家茂さんが蚊帳《かや》の外の状態で、政情は瞬《また》く間に変動していき、井伊直弼亡き後の幕政は南紀派だった安藤信正《あんどうのぶまさ》（紀州徳川家の家老を務めた安藤家の分家筋）という老中が取り仕切ることとなります。そして、信正が政局を安定させるために考案した政策が「公武合体《こうぶがったい》」だったのです。

○「尊王攘夷」と「公武合体」のせめぎ合いの板挟み

日米修好通商条約は勅許《ちょっきょ》（天皇の許し）なく締結されたため「朝廷を蔑《ないがし》ろにしている」として尊王攘夷《そんのうじょうい》派の反発を受け、政局は混乱していきました。そのため、安藤信正は幕府と朝廷の融和である「公武合体」（公＝朝廷・武＝幕府）を推し進めようとします。その政策の大目玉となったのが「和宮降嫁《かずのみやこうか》」でした。和宮は孝明《こうめい》天皇の妹にあたる十六歳の皇女で、すでに六歳で皇族の有《あり》栖川宮熾仁親王《すがわのみやたるひと》と婚約していましたが、婚約は解消されて家茂さんに嫁《とつ》ぐことになりました。

こうして、家茂さんと和宮との結婚によって朝廷との連携《れんけい》が行われていくはずだったのですが、一八六二年（文久二）に起きた「坂下門外の変《さかしたもんがい》」で安藤信正が水戸藩の浪士に襲撃されて背中に傷を負い、結果的に老中を罷免《ひめん》されて失脚してしまいます。

幕政が混乱する中、かつて一橋派に属していた島津斉彬《しまづなりあきら》（すでに死去）の跡を継いだ薩摩藩主・島津茂久《しげひさ》（斉彬の養子）の父である島津久光《ひさみつ》（斉彬の弟）が「薩摩藩が幕政でリーダーシップを発揮するチャンスだ」と考え、大軍を率いて上洛《じょうらく》。京都で勅命を受けると、勅使を連れて江戸を訪れ、幕政改革を迫りました。

この薩摩藩の軍事的・政治的圧力によって、かつて井伊直弼に弾圧された一橋派の松平春嶽や一橋慶喜（徳川斉昭もすでに死去）が幕閣《ばっかく》に復帰を果たし、松平春嶽は「政事総裁職」（大老に相当する役職）に、一橋慶喜は「将軍後見職《こうけんしょく》」（将軍の補佐役）に任命されています。「参勤交代《さんきんこうたい》の緩和」（参勤を隔年から三年に一度に。江戸在府期間の短縮）など、一橋派によって行われたこの改革は「文久《ぶんきゅう》の改革」と呼ばれています。また、この時に会津藩主の松平容保《かたもり》が「京都守護職」（京都の治安維持にあたる役職）に就任しています。当時の京都は過激な尊王攘夷派による「天誅《てんちゅう》」と称する暗殺事件が横行、治安が悪化していました。それまでは京都所司代《しょしだい》という治安維持のための役職がありましたが、それでは治めきれないため京都守護職が新設されたのです。

これまた蚊帳の外状態だった家茂さんですが、攘夷（異国を追い払うこと）を強く主張する朝廷（孝明天皇は大の異国嫌いだった）との協議のために一八六三年（文久三）に上洛《じょうらく》をします。この上洛は江戸幕府の将軍としては、徳川家光《いえみつ》（三代将軍）以来だったので、実に二百三十年ぶりの歴史的大イベントでした。この上洛の際、家茂さんの護衛を目的に浪士組が結成されていますが、これが後に会津藩の松平容保の預かり組織になる「新選組《しんせんぐみ》」の前身です。

また、この家茂さんの上洛の直前には、京都の等持院《とうじいん》（足利《あしかが》将軍家の菩提寺）にあった室町幕府の初代から三代（足利尊氏《たかうじ》、義詮《よしあきら》、義満《よしみつ》）の木像の首と位牌《いはい》が持ち出されて賀茂《かも》三条河原《さんじょうがわら》に晒《さら》される「足利三代木像梟首《きょうしゅ》事件」も起きています。これは朝廷（南朝）を蔑《ないがし》ろにした足利三代と江戸幕府の将軍を重ねて、過激な尊王攘夷派が「倒幕」を表明したものとされています。

この時、家茂さんはまだ十八歳。上洛後の三月七日に、義理の兄である孝明天皇に攘夷の実行を（とりあえず五月十日を期限として）約束した家茂さんは、江戸に一旦戻りました。

公武合体と尊王攘夷の板挟みにあう若き将軍のその心労はいかばかりか……。

ここから幕末は超動乱期に入ります。家茂さんの将軍時代に起きた主要な出来事をここからダーっとご紹介していくのでお付き合いくださいませ！

○難題山積、ついに異例の将軍職返上を表明！

その後、幕府は攘夷の実行をウヤムヤにしていましたが、尊王攘夷派の中心勢力だった長州藩は期限日の五月十日に、下関《しものせき》（山口県下関市）の海峡を通過する異国船（アメリカ、フランス、オランダ）を無通告で砲撃、多少の損害を与えました。これは「長州藩外国船砲撃事件」や「下関事件」などと呼ばれています（この翌年報復を受けて長州藩は大打撃を受けることに）。

　孝明天皇が求める攘夷を実行してさらに勢いづく長州藩は、公家の尊王攘夷派（三条実美《さんじょうさねとみ》など）と連携して朝廷で権力を持ち「大和《やまと》行幸」を実行に移そうとします。これは、孝明天皇が大和（奈良県）の神武《じんむ》天皇陵と春日《かすが》大社に行幸した後に伊勢《いせ》神宮を参拝、攘夷成功を祈願しようとするものでした。この行幸が実現となれば、京都の実権は、幕府ではなく『天皇（朝廷）─長州藩』の尊王攘夷派に握られる可能性がありました。

　これを阻止しようとした幕府側（会津《あいづ》藩、薩摩藩など＝公武合体派）は、尊王攘夷派の公家と長州藩を京都から追放するクーデターを実行します。これを「八月十八日の政変」と呼びます。

　この政変を受けて、家茂さんは翌年の一八六四年（文久四）正月に再上洛、朝廷との関係性を修復して、四カ月後の五月に江戸に戻りました。最初の上洛時と同じように、家茂さんが京都にいる間は、政情はとりあえず落ち着くのですが、いなくなると再び尊王攘夷派が暗躍して、京都の政情はキナ臭いものになります。家茂さんが江戸に戻った翌月の六月五日には長州藩を中心とする尊王攘夷派の志士たちがクーデターを企てているとして、新選組が志士たちの潜伏先である旅籠《はたご》の池田屋《いけだや》を襲撃しています。これが有名な「池田屋事件」です。

　さらに、その翌月の七月十九日には、「八月十八日の政変」で京都を追われた長州藩の過激派が「池田屋事件」のリベンジも込めて京都に攻め込み、「禁門《きんもん》の変」（蛤御門《はまぐりごもん》の変）が勃発《ぼっぱつ》。薩摩藩や会津藩などの公武合体派と京都御所の内外で戦って敗れています。

　京都御所に銃を向けた長州藩は朝敵《ちょうてき》となり、勅命によって幕府軍の討伐《とうばつ》を受けることになりました。こちらが「第一次長州征討《せいとう》（征伐《せいばつ》）」です！

事件が怒濤《どとう》のように起こるので混乱してきますね。間もなく、一旦まとめますので、もう少々耐えてください（笑）。

さて、「禁門の変」から「第一次長州征討」が起きるまでの間に、長州藩はアメリカ・イギリス・オランダ・フランスの四カ国に下関を砲撃されて壊滅。外国軍の上陸を許して、下関砲台などを占拠される危機に陥りました。

この「四国《しこく》艦隊下関砲撃事件」の大敗によって、尊王攘夷派は長州藩内で力を失い、幕府に恭順して開国を主張する勢力（俗論《ぞくろん》派）が台頭します。そのため、幕府軍の討伐を受けることになった長州藩は大きな戦闘もなく降伏をしました。

ところが、降伏の直後に高杉晋作が尊王攘夷派の勢力（正義《せいぎ》派）を結集させて功山寺《こうざんじ》（山口県下関市）でクーデター（「功山寺挙兵」）を起こし、翌年の一八六五年（元治二）のはじめに長州藩の藩政を掌握することに成功します。

この長州藩の政変を受けて、幕府は再び長州藩の討伐を四月に計画。これが「第二次長州征討」です。家茂さんは、この年の五月に江戸を発《た》って三度目の上洛を果たし、大坂城に入りました。

家茂さんは陣笠《じんがさ》に錦《にしき》の陣羽織《じんばおり》、半月《はんげつ》と金扇《きんせん》の馬印《うまじるし》を煌《きら》めかせた見事な姿だったそうです。この馬印は初代将軍徳川家康《いえやす》の「関ヶ原の戦い」での例にならったものだったといいます。

さぁ、それでは、ここで一旦まとめてみましょう！

一八六三年（文久三）
『家茂さん上洛（一回目）』→「長州藩外国船砲撃事件」（「下関事件」）→「大和行幸」※実行されず→
「八月十八日の政変」
一八六四年（文久四／元治元）
『家茂さん上洛（二回目）』→「池田屋事件」→「禁門の変」（蛤御門の変）→「四国艦隊下関砲撃事件」→
「第一次長州征討」→「功山寺挙兵」
一八六五年（元治二）
「第二次長州征討の計画」→『家茂さん上洛（三回目）』

これが三年の内に起きているわけですから、幕末は本当に目まぐるしい時代です。

二度目の長州征討をすることになった家茂さんですが、その前に兵庫（神戸）の開港問題がありました。「日米修好通商条約」によって兵庫を開港することになっていたのですが、孝明天皇が京都に近い兵庫の開港に大反対していたため実施されていませんでした。そのため、アメリカ・イギリス・オランダ・フランスの艦隊が兵庫の海湾に訪れて、開港するように幕府に迫りました。

これに対して、老中の二人（阿部正外《あべまさと》・松前崇広《まつまえたかひろ》）は勅許を得ることなく開港を決断。しかし、勅許がなかったことに怒った孝明天皇によって、二人の老中は解任に追い込まれてしまいました。

「開港しろ」という異国の圧力、「開国をしましょう」と勧《すす》める老中、「勅許を求めたほうが良い」という一橋慶喜、「絶対に開国するな」と主張して老中を処分した朝廷……。

自分だったら精神的に参ってしまいそうです。この時、二十歳だった家茂さんも将軍とはいえど、やはり相当しんどかったようで、なんと孝明天皇に将軍職の辞表を提出、将軍職を一橋慶喜に譲ろうとしましたが、これは天皇や慶喜などに引き留められ思い留まりました。

二度目の長州征討は、翌年の一八六六年（慶応二）に始まりました。ところが、この年の一月に「薩長《さっちょう》同盟」が結ばれていたために頼りの薩摩藩は出兵を拒否、さらには長州藩に武器の援助を行っていたため、士気が低く統率が取れていなかった幕府軍は各地で長州軍に敗れてしまいます。大坂城に敗報が続々と届く中、家茂さんを、喉《のど》や胃腸の障害、脚気《かっけ》が襲います。そして、七月二十日に脚気衝心《かっけしょうしん》によって、家茂さんはわずか二十一歳で亡くなりました。

家茂さんに大いに信頼されて海軍操練所《そうれんじょ》の設立を直接許された幕臣の勝海舟《かつかいしゅう》は、家茂さんの死を聞いて、日記に「徳川家、今日滅ぶ」と記したほど衝撃を受けています。また勝海舟は、晩年に家茂さんの話になると「病弱な体で激動の時代に、**否応《いやおう》無く重責を背負わされて、お気の毒な人**であった」と涙を浮かべながら振り返ったそうです。

○人柄・恋愛・大好物――みんな「甘くてイイ話」

家茂さんは、『井伊家史料』によると、「御生まれ付きが**御聡明**にあらせられ、御年齢より万端御敏捷《びんしょう》におはしまし、自然に御天性の**御慈悲**、**御仁徳**を備え」た人物だったといいます。つまり「何事にも素早く対応、天性の慈悲と仁徳を備えていた」将軍に相応《ふさわ》しいお方ということです。

幕府の家臣たちからの評判も良く、勝海舟は「この主君のためなら命を捨てても良い」と心服し、はじめは政敵だった松平春嶽も、いつからか家茂さんの人柄に惚《ほ》れ込んでいたそうです。

その家茂さんの人を包み込む優しさは家臣だけでなく、正室の和宮にも大いに向けられました。

皇女としてはじめて武家に降嫁した和宮は、はじめは家茂さんに嫁ぐことを何度も拒否し、最後は嫌々《いやいや》ながら江戸城の大奥《おおおく》に入りました。その大奥では家茂さんの養母の天璋院《てんしょういん》（篤姫《あつひめ》）とうまく行かず、大奥の生活にも慣れようとせずに、京都の御所での暮らし方を貫いてしまい、孤立したような状態になってしまいます。

そんな和宮に対して家茂さんは『再夢紀事《さいむきじ》』によると、次のように思っていたといいます。

「和宮と仲良くして大切に思っていれば、自然と公武一和にもなる。表だけを飾っていても、実情がなければ、公武一和は実現できないでしょう」――つまり「表面的に仲良さそうにしていても公武合体はならない」ということです。公武合体のための政略結婚でしたが、家茂さんは和宮と心を通じ合わせようとしていたのです。そのため、家茂さんは歴代将軍でも珍しく側室《そくしつ》を持つことはなく、**和宮のために石竹《せきちく》（ナデシコ科の多年草）や金魚、鼈甲《べっこう》の簪《かんざし》などをマメにプレゼント**しています。

しかし、家茂さんは三回の上洛をしているので、単身赴任のような新婚生活になってしまいます。それでも二人は、江戸と京都・大阪の間で書状のやり取りを何度もしており、和宮の「**一日も早く帰ってきてください。お願いします**」というようなラブラブな書状も残されています。

また、三度目の上洛時に家茂さんは、和宮が欲しがった京都の西陣織《にしじんおり》をお土産《みやげ》に持って帰ると約束をしました。しかし、家茂さんは江戸に亡骸《なきがら》の姿で戻り、西陣織は形見として和宮に渡されます。和宮はその西陣織で作った袈裟《けさ》に次の和歌を添えて、夫が眠る増上寺《ぞうじょうじ》に奉納しました。

「空蝉《うつせみ》の、唐織衣《からおりごろも》なにかせん、綾《あや》も錦も、君ありてこそ」

私なりに意訳しますと「この美しい西陣織に何の意味があるというのです。綾織の衣も錦織の衣も、貴方がいてこそ意味があるのです」ということかなと思います。和宮が奉納した袈裟は「空蝉の袈裟」として現在も伝えられています。

和宮の墓は、和宮の遺言《ゆいごん》通りに増上寺の家茂さんの墓の隣に建てられました。この墓は後に発掘調査されたのですが、和宮の両腕の間には、抱き締めるように置かれた小さな名刺サイズのガラス板があったそうです。そのガラス板は湿版《しっぱん》写真であり、長袴《ながばかま》の直垂《ひたたれ》に烏帽子《えぼし》を被《かぶ》った豊頬《ほうきょう》で童顔を残した若い男性が写っていたといいます。しかし、しっかりした保存をしなかったため、翌日にはただのガラス板になっていました。その男性が誰だったのかは不明ですが、これは唯一残された家茂さんの写真だったとも、元婚約者の有栖川宮熾仁親王だったともいわれています。

短くも甘い新婚生活を送った家茂さんは、精神的だけでなく物理的にも甘い生活を送っていました。実は家茂さんは大の甘党！　好きなスイーツはカステラ、最中《もなか》、金平糖《こんぺいとう》、羊羹《ようかん》などなど。家茂さんも和宮と同じく発掘調査をされているのですが、**家茂さんは三十一本の歯のうち、虫歯がなんと三十本もあった**そうです。

幕末の動乱で溜《た》まった家茂さんのストレスを癒《いや》してくれたのは、愛する妻と甘い物だったのかもしれません。

江戸幕府第十五代将軍

徳川慶喜

〈とくがわよしのぶ〉

日本史上ラストの征夷大将軍！
ワガママ＆自己保身の〝かまってちゃん〟

生没　一八三七（天保八）〜一九一三（大正二）
在任　一八六六（慶応二）〜六七（慶応三）

将軍パラメーター

総合評価	B
統率力	D
政治力	A
人　望	E
知名度	A
自己保身力	S

○十四代将軍候補にもなっていた俊英ぶり

ついに最終回！　ここまで数々の征夷大将軍を紹介してまいりましたが、本項の徳川慶喜《とくがわよしのぶ》が日本史上最後の征夷大将軍《せいいたいしょうぐん》でございます！

慶喜さんは前項から度々登場している通り、水戸《みと》藩（茨城県水戸市）の藩主だった徳川斉昭《なりあき》の七男として一八三七年（天保八）に誕生しました。かなりクセのある父（超厳格、気性が激しい、過激な尊王攘夷《そんのうじょうい》派、女癖が悪い、大奥《おおおく》での評判は最悪）の「華やか過ぎる江戸の文化に馴染《なじ》んではいけない」という教育方針によって、生後七カ月頃《ごろ》から江戸ではなく水戸で育てられています。

父のしつけは非常に厳しいものだったようで、寝相が悪かった慶喜さんを矯正《きょうせい》しようと、枕の両側にカミソリの刃を立てて寝させようとしたといいます。私が子どもだったら泣き喚《わめ》いて眠るどころじゃないと思うのですが、慶喜さんは「自分が眠ったら、カミソリをどかすのだろう」とまったく気にかけることはなかったそうです。かなり肝《きも》が据《す》わったお子さんです（笑）。

水戸では父が創建した弘道館《こうどうかん》（水戸藩の藩校）で五歳から英才教育を受け、水戸藩士の会沢正《あいざわせい》志斎《しさい》（西郷隆盛《さいごうたかもり》や吉田松陰《よしだしょういん》など志士たちに大きな影響を与えた尊王攘夷派の学者）から教えを受けています。幼少期からその頭の良さが江戸に既に知れ渡っていた慶喜さんは、御三卿《ごさんきょう》の一橋《ひとつばし》家の後継者に求められ、一八四七年（弘化四）に約九年間を過ごした水戸を離れて江戸に向かいます。そして、一橋家の当主となり「一橋慶喜」と名を改めることになります。ちなみに、慶喜さんの幼名は「松平七郎麻呂《まつだいらしちろうまろ》（麿）」といい、元服《げんぷく》後は「松平昭致《あきむね》」と名乗っていました。

江戸で暮らし始めると、慶喜さんの秀才さはそれまで以上に知られていき、時の将軍だった徳川家慶《いえよし》（十二代将軍）が、病弱な息子（徳川家定《いえさだ》。十三代将軍）に替えて、次期将軍にしようとしたほどでした。これは老中《ろうじゅう》の阿部《あべ》正弘《まさひろ》がストップをかけたために実現しませんでしたが、将軍となった徳川家定が病気がちで実子が誕生しなかったことから、その後継者として再び名前が挙がりました。いわゆる「将軍継嗣《けいし》問題」です。

慶喜さんは、「一橋派」と呼ばれた父や島津斉彬《しまづなりあきら》、松平春嶽《しゅんがく》に推されたものの、ライバルの「南紀《なんき》派」が推す徳川家茂《いえもち》（当時の名は慶福《よしとみ》）に敗退。南紀派の中心人物だった大老《たいろう》の井伊直弼《いいなおすけ》の「安政《あんせい》の大獄《たいごく》」によって、慶喜さんは父たちとともに処罰され謹慎《きんしん》となってしまいました。

ところが、井伊直弼が「桜田門外《さくらだもんがい》の変」で水戸藩の浪士たちに暗殺されると政権に復帰！　一八六二年（文久二）の「文久《ぶんきゅう》の改革」の際に将軍後見職《こうけんしょく》となり、二十六歳の慶喜さんは徳川家茂政権の舵《かじ》取りを任される人物となったのです。

○頭は切れるが、嫌われ者の〝二心殿〟

一八六六年（慶応二）、慶喜さん三十歳の時に大きな転機が訪れます。現役将軍の徳川家茂の病死です。家茂は後継者に田安亀之助《たやすかめのすけ》（御三卿の田安慶頼《よしより》の三男。慶頼は徳川家茂の将軍就任に貢献していた。亀之助は後に慶喜の養子となって徳川宗家《そうけ》を継ぎ「徳川家達《いえさと》」と名乗る）を指名しましたが、当時はまだ四歳だったために、慶喜さんが次期将軍に推されました。

慶喜さんは徳川宗家の家督相続は承諾《しょうだく》したものの、将軍就任の依頼は拒否！　理由は〝自分は嫌われているから〟でした。クセのある父は敵対勢力（特に大奥）をつくりがちで、その息子である慶喜さんもまた支持してくれる勢力はあまり多くありませんでした。

でもそれは、慶喜さん自身の言動にも大きな原因がありました。その代表的な一件が「参預会議《さんよ》」の崩壊です。

一八六三年（文久三）の「八月十八日の政変」によって尊王攘夷派の長州《ちょうしゅう》藩が京都から追われると、新たに有力な大名たちによって今後の方針を練るための会議が開かれたのですが、これを参預会議と呼びます。メンバーは次の面々です。

松平春嶽（越前《えちぜん》藩・前藩主）／山内容堂《やまうちようどう》（土佐《とさ》藩・前藩主）／伊達宗城《だてむねなり》（宇和島《うわじま》藩・前藩主）／島津久光《ひさみつ》（薩摩《さつま》藩主の島津茂久《しげひさ》の父）／松平容保《かたもり》（会津《あいづ》藩主）／慶喜さん

主なテーマは「横浜港」。そのまま〝開港〟するか、それとも〝鎖港〟するかということでした。孝明天皇《こうめい》は攘夷を強く主張していましたが、現実的なことを考えるとメンバーたちは「条約を結んでしまった以上、開港し続けるしかない」と考えていました。もちろん慶喜さんもです。

しかし！　慶喜さんには気に入らないことがありました。それは「いつの間にか、主導権が薩摩藩に握られている」ということでした。確かに「文久の改革」も島津久光の上洛《じょうらく》から始まった（前項「徳川家茂」参照）ものであり、外様《とざま》大名の薩摩藩がグッと台頭し始めていました。

そんな情勢にイラだっていた慶喜さんは、中川宮《なかがわのみや》（仁孝《にんこう》天皇の養子。久邇宮朝彦《くにのみやあさひこ》親王とも。公武《こうぶ》合体《がったい》派の重鎮。薩摩藩と繋《つな》がりが深かった）の屋敷で行われた参預会議のメンバーとの酒宴で**泥酔《でいすい》**。島津久光や松平春嶽、伊達宗城を指差して**「この三人は天下の大愚物《ぐぶつ》（大バカ者）、天下の大奸《かん》物《ぶつ》（腹黒くてワル知恵がある者）**なるに、何とて宮《みや》（中川宮）は御信用遊《あそ》ばるるか」と罵倒《ばとう》してしまうのです。幕府ではなく薩摩藩と親しくする中川宮をなじりつつ、公武合体のために手を取り合わなくてはいけない島津久光（とばっちりで松平春嶽と伊達宗城・笑）を罵《ののし》り、参預会議は崩壊してしまったのでした。

また、この崩壊と同年には「天狗党《てんぐとう》の乱」が起きています。これは慶喜さんの故郷で強烈な尊王攘夷思想を持つ水戸の藩士たちが、なかなか横浜を鎖港しない幕府に対して怒り、筑波山《つくばさん》で挙兵した反乱です。慶喜さんはワガママで鎖港に方針を転換したので、地元の水戸藩士たちは「よくやった慶喜さん！」という気持ちだったことでしょう。しかし、天狗党は幕府の追討軍に敗れ、窮地に陥ります。そこで天狗党は、慶喜さんを頼って京都に向かうのです。実はこの時、慶喜さんは将軍後見職を辞任していて、京都の治安を守って朝廷を支える禁裏御守衛総督《きんりごしゅえいそうとく》という役職に付いていました。「慶喜さんならわかってくれる……！」水戸藩出身で朝廷に仕えるような立場になった慶喜さんは、天狗党の最後の希望でした。

しかし、皮肉なことに天狗党の討伐《とうばつ》を朝廷に願い出たのは、他の誰でもなく慶喜さんだったのです。慶喜さんは自らを支持する同郷の天狗党を見捨てて、自己保身のために討伐軍の指揮を執《と》りました。この事実を知った天狗党の落胆は、私なんぞが書くことができないほど激しいものだったでしょう。結局、天狗党は慶喜さんに弓を引くことは当然できずに降伏。捕縛された八百二十八人の内、三百五十二人が処刑されるという悲惨な最期《さいご》を迎えました。

慶喜さんには、このように保身的でワガママと捉《とら》えられる言動が度々あり、意見をコロコロ変えることから **〝二心殿《にしんどの》〟（裏切りの心がある殿様）** と陰で呼ばれることもありました。そのため、自業自得《じごうじとく》ではありますが、味方と呼べる者が少なかったのです。

そんな慶喜さんですが「次期将軍には慶喜さんしかいない！」という周囲の気持ちは変わらず、就任要請に拒否を重ねる慶喜さんを周囲は説得し続けました。結局は一八六六年（慶応二）十二月に、慶喜さんは十五代将軍となっています。

現代の日本人にもこういう人は多いと思いますが、慶喜さんは周りから何度も何度も頼まれてようやく引き受けています。ただただ面倒クサいやり取りに見えますが、これは当時の人も思っていたようで、松平春嶽はこの時の慶喜さんを **「ねじあげの酒飲み」** と呼んでいます。つまり「周りから飲め飲めと言われているのになかなか飲まずにもったいぶり、嫌《いや》だ嫌だと言いながらも、結局は美味《おい》しく酒を飲みたい者」という意味です。超要約すると「かまってちゃん」ですね（笑）。

○最後の決戦を回避？　維新を見届け悠々自適の晩年

将軍に就任したものの、同月に孝明天皇が崩御《ほうぎょ》してしまいます。孝明天皇は開港問題などでは幕府と揉《も》めたものの、公武合体には好意的だったため、幕府にとってかなりの痛手となりました。

翌一八六七年（慶応三）に孝明天皇の皇子である明治《めいじ》天皇が皇位を継ぎますが、十四歳の天皇であったことから、薩摩藩や長州藩によって朝廷は牛耳《ぎゅうじ》られていき、倒幕の兆《きざ》しが見え始めます。

そして十月十四日、倒幕を目指す公家の岩倉具視《いわくらともみ》の策略により、薩摩藩と長州藩に「討幕の密《みっ》勅《ちょく》」（おそらく偽造されたもの）が渡され、倒幕が現実のものとなるはずでした。ところが、この情報を事前に察知した慶喜さんは、同日に「大政奉還《たいせいほうかん》」を行って政権を朝廷に返上し、倒幕の大義名分をなくして徳川宗家を存続させるという奇策に出ます。このあたりの臨機応変さが、慶喜さんの良いところであり、悪いところでもあります。

こうして、二百六十年以上続いた江戸幕府、そして六百八十年以上続いた武家政権に終止符が打たれることとなりました。

しかし、実際には幕府勢力は中央政権にい続けたため、倒幕派は同年の十二月九日に朝廷を制圧して「王政復古クーデター（大号令）」を起こし、新政権の樹立を宣言。慶喜さんの役職や位、領地などをすべて没収しました。

これに反発した旧幕府勢力は、一八六八年（慶応四）正月から新政府軍と戦闘を開始します。これが「戊辰《ぼしん》戦争」です。この時、旧幕府軍の総大将はもちろん慶喜さん。戊辰戦争の始まりとなった「鳥羽《とば》・伏見《ふしみ》の戦い」では、本陣とした大坂城から「千兵が最後の一兵となろうとも、退くべからず！　奮戦努力せよ！」と厳命するなどリーダーシップを発揮したかのように見えました。ところが、敗戦の報《しら》せを受けた慶喜さんは、松平容保など数人の重臣と愛妾《あいしょう》たちを引き連れて夜逃げ！　なんと家臣たちに黙って、海路で江戸に逃げ帰ってしまったのです。江戸に戻った慶喜さんは、その後も後始末を勝海舟《かつかいしゅう》らに丸投げ。自分は上野の寛永寺《かんえいじ》に〝セルフ謹慎〟をしました。

その後、戊辰戦争の火種は江戸に迫り、勝海舟の活躍により「江戸無血開城」が成し遂げられて戦火を免れます。ところが、寛永寺には慶喜さんを慕《した》う旧幕府勢力の彰義隊《しょうぎたい》などが残っていました。「慶喜さんを旗頭として新政府軍との一戦もやむなし！」という雰囲気が漂う中、慶喜さんは彰義隊を置き去りにして、水戸で引き続き謹慎をしています。この後、「上野戦争」が勃発《ぼっぱつ》し彰義隊は壊滅しました。「天狗党の乱」とまったく同じシチュエーションではありませんが、慶喜さんは再び自分を頼りとする家臣を見捨てています（この戊辰戦争の逃走劇あたりは、これまた拙著『ポンコツ武将列伝』でピックアップしておりますので、ぜひご参照くださいませ）。

さて、明治時代に入って謹慎を解かれた慶喜さんは、新たな徳川家の領地となった静岡で暮らし始めました。すでに隠居同然の立場となっていた慶喜さんは、悠々自適《ゆうゆうじてき》な生活を送り、カメラやミシン、サイクリング、囲碁、狩猟など趣味に没頭しました。静岡の方々からは「ケイキ様」（「慶喜」の音読みに由来）と親しまれたといいますが、困窮《こんきゅう》する旧幕臣には無関心で、自分だけ自由な生活を送っていたことから「**貴人、情を知らず**」と陰で恨《うら》まれたそうです。

ちなみに、慶喜さんが亡くなったのは一九一三年（大正二）のこと。享年は七十七。江戸幕府の歴代将軍の中ではもっとも長生きの将軍でした。

あとがき

最後までお読みいただき、ありがとうございます！

全三十九人の征夷大将軍《せいいたいしょうぐん》の生涯と、それを通じて見えてくる日本史の大まかな流れをお楽しみいただけたでしょうか？


僭越《せんえつ》ながら、私は歴史に関する仕事をさせていただいているのですが、仕事では戦国時代や幕末などを取り扱うことがやはり多いです。そのため、その時代の知識は深まっていくのですが、それ以外の時代に触れる機会があまりありませんでした。

執筆するにあたって、鎌倉時代の摂家《せっけ》将軍や宮《みや》将軍、室町時代のドロドロの政争で亡命をする将軍などの歴史を改めて整理し直したのですが、お恥ずかしいことに、まだまだ知らないことだらけでした。

本書は〝ヘッポコ〟と題していますので、武将らしからぬ人間くさい側面をクローズアップしてはいますが、合戦での武勲や強いリーダーシップには確かに欠けていても、家臣や民百姓《たみ》を想った将軍たちも多かったことを再発見いたしました。

また、源頼朝《みなもとのよりとも》以前の征夷大将軍に「坂上田村麻呂《さかのうえのたむらまろ》」がいたことは知っていましたが、初代の征夷大将軍とされる人物が「大伴弟麻呂《おおとものおとまろ》」というお方だったということは、これまたお恥ずかしながら、執筆を通して初めて知りました。

まさにこれが歴史の醍醐味《だいごみ》だと思いますし、その面白さを改めて体感させていただきました。

個人的には、鎌倉幕府の最後の将軍の守邦親王《もりくにしんのう》の虚《むな》しさ、室町幕府の二代将軍の足利義詮《あしかがよしあきら》のフレキシブルさ、江戸幕府の六代将軍の徳川家宣《とくがわいえのぶ》の苦労人ゆえの堅実さに感銘を受けました。

読者の皆さんも、本書の中でもし興味のある将軍がいらっしゃいましたら、色々とリサーチをしてみていただければ幸いです！　きっとまだまだ面白い話が転がっているはずです。

そして、もしどこかでお会いすることがありましたら、ぜひご教授ください。皆さんと歴史トークをする日を楽しみにしております！

最後に、本著の出版にあたってご尽力いただいた編集の方やスタッフの皆さま、そして、この本を手に取って読んでくださった読者の皆さま、さらに、様々な業績や逸話を残してくださった将軍たちに改めて感謝申し上げます。ありがとうございました！

長谷川ヨシテル

征夷大将軍就任年&在位期間年表

鎌倉時代

一一九二 源頼朝（六年六カ月）

一二〇二 源頼家（一年二カ月）――一二〇〇 梶原景時の変　一二〇三 比企能員の乱

一二〇三 源実朝（十五年四カ月）――一二〇四 頼家暗殺　一二一九 実朝暗殺

不在（一二一九〜二六）――一二二一 承久の乱

一二二六 藤原頼経（十八年三カ月）

一二四四 藤原頼嗣（七年十一カ月）――一二四六 宮騒動　一二四七 宝治合戦

一二五二 宗尊親王（十四年三カ月）

一二六六 惟康親王（二十三年二カ月）――一二七四、八一 元寇（文永の役、弘安の役）

一二八九 久明親王（十八年十カ月）

一三〇八 守邦親王（二十四年九カ月）――一三二四 正中の変　一三三一 元弘の変

一三三三 建武の新政（後醍醐天皇の親政下、護良親王・成良親王が征夷大将軍に就任）

室町時代

南北朝分裂（一三三六）

一三三八 足利尊氏（十九年八カ月）――一三四九〜五二 観応の擾乱　一三五一 正平一統

一三五八 足利義詮（九年）

不在（一三六七〜六八）

南北朝統一（一三九二）

一三六八 足利義満（二十六年）――北山文化　一四〇四 日明貿易開始

一三九四 足利義持（二十八年三カ月）――一三九七 金閣寺建立　一四一六 上杉禅秀の乱

一四二三 足利義量（一年十一カ月）

不在（一四二五〜二九）

一四二九 足利義教（十二年三カ月）――一四四一 義教暗殺（嘉吉の乱）

不在（一四四一〜四二）

一四四二 足利義勝（八カ月）

不在（一四四二〜四九）

応仁の乱（一四六七〜七七）

一四四九 足利義政（二十四年八カ月）――東山文化

一四七三 足利義尚（十五年四カ月）――一四八七〜九一 長享・延徳の乱

不在（一四八九〜九〇）——一四九〇 銀閣寺建立
一四九〇 **足利義稙（義材）**（三年）——一四九三 明応の政変
一四九四 **足利義澄**（十三年四ヵ月）——一五〇七 永正の錯乱
一五〇八 **足利義稙**（十三年六ヵ月）
鉄砲伝来（一五四三）
一五二一 **足利義晴**（二十五年）——一五二七 桂川原の戦い
桶狭間の戦い（一五六〇）
一五四六 **足利義輝**（十八年五ヵ月）——一五四九 キリスト教伝来　一五六五 義輝暗殺（永禄の変）
不在（一五六五〜六八）
一五六八 **足利義栄**（七ヵ月）
織田信長上洛（一五六八）
一五六八 **足利義昭**（十九年三ヵ月）——一五七三 信長、義昭を京都から追放
関ヶ原の戦い（一六〇〇）
不在（一五八八〜一六〇三）——一五九二〜九八 朝鮮出兵
一六〇三 **徳川家康**（二年二ヵ月）
大坂の陣（一六一四、一五）
一六〇五 **徳川秀忠**（十八年三ヵ月）——一六一五 武家諸法度、禁中並公家諸法度
鎖国体制完成
一六二三 **徳川家光**（二十七年九ヵ月）——一六三七〜三八 島原の乱
一六五一 **徳川家綱**（二十八年九ヵ月）——一六五一 由比正雪の乱
元禄文化
一六八〇 **徳川綱吉**（二十八年五ヵ月）——一六八五 生類憐れみの令
一七〇九 **徳川家宣**（三年五ヵ月）——一七〇九 正徳の治
一七一三 **徳川家継**（三年一ヵ月）——一七一五 海舶互市新例
享保の改革（一七一六）
一七一六 **徳川吉宗**（二十九年一ヵ月）——一七四二 公事方御定書
一七四五 **徳川家重**（十四年六ヵ月）——一七五八 宝暦事件
一七六〇 **徳川家治**（二十六年）——一七七二 田沼意次、老中に
寛政の改革（一七八七）　化政文化
一七八七 **徳川家斉**（五十年）——一八三七 大塩平八郎の乱
天保の改革（一八四一）
一八三七 **徳川家慶**（十五年十一ヵ月）——一八五三 ペリー浦賀来航
日米和親条約（一八五四）
一八五三 **徳川家定**（四年八ヵ月）——一八五七 将軍継嗣問題
日米修好通商条約（一八五八）
一八五八 **徳川家茂**（七年九ヵ月）——一八六六 薩長同盟
大政奉還（一八六七）
一八六六 **徳川慶喜**（一年）——一八六七 王政復古クーデター

主要参考文献

永井晋『鎌倉源氏三代記』（吉川弘文館）／安田元久・編『鎌倉将軍執権列伝』（秋田書店）／桑田忠親・編『足利将軍列伝』（秋田書店）／榎原雅治、清水克行・編『室町幕府将軍列伝』（戎光祥出版）／日本史史料研究会・監修、亀田俊和・編『初期室町幕府研究の最前線』（歴史新書y）／桜井英治『室町人の精神　日本の歴史12』（講談社学術文庫）／石原比伊呂『足利将軍と室町幕府』（戎光祥出版）／高柳光壽『足利尊氏』（春秋社）／百瀬明治『足利尊氏　乱世の行動学』（ＰＨＰ文庫）／松崎洋二『足利尊氏』（新人物往来社）／佐藤和彦・編『論集　足利尊氏』（東京堂出版）／櫻井彦、樋口州男、錦昭江・編『足利尊氏のすべて』（新人物往来社）／臼井信義『人物叢書　足利義満』（吉川弘文館）／佐藤進一『足利義満　中世王権への挑戦』（平凡社ライブラリー）／伊藤喜良『人物叢書　足利義持』（吉川弘文館）／吉田賢司『足利義持』（ミネルヴァ書房）／今谷明『籤引き将軍足利義教』（講談社選書メチエ）／森茂暁『室町幕府崩壊　将軍義教の野望と挫折』（角川選書）／木下昌規・編著『足利義晴　シリーズ・室町幕府の研究３』（戎光祥出版）／北島正元・編『徳川将軍列伝』（秋田書店）／篠田達明『徳川将軍家十五代のカルテ』（新潮新書）／堀口茉純『ＴＯＫＵＧＡＷＡ15　徳川将軍15人の歴史がＤＥＥＰにわかる本』（草思社）／鈴木尚『骨は語る　徳川将軍・大名家の人びと』（東京大学出版会）／山本博文『徳川将軍15代』（小学館１０１新書）／榎本秋『歴代征夷大将軍総覧』（幻冬舎新書）／日本史史料研究会・監修、関口崇史・編『征夷大将軍研究の最前線』（歴史新書y）／日本史史料研究会・監修、細川重男・編『鎌倉将軍・執権・連署列伝』（吉川弘文館）／日本史史料研究会・編『将軍・執権・連署』（吉川弘文館）／五味文彦、本郷和人、西田友広・編『現代語訳　吾妻鏡』１〜16（吉川弘文館）／慈円、訳・大隅和雄『愚管抄　全現代語訳』（講談社学術文庫）

ヘッポコ征夷大将軍《せいいたいしょうぐん》

2018年11月25日　第１刷発行

著者

長谷川《はせがわ》ヨシテル

発行者

富澤凡子

発行所

柏書房株式会社

東京都文京区本郷2-15-13（〒113-0033）

電話（03）3830-1891［営業］

（03）3830-1894［編集］

装画

花くまゆうさく

装丁

藤塚尚子（e to kumi）

DTP

株式会社明昌堂

印刷

壮光舎印刷株式会社

製本

株式会社ブックアート

ISBN978-4-7601-5045-8